影响世界的中华文明十五讲

武斌文明史公开课

武斌——著

中国言实出版社

图书在版编目(CIP)数据

影响世界的中华文明十五讲 / 武斌著. –– 北京：
中国言实出版社，2024. 9. ––（武斌文明史公开课）.
ISBN 978-7-5171-4934-7

Ⅰ. K203

中国国家版本馆CIP数据核字第2024K67H43号

影响世界的中华文明十五讲

责任编辑：王战星
责任校对：代青霞

出版发行：中国言实出版社

地　　址：北京市朝阳区北苑路180号加利大厦5号楼105室
邮　　编：100101
编辑部：北京市海淀区花园北路35号院9号楼302室
邮　　编：100083
电　　话：010-64924853（总编室）　010-64924716（发行部）
网　　址：www.zgyscbs.cn　　电子邮箱：zgyscbs@263.net

经　　销：新华书店
印　　刷：徐州绪权印刷有限公司
版　　次：2025年1月第1版　　2025年1月第1次印刷
规　　格：710毫米×1000毫米　　1/16　　18印张
字　　数：252千字

定　　价：89.00元
书　　号：ISBN 978-7-5171-4934-7

　　武斌，历史文化学者、研究员，北京外国语大学"长青学者"，北京外国语大学中华文化国际传播研究院特聘教授。曾任辽宁社会科学院副院长、沈阳故宫博物院院长、中国中外关系史学会副会长、辽宁省文联副主席等。

　　主要从事中华文化史和中外文化交流史研究，已出版著作数十种。近年出版的主要有：《沈阳故宫四百年——一部叙事体的文化史记》《中华传统文化传承史纲》《中华文明养成记》《丝绸之路文明史》《文明的力量——中华文明的世界影响力》《孔子的世界——儒家文化的世界价值》《新编中华文化海外传播史》《中国接受海外文化史》《望东方——从古希腊到1800年的西方中国报告》以及随笔集《从歌德的书房向外望去》《柏拉图的夜宴》等。

前　言

　　中华文明是伟大的文明。在古老的东方，我们的先民，开榛辟莽，筚路蓝缕，用勤劳的双手，托举起人类文明初升的太阳。中华文明哺育了世世代代的中华儿女，并为世界文明增添了光彩。

　　历史上中国人所进行的文明创造是相当辉煌、相当壮观的。如果我们略而不计上古初民创造的原始文化，仅从夏商周三代起，直到19世纪中叶，即我们现在称之为"传统社会"的那个历史时期，中国人的文化创造，无论是在物质文化的层面，还是在制度文化的层面和精神文化的层面，都取得了令人叹为观止的巨大成就，成为世界文化宝库中的一个极为重要的组成部分，成为世界文明发展史上的主要源流之一。而且在哲学、艺术、政治等许多领域，都取得了辉煌的成就。在人类文化所发展出来的各个方面，中华文明都有巨大的成就，都有丰富的内容。

　　中华文明的创造性、创新性，使得中华文明如滔滔江水，奔流不息，永葆旺盛的生命活力，从而描画出中华文明辉煌灿烂、色彩斑斓、大气恢宏的发展历史。

　　中华文明不仅仅属于中国，而且属于世界，成为世界文明的组成部分，并且是很重要的、举足轻重的组成部分。长期以来，中华文明居于世界文化总体格局的领先地位。在世界文化总体格局中，中华文化不是在一个历史时期、一个发展阶段上占据重要的地位，发挥文明中心的作用，而是在全部世界文化史上，在所有的发展阶段上都是不可忽略的和具有重大影响的文明之源。从公元前后至19世纪中叶的将近2000年间，中国的经济总量一直占据世界经济总量的大部分，科学技术一直是推动世界发展的重要力量。

中华文明哺育了世世代代的中国人，同时也给整个人类文明的进步与繁荣做出了贡献。5000多年间，中华文明与外部世界展开了多方位、多层次的广泛交流，播撒自己的辉煌于广大的地域，使中华民族丰富的文化创造成为全人类文明的宝贵财富，成为全人类共享的文明成果，同时也确立了在世界文化总体格局中举足轻重的地位，并直接参与和影响了世界的历史进程。这是中华民族对于全人类文明的伟大贡献，也是文明本身的伟大力量。

正是由于中华文明的参与，世界文明格局才显得如此丰富多彩、辉煌壮观、万千气象；世界文明的总体对话才显得如此生动活跃、生机盎然、妙趣横生。

中华文明向海外传播的历史是与中华文明的发展史同步的。在与世界各民族的交流交往中，中华文明向海外广泛传播，中华民族的伟大文化创造，如物质产品、科学技术、典章制度、文学艺术、宗教风俗、学术思想等等，都曾在海外传播、流传和发生影响。中华文明传播的范围十分广泛，近则泽被四邻，如朝鲜、日本和越南，世受华风濡染而成为中华文化圈的成员，远则经中亚、西亚而传至欧洲，或越大洋而传至非洲和美洲，在那些遥远的地方引起一阵阵文化涟漪。

中华文明在海外传播，对世界各民族文明和整个世界文明的发展都起到了重要作用。

首先，中华文明的传播，丰富了各民族文明的内容。在漫长的历史进程中，中华民族创造的物质文明成果大都传播到海外各国，给各地人们的生活提供了丰富多彩的享受。在传播到海外的物质文明成果中，最重要的、最大宗的有三项，即丝绸、瓷器和茶叶。丝绸给人们提供了高品质的纺织材料，美化着人们的生活；瓷器提供了方便、实用而精美的日常生活用品和艺术品；茶叶则成为经久不衰的、人人喜爱的、健康的日常生活中的饮品原料。这些为全人类提供服务的物质成果，所附加的文化价值，是它们本身所包含的文化意义。它们成为中华文化走向世界的重要物质载体。

其次，中华文明为各民族文明的发展提供了一种借鉴和参照，在有的情况下甚至是提供了文化的理想模式。朝鲜、日本在数千年中，都是以中国为样板，建立它们的政治制度和经济制度。而在近代欧洲的启蒙运动中，许多启蒙思想家都把中国作为他们心目中的理想王国，把传播到欧洲的儒家思想作为批判封建主义和宗教神学的思想资源。启蒙思想家们首先是一批社会批判家和改革者。在批判旧制度的同时，他们也在探索建立新制度的模式和途径，提出了种种社会改造的方案，憧憬建立理性和永恒正义的王国。此时，遥远的中国成为他们理想的典范。中国这个典范还对启蒙思想家的社会改革方案起到示范作用。中国的重农主义经济政策，财税制度，教育和科举制度，设置谏官，兴修水利，德治主义等等，都受到启蒙思想家们的赞扬和推崇，并希望从中国的政治文化中吸取实际的经验和智慧。

最后，中华文明对各民族文明的发展起到了激励、刺激、开发、推动的作用，为它们的发展提供了刺激动力。比如，"四大发明"是中华民族奉献给世界并改变了整个人类历史进程的伟大技术成果。"四大发明"的发明和发展，其意义已远远超出其自身的技术领域，对文化的传承、人类改造世界能力的提高、世界历史的演变，都具有特别重要的作用和巨大的影响。

总之，在几千年的人类文明发展史上，中华文明以其丰富多彩、博大精深的文化创造，以其源远流长、生生不息的强大生命力，独放光彩，成为一座巍峨壮观、风光无限的文明高峰。同时，以其优雅的英姿、独特的风貌，播扬全世界，展现它的世界性辉煌。

目　录

影响世界的中华文明十五讲

第一讲

丝绸及其织造技术的世界传播

一、丝绸与养蚕缫丝技术在东亚的传播

桑蚕丝绸是中华文化的一项伟大发明，是中华文化的特征之一。中国是世界上最早饲养家蚕和缫丝制绢的国家，长期以来曾经是从事这种手工业的唯一的国家。或许可以认为，丝绸是中国对于世界物质文化最大的一项贡献。

精美绝伦的各色丝绸，为人们提供了舒适的衣料和优美的装饰物，丰富了人们的日常生活。所以，中国丝绸传播到世界任何地方，都受到热烈欢迎。在商代，丝绸已经开始成批量地外销。周穆王西征时，带有精美的丝织物作为礼品赠与西王母，这是中国丝绸西传最早的文字记载。在西域的广大区域内，包括现在新疆地区和帕米尔以西的区域内，陆续出土了大量从春秋战国到汉晋时的丝绸制品。丝绸是中国最早的、持续时间最长的、分布地区最广的大宗出口货物，而且直到明清时期，一直是向海外输出量最大并且最受欢迎的中华物产之一。在欧洲与中国的大航海贸易中，丝绸与瓷器、茶叶并称为"三大贸易"。经丝绸之路运往中亚和西亚乃至欧洲的中华物产在很长一段时间里一直以丝绸为主。在漫长的历史时期内，在贸易的数量之大、范围之广、持续时间之长久和影响之深远方面，世界上的任何一种产品都没有能与中国的丝绸相比的。

东亚地区的朝鲜和日本是中国的近邻，中国的丝绸和养蚕缫丝以及丝织技术最早都是通过中国大陆的移民传播到朝鲜和日本的。

约在西周至战国之际，丝绸生产技术传入朝鲜半岛。汉武帝时，在朝鲜北方设郡置县，大量中原移民到朝鲜，促进了朝鲜半岛的开发与发展，养蚕制丝业作为重要的经济门类也有很大发展。而且，还传播到半岛南方。

朝鲜的养蚕制丝和丝绸织造业的发展，是在8世纪新罗统一之

后。新罗设有官营的朝霞房等丝绸生产专业工场，其生产的品种有朝霞绸、鱼牙绸、野草罗、乘天罗、小文绫、二色绫、纱等。装饰手法有染撷、刺绣、金银泥、金银丝、孔雀羽等，染色色彩亦十分丰富。其中，红花染、扎染和夹撷、锦绫织、金银泥等均来自中国。

新罗出产的丝绸产品当时就已经流传到中国，有关文献记载，新罗向中国进贡

《天寿国绣帐》残片，日本奈良中宫寺藏

的丝绸包括了绢、帛、绫、缎、锦等等，品种丰富，与中国的产品很接近。在唐代宗时，允许流通的纺织品中有一种"高丽白锦"。五彩氍毹是新罗国的一项特产，制度巧丽，冠绝一时。最具特色的产品是"朝霞绸"，以颜色鲜红、艳如朝霞而得名。

在早期的中日交往中，就有大量丝绸以各种不同的方式传入日本。特别是唐代，中日交流频繁，通过遣唐使以及留学生、学问僧等人员携带回去的，以及唐日之间的民间贸易中，都有大量丝绸制品传入日本。当时流传到日本的唐锦非常多，正仓院和法隆寺等一些地方至今还珍藏着大量唐代丝绸产品，其中有蜀红锦、大窠双联对龙纹绫、四骑狩狮锦、七条织成树皮袈裟等。据说正仓院珍藏的染织珍

宝，超过了 10 万件。唐以后历代出口到日本的货物，丝绸一直是主要商品之一。直到清代，还有大宗的丝绸制品和生丝向日本出口。

日本的养蚕制丝业和丝绸制造业是在中国移民的直接参与下发展起来的。据日本史料记载，仲哀天皇八年（199），有一位名叫功满王的中国人，把蚕种从朝鲜半岛的百济传到日本。到 3 世纪的时候，有许多中国人移民到日本，其中有一族称为"秦人"。养蚕和制丝业是秦人主要从事的职业之一。他们分住畿内各地，从事养蚕制丝业。从此，中国的养蚕和制丝技术在日本广为传播，使日本的丝织业有了较快的发展。

日本雄略天皇七年（463），日本派人到百济招募汉人工匠（"新汉人"）。这次来日本的汉人中有专门从事丝织的"锦部"。日本雄略天皇十二年（468），天皇派人去南朝刘宋王朝请求支援技工，刘宋朝廷派遣了汉织、吴织、兄媛、弟媛等工匠赴日本。中国织、缝工匠的到来，有力地促进了日本衣缝工艺的发展，日后飞鸟衣缝部、伊势衣缝部就是在此基础上形成的。大阪府池田市的"染殿井"和西宫市的"染殿池"，都是汉织、吴织来日本传授丝织技术的传说地。池田市还建有汉织姬、吴织姬的伊居太神社和吴服神社，秦山上还有一棵"晒绢松"。

由于历代不断有中国移民和技术工匠的加入，日本丝织业自 3 世纪后半期开始不断发展，到了 8 世纪以后的飞鸟、奈良时期达到繁荣，绯襟、薄物、阿波绢、常陆绸、博多织、兜罗绒等优良特产陆续出现。

由于大量中国移民进入日本，使日本的养蚕、丝织业很快地发展起来，生产出丰富多彩的中国南方式样的美丽纺织品，使日本人的服装大为改进。同时，由于中国文化的刺激，大和朝廷也想要在日本实现汉人所说的"衣冠之邦"，以致雄略天皇在遗诏中把"朝野衣冠，未得鲜丽"作为未竟之理想而表示遗憾。

二、丝绸与养蚕缫丝技术在西域的传播

由于丝绸之路的畅通，商旅往来频繁，中国的物产持续传播于西域各国。中国输入西域的货物以丝绸为大宗。

中国王朝以丝绸作为一种国际礼品赠赐给西域民族，是一种很常见的做法。特别是汉朝，向西域各民族赠赐的丝绸往往数量很大。张骞及其他汉使节出使西域时，也曾携带大批丝织品作为礼物赠予所到国家。中国的丝织品，有相当一部分通过对西域民族的赠送而流入西方。

不仅如此，中国王朝还以丝绸与西域民族进行易物贸易。汉代运丝的商队通常由政府官办，称为"使节"，实际上是官办的贸易队伍。汉朝每年都派出成批使团随带大量缯帛前去贸易。波斯和叙利亚的商队也由此东行，进入葱岭，至新疆境内交换货物，尤其是成批转运从内地西运的丝绸。因而，中国丝绸的大量外销西传，在很大程度上得力于往来于丝绸之路上的各国商队。丝绸在唐代仍是输往西域的主要物品。由于丝路畅通，贸易发达，大量中原生产的绫、罗、锦、绢等丝织品输到西域各国，各国以丝绸相尚。

关于养蚕缫丝技术的西传，有一则关于蚕种传于阗的故事。西域的于阗国王瞿萨旦那欲至东方访求蚕桑种，东国王不许。瞿萨旦那王乃向东国公主求婚，并遣使告公主，说于阗"素无丝锦桑蚕之种"，不能以衣服馈送。公主知国法禁携桑蚕出境，便私藏桑种于帽中，带至于阗，于阗始有蚕丝。唐玄奘的《大唐西域记》卷十二"瞿萨旦那国"记载了这个故事。

这个故事还可以通过考古资料得到印证。英国探险家斯坦因曾在新疆丹丹乌里克遗址剥下并带走了几幅壁画，其中有一幅就是《东国公主传入蚕种》。这幅壁画是约 8 世纪的作品，上面描绘着一个中国

"五星出东方利中国"锦护膊，汉晋，新疆民丰县尼雅1号墓地8号墓出土，新疆维吾尔自治区博物馆藏

公主戴着一顶大帽子，一个侍女正用手指着它。研究者认为，这幅画所画的就是那位传播养蚕制丝方法的"丝绸女神"。

关于"东国公主传入蚕种"的故事，为中原的养蚕制丝技术传入西域提供了一个线索。现在许多学者一般认为应是在公元4、5世纪，养蚕制丝技术从中原传入西域。也有人认为，关于蚕种传之于于阗，可能是公元1世纪初的事。上文说的于阗"东国"，据研究者认为可能是鄯善国。鄯善国在汉代时已有桑的栽培，鄯善王就是汉朝的外甥，先有蚕桑极有可能。东汉明帝时，匈奴大军兵临于阗，迫于阗每年缴纳罽絮。絮即敝绵，说明1世纪初于阗已经知道栽桑养蚕。于阗初传桑蚕，只能漂渍绵广，后来才能缫丝织帛。

比较谨慎的看法认为，至迟在3世纪，于阗出现蚕桑是有可能的。育蚕技术的传播，主要是公元前1世纪

影响世界的中华文明十五讲

丝路畅通后，中西经济文化交流的结果。有学者估计，这个"丝绸公主"的故事应该发生在公元 220 年左右，由此扩及西域其他国家，再向西方扩展。斯坦因指出，当时于阗是蚕桑业的中心，也是来自世界两端的商人们的聚散地，于阗的手工业者发明了一种混合性的艺术风格，它不但到处都能行得通，而且还能使各种人都心满意足。

5 世纪时，天山以南的高昌、龟兹、疏勒都能纺织丝锦了。在中国史籍中，有高昌"宜蚕"的明确记载。出土的吐鲁番文书也显示高昌有丝绸制造业。

在中亚粟特人生活的地区，也有丝绸的生产。丝织业是粟特地区的重要手工业，昭武九姓之一安国是丝绸的重要产区，撒马尔罕发展成为世界丝织品生产中心之一和重要的丝绸集散地，粟特织锦十分有名。粟特人的康国所产的赞丹尼奇锦运销范围北达挪威，南至拜占庭，西达波斯。

养蚕制丝技术传到西域后，在各地都发展起丝绸织造业。西域国家的纺织业是在其毛纺织基础上发展起来的，所出丝织品以锦类为主，染色、提花、刺绣等一如毛纺。这些织锦传入中国后，人们泛称"胡锦""西锦"等。这些"胡锦"在织造技术上保持了毛纺的特点，采取斜纹组织和纬线起花等手段，原料上以混纺为特色，多加以金、银丝线和毛、麻等，花纹图案则基本属于西域传统文化的内容，结构

和田丹丹乌里克古城遗址中关于蚕种西传的传说壁画

形式多连珠团窠或几何图形内添加动植物纹。波斯的"冰蚕锦"、女蛮国的"明霞锦"、龟兹和高昌的"龟兹锦"、疏勒的"疏勒锦"等，都是西域著名的丝织品。

5世纪时西域塔里木盆地已普遍有蚕桑的生产和发达的丝织业。养蚕制丝技术很可能由此继续西传，直接传入中亚的费尔干纳和波斯。波斯以墨桑养蚕，取得成功，之后又纺织锦绮。

织造锦缎与地毯是伊朗的一项传统工艺，很早就有制造。波斯的织锦一开始是用金银线，波斯古经里就提到金地毡。波斯锦起初使用的原料是亚麻与羊毛，后来中国的丝绸传入波斯，他们用中国丝并利用自己独特的工艺，就能织出五彩缤纷的波斯锦缎。"波斯锦"是一种织金丝绸，还有纯丝或毛、麻混纺等，以织造精美、色彩绚丽著称。波斯锦主要有两个特点：一是织造技术上采用斜纹组织和纬线起花，这与中国主要以平纹组织和经线起花的织造法不同。二是其花纹图案独具风格，以联珠动物纹最为典型，在图案花纹上用联珠圆圈分隔成各个花纹单元，其形式是联珠对兽对鸟纹，常见的有对鸭、对狮、对羊、对雁等图案。

中国的丝绸织造技术还传到了阿拉伯地区。8世纪中叶怛罗斯战役后，有一些中国织匠、络匠被俘往阿拉伯地区，他们把中国的丝织技术带到西亚，使当地的织造锦缎等高级丝织品的手工业迅速发展起来。伊朗、叙利亚等地的穆斯林很快取代拜占庭而执掌丝织业的牛耳，并操纵了对欧洲的丝绸贸易。西亚的报达、古尔只、毛夕里、忽鲁谟斯等，也都发展成为重要的丝绸产区或集散地。自哈里发以下，阿拉伯的各级统治者都办起了宫廷作坊和官府作坊，生产供王室和上层人物专用的丝织物。

三、丝绸与古希腊、罗马

中国的丝绸很可能已经传到古希腊。在雅典西北陶工区的墓葬中，有一座雅典政治家阿尔希比亚德斯家族的墓葬，在发掘中找到了6件丝织物和一束可以分成三股的丝线。经鉴定，这些丝织品是中国家蚕丝所织，时间在公元前430—前400年之间，相当于中国战国的初期，发生在伯罗奔尼撒战争前后。

许多考古资料已经证明，早在公元前5世纪，经过丝绸之路，中国的丝绸已经越过阿尔泰山，来到了中亚地区，那么，也有可能沿着那时已经开辟的草原丝路，由草原民族的商队将中国的丝绸运抵希腊，成为希腊人所喜爱的一种珍贵的衣料。

我们在古希腊女神的雕像中，在绘画和其他雕塑艺术作品中，也若隐若现地看到中国丝绸飘忽的影子。古希腊雕刻和陶器彩绘人像有的所穿衣服细薄透明，因而有人推测在公元前5世纪中国丝绸已经成为希腊上层人物喜爱的服装。

在公元前1世纪，经过波斯人的中介，通过丝绸之路西运的丝绸远达罗马。德国人李希

古罗马庞培古城壁画，身着丝绸服装的女神梅娜德，那不勒斯博物馆藏

霍芬创造"丝绸之路"这个名词，就是为了强调丝绸之路的开辟主要是为了运输中国丝绸到罗马帝国。

据说，著名的罗马统治者恺撒曾穿着绸袍出现在剧场，引起轰动，甚至被认为奢侈至极。还据说，恺撒曾用过丝质的遮阳伞。埃及女王克利奥巴特拉，就是那位著名的"埃及艳后"，曾身穿华丽的绸衣出席宴会。丝绸最初输入罗马时，几乎是一种无价之宝，还只是少数贵族享用的奢侈品，但过了不久，中国丝绸风行于罗马宫廷和上层社会，元老院的议员一向以能穿中国的丝袍为荣。罗马城中的多斯克斯区有专售中国丝绸的市场，罗马贵族们不惜重金高价竞买中国丝绸。

在罗马，纯丝绸制品已经成为追赶时髦的必备之物，但它价格昂贵，并非人人都穿得起。罗马人一般不直接消费中国高档的提花丝织品，而是将成本相对较低的素织物拆开，取其丝线，再分成经线和纬线，在其中加入亚麻或羊毛使得纤维更多一些，再重新纺织，织成适合当地的轻薄半透明的织物。古罗马博物学家普林尼在他那部著名的《博物志》中就说过，进口的丝织物被拆解成丝线，重新纺纱、织造、染色，制成轻薄半透明的织物，再染色、绣花、缕金，以适应罗马市场的需要。罗马的丝织业正是依靠来自中国的丝织品和生丝，也借鉴于高度完美的中国丝织技术，纺织出他们的刺金缕绣织成金缕罽、杂色绩和黄金涂的丝衣。

所以，罗马人趋之若鹜的丝绸，其实主要是这种混纺的"半丝绸"。直到3世纪，罗马人才流行穿纯丝制成的衣服。

中国丝绸的大量输入，给罗马世界带来了不可估量的影响。丝绸在罗马的风行，正好适应了当时罗马帝国席卷全社会的奢靡之风。庞大的帝国，富庶的经济，使罗马社会生活充满了繁荣、浮华和奢靡的气氛。可以说，来自远方的中国丝绸，参与创造了罗马的浮华、奢侈、追求时髦的社会风尚，丝绸以风驰电掣般的速度席卷罗马。

丝绸本身就有豪华的特征，但更具有吸引力的是来自它本身的遥远而又神秘的起源。当时罗马人只知道丝绸来自遥远的"赛里斯"，这是西方人对中国最早的称谓。但是，"赛里斯"在哪里？那里的人们又是什么样？就只有一些荒诞不经或道听途说的想象和传闻。这就更增强了丝绸的神秘性。在所有人的心理上，丝绸都享有一个神奇东方的所有内涵。在所有的文化中，都有对于异国情调的想象与向往，如果这种想象与向往负载在一个具体的事物当中，那么，这个事物就被赋予了特殊的超出它本身的文化价值。丝绸在罗马就是这样。丝绸成了罗马人对于异邦想象的文化载体。没有任何商品会具有如此梦幻般的意义。

丝绸创造了一种新的时尚，一种新的审美理想。中国的丝绸薄如蝉翼，风情万种，非常性感，具有浓烈的女性化气息。丝绸及其织品创造了一种时髦的服装。这种时髦，使丝绸服装变成令人向往的对象，它们相当稀少而且可以作为名誉、地位的标志，接触到它就可以变成生活的典范。丝绸潜移默化地改变着罗马妇女、男人的着装习惯和审美趣味，掀起了一场时尚的狂澜，使整个社会趋之若鹜。

丝绸在罗马的风行，也造成了重大的社会后果。一些罗马人为透明的丝袍可能会引起道德败坏而焦虑不安，而另外一些人则担心购买奢侈品的巨大花费可能会损害帝国的经济。实际上，这两种担心都说明了进口的丝绸对罗马消费者的巨大吸引力。

当时罗马的丝绸价格相当昂贵。作为中国丝绸的交换物，罗马帝国将宝石、毛纺织品、石棉和玻璃运往东方。然而所有这些物品当中，没有任何一种就其价值来看可以和丝绸相匹敌。历史上有若干时期，当丝绸抵达目的地时，其价值要用等量的黄金来衡量。由于丝绸价格昂贵且又大量进口，所以当时的丝绸贸易已达到极大的金额，以致造成罗马黄金大量外流。近代历史学家中有人以为罗马帝国的灭亡实由于贪购中国丝绸以致金银大量外流所致。

如果将罗马帝国的灭亡归结于丝绸和其他奢侈品的流行，似乎有些简单。庞大的罗马帝国的大厦轰然坍塌，有着其相当复杂的历史原因，是许多因素合力造成的结果。但是，以丝绸的风行为代表的整个罗马社会的腐化、奢靡之风，从内部腐蚀着社会的肌体，不能说不是导致罗马文明覆灭的原因之一。

四、养蚕缫丝技术在欧洲的传播

在罗马时代，中国的丝绸通过间接的渠道贩运到罗马，引起罗马社会的时尚风潮。东罗马帝国继承了罗马帝国的衣钵，成为罗马文化的传承者，奢靡之风也有增无减，中国丝绸在东罗马帝国境内广为流行。

东罗马帝国的东方贸易尤其是丝绸贸易，也像罗马帝国一样受制于波斯。540年，第二次波斯战争爆发，生丝贸易停止，东罗马帝国丝织业陷于萧条，造成严重危机。东罗马帝国不得不决定努力寻求自己生产蚕丝的办法，以摆脱受制于波斯的被动地位。

552年，有几位印度僧侣向查士丁尼皇帝建议在他的国家里自行产丝，并把蚕子带到拜占庭，教会东罗马人饲养蚕。他们成功地将蚕卵孵化成虫，并且用桑叶来喂养幼虫。从此以后，罗马人中也开始生产丝绸了。另有人记载说，蚕卵是一位波斯人传入拜占庭的。这位波斯人来自赛里斯（中国），他把蚕卵藏在竹杖中离开中国，并一直携至拜占庭，在那里孵化成蚕。

从上述记载中可以得知，是印度人或波斯人在6世纪时将蚕卵和养蚕技术直接从中国传至东罗马的。于是，东罗马也继波斯之后而能养蚕缫丝，并且首次使用西方生长的蚕所吐的丝做纺织丝绸的原料了。

地中海沿岸的气候适宜养桑业，桑种在那里正常而茁壮地成长。由于查士丁尼推动东罗马帝国养蚕业的发展，所以被称为"丝绸皇帝"。中国的养蚕制丝技术从此传播到欧洲和阿拉伯地区。

在查士丁尼皇帝的推动下，拜占庭的养蚕业首先在叙利亚发展起来，那里长期以来便集中了许多原来进行加工来自中国的丝绸和生丝的纺织厂家，到了6世纪末，本地生产的蚕丝似乎能够满足这些厂家对原料的需求了。9—10世纪，东罗马的丝绸生产达到极盛。君士坦丁堡不仅是世界性的丝绸贸易市场，也是重要的丝织业重镇。

到7世纪，当时的世界，东起日本，西到欧洲，西南到印度，均有丝绸生产，空间分布很广，基本上奠定了今天蚕丝产区的格局。而从中国开始发明的养蚕制丝和织造丝绸技术与艺术，到这个时候已经有了将近4000年的历史。

拜占庭斯织物残片，约5—6世纪

阿拉伯帝国兴起后，阿拉伯人占领了叙利亚，把养蚕制丝技术传到了西班牙。10世纪西班牙的养蚕业和丝织业开始兴盛起来。西班牙的丝织业承袭了中国的一些传统技艺，又有所创新，尤其是在丝绸图案的设计上更是独树一帜。西班牙丝织匠人专攻几何图案，织造出一种带有浓郁"摩尔人"风格的织物，享誉四方。西班牙的养蚕业和丝织业在16世纪以前一直很兴旺，是西班牙三大支柱产业之一。

12世纪，养蚕制丝技术传到西西里。1146年，西西里国王俘获

法国里昂出产的菠萝纹仿中国锦缎

了一批拜占庭的希腊工匠，他们拥有蚕桑技术，于是就在西西里开始了丝绸的生产。后来蚕桑业又由西西里传播到意大利和欧洲其他地方，就此丝织业在欧洲长期建立起来，而意大利成了欧洲蚕丝的主要产地。13—14世纪，威尼斯的丝绸工业已经相当发达，当时以模仿东方丝绸为主，几乎可以乱真。到15世纪，威尼斯的丝绸业达到顶峰。热那亚也是一个丝织业发展的重镇。养蚕制丝业的发展，对意大利各城市经济的巨大发展做出了不小的贡献，在100多年里带动了意大利的繁荣。

从 14 世纪起，意大利人就在法国从事丝绸贸易，里昂是当时规模最大的国际丝绸市场。1450 年，里昂获准垄断整个法国的丝绸贸易。1466 年，路易十一世下令在里昂建立从事丝绸生产的皇家手工作坊，主要是从事进口原料的加工，后来里昂的工场又搬迁到图尔。16 世纪前期，有两位意大利人在里昂设立了丝织工厂，他们从热那亚招聘丝绸工人来里昂定居，享受免征一切税赋的特权。17—18 世纪，法国的丝织业居欧洲之冠。它以里昂为中心，丝织业的技工和艺术家都集中在这个城市中。法国生产的丝绸丝质柔软，法国出品的这种技术特点，连同中国风格的花式装潢，都是取法中国的。

织物的染色技术也由中国传到欧洲。有人说这是自有发明以来"最微妙的一种"技术。它把各色印于经线之上，把多种颜色混合起来，产生赏心悦目的色调深浅匀称的效果。

缂丝和丝织提花技术也对欧洲的纺织技术产生了重大影响。据考证，中国纺织工具如缂丝车、纺车、踏脚织机及其生产技术传入欧洲的最主要的时期是在宋元之间。欧洲因吸取了这些技术而使它们本身的纺织技术有了很大的提高，从而导致许多机械的革新。也正是在此基础上，近代欧洲的纺织工业革命才有可能兴起。

五、中国丝绸在近代欧洲继续风行

虽然欧洲已经发展起来自己的丝织业，但欧洲生产的丝绸在质量上无法与中国相比。欧洲并没有减少对于丝绸的进口，丝绸贸易一如古代那样重要。中国丝绸以其价廉、特殊工艺质量和装饰魅力在欧洲市场竞争。中国的丝绸依然在中西贸易中担当着不可替代的主角地位。

16 世纪以后，由于葡萄牙、西班牙、荷兰的商船直航，中国丝绸直接销售到欧洲市场，不再通过陆路和海路上的各种中间商环节。

所以，从这个时期开始一直持续 3 个世纪的中欧直航贸易，输入欧洲的丝绸总量大大超过了以往的任何时代。直到 19 世纪以前，中国丝绸一直是主要的出口商品。

近代运往欧洲的中国丝绸数量是巨大的。澳门是西方人的主要贸易基地，澳门输出的商品种类繁多，有生丝、丝线、面纱、花边、花缎、线绢等。外国商人非常喜欢中国的丝货，有人说，从中国运来的各种丝货，以白色最受欢迎，其白如雪。欧洲没有一种产品能比得上中国的丝货。

中国丝绸的大量涌入，给欧洲的丝绸产业造成很大冲击。在英国，中国丝绸的大量进口使英国丝织业面临倒闭的危险，英国于 1701 年竟因此而封闭了进口的丝绸。在法国也出现了同样的情况。法国从 17 世纪 80 年代开始实现限制或禁止中国丝绸进口，以扶植法国丝织工业。1691 年，又有禁止输入丝绢的法令。但是，这些法令似乎并没有得到严格的执行。因为，当地的丝绸产品包括对中国丝绸的仿制品，一是价格要比中国货高出许多，二是因为消费者偏爱外国货，本地产品远远比不了中国丝绸的诱惑力。所以，来自中国精美的丝绸制品仍然通过各种渠道，源源不断地输入欧洲各国。

这种情况在美洲也出现过。在 16 世纪大帆船贸易中，运往美洲的最主要的货物就是中国的生丝和丝绸。由中国经马尼拉开往墨西哥的船只所载的丝织品，有时一次竟达 1200 箱；每次所运送的中国丝袜达 2 万双。其获利往往高达 8 倍，最高时则可达 10 倍。中国的衣物和丝织品，在墨西哥的进口总额中有时占到 1/2 以上。中国丝绸质地优良，价格低廉，式样新颖，工艺精美，成为远销美洲获利最大的货物，在殖民地美洲市场上极为畅销。到 18 世纪末，中国丝绸商品占墨西哥进口总值的 63% 以上。其他如秘鲁、巴拿马、智利等地，中国丝织品的销售情况基本上也是如此。可以说，沿南美洲海岸，无处不有中国丝绸的踪迹。

16—18 世纪，欧洲对于中国丝绸的需求远远超过以前的时代，

影响世界的中华文明十五讲

各种丝织品，比如服装、地毯、挂毯、窗帘、床罩等一起输入欧洲。

中国丝织品因其明亮的色彩、异国情调的纹样和相对低廉的价格，受到欧洲上层社会妇女们的欢迎，成为她们的主要服饰之一，并成为某种社会身份的标志。在路易十四时代的法国，宫廷男女服饰都以刺绣、褶裥、蝴蝶结装饰，贵妇人的高跟鞋面有些也是以中国丝绸、织锦为面料，上面绣有各种精美的图案。伦敦的贵妇人以中国丝绸服装为时髦。这些服装往往绣着象征吉祥如意的麒麟、龙凤等图案，古典华贵，深得贵妇们的欢心。有些妇女喜欢穿着中国刺绣的服装，披着中国刺绣的披肩、围巾，口袋里装着有中国刺绣的手帕，甚至请中国刺绣工匠绣制丝绸名片。中国丝绸有一个独特的地方，即行走时衣裙摩擦会发出轻轻的丝鸣。在当时欧洲的社交场合，这种丝鸣声是上流社会妇女展示魅力的一个重要手段。莎士比亚在《驯悍记》中写道：

> 室内的帷幕都是用古代的锦绣制成，
> 象牙的箱子里满是金币；
> 杉木的厨里堆垒着锦毡绣帐、绸缎绫罗、美衣华服，
> 珍珠镶嵌的绒垫、金线织成的流苏
> 以及铜锡用具……

18 世纪中期以后，中国的丝绸披肩风靡欧洲，色彩以白色和艳色为主，每年进口量高达 8 万多条，其中法国就占了四分之一的份额。在西班牙还流行一种被称为"马尼拉大披肩"的丝巾，是经过"马尼拉大帆船"贸易然后经过墨西哥转运到西班牙的。这种丝巾是当时妇女们用来增加魅力的重要服饰，流行一时。这些"马尼拉大披肩"原产地是广州，所以应该称为"广州大披肩"。在这些丝巾上，往往都绘有穿着中国民间服装的人物形象，有具有浓郁中国特色的花园、院落、居室等，还有"武松打虎"等中国历史故事的图案。

17 世纪晚期，中国的手绘丝织品成为欧洲社会最为流行的样式。以后，中国花样渐趋"平民化"，已经有了印花丝织品，以代替高价的手绘丝织品。鉴于这种绘制或印花的丝织品的消费越来越广，法国的一些丝织厂纷纷仿效，专造各款绘花或印花的丝织品，再加上中国的商标，以满足人们的嗜好。

第二讲

瓷器的世界史诗

一、瓷器与制瓷技艺在东亚的传播

瓷器是中国人的伟大发明，是中华文化发展历史进程中产生的最重要的物质文化成果之一。中国瓷器在唐代就开始大量外销，宋元明清时期外销的瓷器数量巨大，成为其他民族认识中华文化的一个窗口。中国的制瓷技术和艺术也陆续传播到世界上的许多国家，并发展起各自的制瓷业。瓷器的广泛传播改变了人们的日常生活，也部分地改变着人们的审美情趣和艺术观念。

中国瓷器很早就传入了朝鲜。目前发现实物较早的是在韩国忠清南道出土的晋代天鸡壶、四系壶等越窑瓷器。在韩国还曾发现唐代长沙窑的青釉褐彩贴花壶，是典型的长沙窑器物。1973 年，在庆州市朝阳洞野山麓出土了一件唐三彩三足罐。在庆州雁鸭池太子宫遗址，发掘出土了一些唐代越窑青瓷和邢窑白瓷玉璧底碗的残片。

宋代与高丽之间的民间贸易十分发达，宋商到高丽进行贸易多携带瓷器。在海州所属的龙媒岛、开城附近及江原道的春川邑等地区都有宋代瓷器出土，其中有不少名窑的瓷器精品，以青白瓷数量为多。明清时期仍有大量瓷器传入朝鲜。据记载，明宣德皇帝曾两次赠送给朝鲜世宗数桌白瓷和青花瓷。明清时期的官方贸易和民间贸易，中国瓷器仍是输入朝鲜的大宗货物。

唐三彩传入朝鲜后，对当地的制陶业产生了很大影响，因而出现了"新罗三彩"。据传新罗三彩是被请到新罗首都的唐朝工匠指导新罗匠人制作的，在风格上更多地融入了本民族的特色。

9 世纪以后，中国的制瓷技术大规模传入朝鲜，并在当地产生很大影响。从 9 世纪后期到 11 世纪，是朝鲜模仿中国瓷器的时代，这一时期模仿的品种主要是越窑和邢窑的产品，之后又仿龙泉窑、耀州窑、磁州窑等。之后，高丽瓷全力模仿中国汝窑的天青色釉，并逐渐从模仿过渡到本土化。传说高丽陶工是在中国陶工指导下，开始生产青瓷。这些中国陶工来自中国杭州的越窑，他们教给高丽陶工如何有效率地造窑，以及精准地控制窑火的技术。高丽青瓷窑炉为全盘移植越窑的龙窑结构，其装烧工艺、产品造型和花样纹饰等都受到越窑的影响。高丽青瓷传世完整器皿不少，造型规整，设计奇巧，制作工艺高超，其中有仿汝窑形质的盏托、注碗与盘等器物。

高丽白瓷牡丹纹梅瓶（12世纪）

朝鲜青花瓷的出现应不晚于14世纪中期的李朝早期，是李朝宫廷用瓷。李朝官窑烧造的青花瓷全面模仿明初青花瓷的造型和装饰，所用青料也来自中国，纹样中有中国传统题材如龙、鱼等寓意富贵吉祥的图案。17—18世纪时的李朝青花瓷已表现出鲜明的民族情调，但其画面内容依然蕴含着浓郁的中华情结，梅兰菊竹、潇湘八景、高士、鱼隐等中国青花瓷上常见的题材依然是这一时期李朝青花瓷画面的主题。

唐代中日两国往来频繁，因而可能有许多陶瓷制品通过馈赠、往来人员携带以及商贸等方式运往日本。在日本曾有大量唐代瓷器或瓷器碎片出土。中国唐代盛行的三彩釉陶器主要是用作随葬的冥器。传入日本后，却成为颇具唐风的寺院祭器，也深受奈良贵族喜爱，成为珍贵的实用器。日本出土最多的唐代中国瓷器是越窑产品，全国有50余处遗址均出土了越窑瓷器，碎片达3000余片，造型有碗、碟、盒子、唾盂、水注、盏托等。

日本兵库县白鹤美术馆藏唐三彩印花凤首壶

宋代中日之间的民间贸易十分发达，销往日本的中国瓷器数量颇大。目前已知的日本出土的中国宋代瓷器很多，出土地点散布在日本各地，达40个县以上。出土的瓷器以青白瓷、青瓷为主，此外还有黑釉、褐釉及低温绿釉三彩等。出土器物以盘碗器皿最多，瓶、壶、罐、盒子、水注、经筒也有一定的数量。元代青花瓷器在日本多有发现。明代输往日本的瓷器，数量更多。到江户时代的长崎贸易，中国商船所载货物，瓷器仍为其大宗。在13—15世纪，日本进口的瓷器主要是龙泉窑的青瓷制品；在16—17世纪，大多数是景德镇和漳州窑的青花瓷和五彩瓷。

中国的制造陶瓷工艺和技术也很早就传入日本。早在唐代的时候，唐三彩传入日本后，奈良宫廷就研究唐三彩的制造方法，使用与唐三彩基本相同的工艺，烧造成了造型和釉色方面都酷似唐三彩的陶器，称为"奈良三彩"。"奈良三彩"基本上是仿造唐三彩，但在胎质、釉色和造型等方面仍有差异，具有一些自己的特色。绚烂艳丽的唐三彩流露出不加掩饰的热烈奔放的大唐气度，而"奈良三彩"在追求高贵华美的同时，却又显得含蓄内敛，从而形成浓郁的日本风格，表现出日本陶工在模仿过程中的自主创造。三彩陶器藏品最丰富的是集中在奈良正仓院的 57 件作品，被称之为"正仓院三彩"。根据考古资料，有学者推测，可能是在第七、第八次遣唐使之后，从长安、洛阳等地携回了唐三彩的器物和烧制技术，促使了"奈良三彩"的产生。据专家分析，很可能在唐三彩器物传到日本的时候，也有中国陶工去日本传授烧造三彩的工艺，或者是有日本工匠来中国学习技艺。

9 世纪进入平安时代后，从大唐传来了白瓷和越州窑的青瓷，种类多为日常用的碗、盘等餐具。越窑青瓷的输入对日本陶瓷业产生了极大的刺激，日本的陶制餐具开始转向模仿中国青瓷制的餐具样式。越州青瓷的传入大大拓展了日本人陶器形态的种类。

宋代是中国陶瓷技术发展的高峰时期，其技术和工艺也传到日本。1224 年，日本人加藤四郎随日僧道元入宋，到浙江天目山，道元从师于如净禅师习禅，加藤四郎则到当地的窑厂学习制造陶瓷技术。这个窑厂可能是兴盛于东晋和南朝初期的以黑瓷生产为特色的德清窑。6 年后，道元和加藤四郎回国。加藤四郎在尾张的濑户开窑。他烧制的陶器，在茶褐色的底上施黄釉，创制了具有中国宋代风格的"濑户烧"，加藤四郎左卫门因此被奉为日本"陶瓷之祖"。室町时代，除了濑户以外，信乐、常滑、丹波、备前、越前等地也能制造陶器，被称作日本的"六大古窑"。

日本博多遗迹出土的龙泉青瓷，南宋中期

进入16世纪，日本一方面不断地从中国大量输入瓷器，另一方面也开始试制新瓷器，出现了大量日本自制的青花瓷器。中国的青花瓷对日本大规模自制青花瓷器有十分重要的影响。日本伊势松阪人伊滕五良大辅在明正德年间来到中国，在景德镇学习制瓷技术。他在景德镇住了5年，学习了青花瓷全套的制瓷技术，并在景德镇亲手制作了上万件瓷品。他于正德十年（1515）回国，同时带回去了大量的瓷土和釉料。回国后他在肥前的伊万里开窑，把中国的青花制瓷技术带到了日本，开始了日本青花瓷器的制作年代，被日本人尊称为"瓷圣"。

1616年，流寓日本的朝鲜陶工李参平在有田町的泉山发现瓷石，日本第一次成功烧制出胎质坚硬洁白且有透明性的瓷器，开始生产日本最早的白瓷，称为"有田烧"，从此日本的陶瓷业才发展起来，李参平也被尊为"陶祖"。

到了江户初期的宽永年间（1624—1643），有田的柿右卫门和丰岛左卫门从经常出入长崎的商人那里得到了中国赤绘的调色法，在吸取中国制瓷经验的基础上，烧制成红、黄、绿三色花纹的瓷器。这种"赤绘技术"更加带动了"有田烧"的发展。由于"有田烧"瓷器从有田北面15公里的伊万里港装船运出，故通称为"伊万里烧"。

初期伊万里青花仿制朝鲜李朝青花风格，纹样多画简练的松、竹、梅、菊、柳、葡萄、卷草或山水等，笔调粗放，画法写意。釉色白中透青，青花呈色灰蓝。器型以碗、壶、瓶为主。后来，伊万里青花中出现了完全仿制明代青花瓷的作品。同时，受明代天启青花和所谓祥瑞器的影响，伊万里青花瓷纹样出现了简洁、疏朗或通体装饰两种倾向。江户中期以后，"伊万里烧"色彩更加华丽，成为日本瓷器的代表作，并且成为向欧洲出口的大宗产品，在欧洲市场上很受欢迎。甚至一度出现了中国窑口仿制"伊万里烧"的情景。

二、瓷器与制瓷技艺在波斯和阿拉伯的传播

在古代中国与波斯的贸易中，瓷器是主要货品之一。沿着海陆两路通达顺畅的商道，伴随着浩瀚大漠中来往商队的驼铃声声和茫茫大海中来往商船的风帆远影，中国瓷器源源不断地运到伊朗。直到今天，那些联结东方和西方的沙漠绿洲上的古老城镇与那些接受海运物资的波斯湾沿岸旧港口，仍有很多古代的遗址。伊朗境内丝绸之路沿线的古城遗址也都有中国古瓷发现。

中国瓷器源源不断地流向波斯，波斯人民也很喜爱和珍视这些来自中国的珍品。至今伊朗人仍把瓷器称为"秦尼"（Chīnī，意为中国的或中国生产的）。由于中国瓷器的传入，也促使陶瓷业在波斯的兴起和发展。中国瓷器开始输入波斯不久，波斯就开始模仿中国瓷器的样式和花纹。据说波斯曾从中国招聘了300名陶工，仿中国瓷器样式

伊斯兰工笔画所绘中国瓷器运输过程，土耳其托普卡帕宫博物馆藏

波斯三彩大盘，13 世纪

制作青花陶器。波斯人吸取了中国陶瓷的特点，结合波斯的具体情况加以发展，烧制出为波斯人民喜爱的有自己民族风格的陶瓷器。

从 8 世纪开始，受中国唐三彩技术的影响，波斯烧出了带有伊斯兰色彩的铅釉陶，被称为"波斯三彩"。"波斯三彩"有捺纹彩釉陶和彩釉陶两种装饰手法。捺纹彩釉陶是在器壁上以细小的点线构成复杂纹样，然后再作彩釉敷饰。彩釉陶是先刷一层白色陶衣，再施以绿、黄、紫褐三色釉，釉彩透明，在烧制中互相交融，自然天成。

但当时波斯仿制的陶器，无论在技术上还是在工艺上都与中国瓷器有很大差距。当时的波斯人对中国瓷器的生产原料和制作工艺还不甚了了，只是道听途说的一些传闻，并没有完全掌握瓷器的生产技术和工艺。但中国瓷器的大量传入，对于发展波斯的制陶业起到了很大的促进作用。

中国瓷器也很早就传到了阿拉伯地区。9 世纪以后的阿拉伯文献中已有关于输入中国瓷器的记载。中国瓷器在波斯湾、阿拉伯半岛已经成为畅销货。1001 年巴格达哈里发一次赠给当地一位官员的礼物中，就有 300 件中国瓷器。中国的外销瓷大量输往阿拉伯地区，得到了那里王公贵族以及一般平民百姓的喜欢，他们对中国瓷器的偏爱和需要，形成了外销瓷器的大市场。

阿拉伯人很早掌握了陶瓷上采上釉的技术，后来又将波斯人烧制五色琉璃的技巧加以改进，开拓了彩瓷加工法，取代了传统的镶嵌细

影响世界的中华文明十五讲

工，此后他们还发明了青花瓷。这些工艺对中国的制瓷技术也产生了很大影响，促进了明代瓷器工艺艺术的大发展。特别是青花瓷的出现和发展，对中国的瓷器影响很大。明代开始引进了伊斯兰"苏麻离青""回青""霁红料"等色料，特别是"苏麻离青"的使用使得这一时期的青花色泽浓重明艳。具有典型伊斯兰文化色彩的阿拉伯、波斯陶瓷式样、

阿拉伯绿釉单耳瓶，14—15世纪

纹饰及风格，引入了中国瓷器的制造工艺中，使青花瓷器的造型发生了很大变化。

三、瓷器在欧洲的流行

瓷器初入欧洲时，人们把它看得十分神秘，并产生了许多神话般的传说。在中世纪，中国瓷器被认为可以保护人免受毒药的侵害，认为青瓷器碰到毒药马上会变黑，可以防毒。有人认为瓷器有一种魔力，用它吃饭喝水，可以使身体强壮。文学家的这种富有浪漫色彩的幻想，更增加了人们对瓷器的神秘感。

16世纪初开始中国瓷器大量销往欧洲。由于在各地瓷器都有着广泛的市场需求，因而具有巨大的利润空间，这种巨大的商业利润激发着人们不辞劳苦、不畏风险，去从事贩运瓷器的远程贸易活动，使

中国瓷器在欧洲的销售量达到历史上的高峰。在接下来的 3 个世纪中，中国瓷器销售到欧洲的数量达到 3 亿件之巨，另外还有巨量的瓷器销往东亚及东南亚各地。300 年间，中国瓷器外销欧亚每年合计高达 300 万件。

瓷器传到欧洲后，引起了人们狂热的追捧，特别是在宫廷王室贵族社会中，出现了一大批瓷器爱好者。作为非西方文化的艺术品，中国古陶瓷在世界上获得的广泛认同和青睐是独一无二的，它的价值和品位已经可以比肩于西方任何一个门类的艺术品，以及西方历史上那些声名显赫的艺术大师的作品。特别是在 17—18 世纪，收藏和展示东方瓷器，成为欧洲王室和贵族奢华生活的重要形式之一。有人说，收藏瓷器，一如宫殿和貂袍，其实是在宣示所有者的实力和气势。瓷器成为各国王室相互仿效、彼此较劲的身价通货，还有人说："皇家或贵族是否占有东方瓷器或者后来的欧洲瓷器，关系到他们的声望。瓷器增加宫廷的光彩。"

葡萄牙人达·伽马在完成东方航行之后，将一件从亚洲带回来的中国瓷器作为礼物送给葡萄牙国王曼努埃尔一世。曼努埃尔国王是一位东方文物的狂热爱好者。在他的财产目录中记载的物品，有的被确定为来自摩洛哥、土耳其、波斯、印度或者中国，其中包括 4 件外部带有银饰的中国瓷器。1512 年，国王送给里斯本的哲罗姆修道院 12 件瓷器和一套 20 件的瓷器。一年

清五彩花卉纹觚，巴黎卢浮宫藏

以后，他又送给他的妻子玛丽王后另外一套瓷器。

在葡萄牙的桑托斯宫有一个瓷器屋顶，天花板上覆盖着 260 余件青花瓷盘，大多是 16—17 世纪的克拉克瓷。桑托斯宫从 1501 年开始是葡萄牙国王曼努埃尔一世的住所，1589 年以后属于兰卡斯特雷家族所有。这个青花瓷装饰的天花板是 17 世纪后 25 年建造的，上面的瓷器曾是国王曼努埃尔一世的收藏。

西班牙国王菲利普二世是欧洲最著名的艺术赞助人，他收藏了 1000 多幅画，无数手稿、版画、锦帷、钟表、珠宝，以及各种奇珍异兽标本。他非常喜好中国瓷器，长期以来经常进行采购。菲利普二世去世时，已拥有全欧洲最多的中国瓷器。据一份 1598 年的清单显示，总数共达 3000 件瓷器，多数为餐具，包括上菜盘、水酒瓶、酱汁碗、大口罐等。

在荷兰，收藏瓷器也是很受王室贵族追捧的风潮。18 世纪初，荷兰威廉四世国王的王后玛丽莲·露易丝就是一个狂热的瓷器爱好者。1730 年，玛丽莲王后移居荷兰北部城市吕伐登，住在普林西霍夫宫殿。玛丽莲王后大规模收藏东方的瓷器，并将普林西霍夫宫殿建成荷兰最大的远东瓷器博物馆，来自中国和日本的精美瓷器被源源不断地送到博物馆。1765 年玛丽莲王后去世前，普林西霍夫博物馆已经拥有上千件中国瓷器。之后，普林西霍夫博物馆逐渐发展成为荷兰乃至欧洲知名的瓷器收藏中心，多年来不断收到收藏家所珍藏的瓷器的捐赠。到 20 世纪 70 年代，普林西霍夫博物馆成为荷兰公共陶瓷艺术研究中心，馆内藏有中国明清时期各大窑口的精美瓷器 18 万件。

德国的德累斯顿茨温格尔宫是欧洲最大的瓷器艺术博物馆，其前身是奥古斯都大力王收藏的茨温格尔宫瓷器走廊。费里德里希·奥古斯都一世是罗马帝国萨克森选帝侯，也称"奥古斯都大力王"，1697 年担任波兰国王。1715 年前后，奥古斯都开始系统收藏中国瓷器。1717 年，他得知北部普鲁士摄政王威尔·汉姆一世收藏了一批体量巨大的中国青花瓷。为了获得这批青花瓷，奥古斯都决定以波兰·萨

部分龙骑兵花瓶，清康熙年间产，德国德累斯顿国家艺术收藏馆藏

克森部队的一个兵团（约600名龙骑兵）来换取威尔·汉姆一世的151件大型青花瓷。这批瓷器后来被称为"近卫花瓷"或"龙骑兵瓷"，也有人称之为"萨克森国王的血罐"。在奥古斯都收藏的顶峰时期，茨温格尔宫共有东方瓷器24100件，其中中国瓷器约17000件，日本瓷器和朝鲜瓷器7100件。这一年，他还将自己的波兰行宫改造成为"瓷器宫殿"，把来自中国、日本的瓷器和刚刚问世的德国迈森瓷器一同展示出来。1727年，奥古斯都又在易北河畔建造"日本宫"，将他的部分瓷器精品转至日本宫，用于装饰富丽堂皇的"瓷器塔"。

对于中国瓷器的爱好和收藏不仅是在上层社会的皇室和贵族之间流行，这种风气也流传到民间。英国作家斯威夫特说，他有一个时候爱上了瓷器，简直像是疯了，不管它多么贵重。英国诗人盖伊在一首诗中提到一个爱好古瓷的夫人：

古瓷是她心中的爱好所在
一个杯子、一只盘、一个碟子、一只碗
能够促动她肠中的火焰
给她欢乐
或叫她不得安闲

在 17 世纪，瓷器被视为一种新奇的珍玩，只有少数大宫廷才有比较大量瓷器的陈列，但至 18 世纪之时，特别是在饮茶成为社会流行风尚后，瓷器逐渐成为普通家庭用品。精美绝伦的各种瓷器，深入到社会的各个阶层，走进人们的日常生活，给欧洲人的日常生活带来很大的方便。

据说，在 14 世纪的法国上层社会，餐具还是金属、木、陶制器皿并用。16 世纪的时候，瓷器已经开始进入欧洲，但还是很稀罕之物。1607 年，法国王太子用一只瓷碗喝肉汤，已经是很了不起的事情，因为当时只有国王和贵族才买得起瓷器。到了 18 世纪，欧洲人才开始以瓷器代替金银器为餐具。法国国王路易十五命将宫廷中所用的金银餐具熔化，充作他用，而以瓷器代替，自此上下从效。大量瓷器的引进改变了人们的餐桌。把餐具和饮具由笨重的金银器变为精美轻便的瓷器，从而改变了人们的就餐方式乃至整个生活方式。

瓷器在日常生活领域的广泛影响，不仅仅局限在餐桌，不仅仅是改变了人们的餐具、茶具等日常使用品，还作为居室的陈设、装饰，美化着人们的生活环境。当时欧洲上流社会，都以设置"瓷器室"、陈列中国瓷器为时尚。如法国国王路易十四有专门收藏瓷器的凡尔赛镜厅，还特地建筑了"瓷宫"。波兰国王约翰三世在维拉努哈宫侧殿有专门陈列瓷器的"中国厅"。德国大选帝侯的夫人露易丝·亨利埃蒂在柏林南部的奥拉宁堡宫殿，设有带护壁板的大厅，专门陈列她在 1652—1667 年间收集的中国瓷器。他的儿子腓特烈在夏洛滕堡为其妻子索菲·夏洛特建造的宫殿中，也设有瓷器厅，陈列了中国瓷器 400 余件。

以瓷器装饰房间的风尚，由欧洲大陆传到英国。玛丽二世女王在荷兰居住时，曾购买了大量的瓷器装饰房间。玛丽二世与其丈夫威廉三世继承了英国王位之后，把这种时尚带到了英国宫廷。根据 1720 年出版的一本《大不列颠岛游记》记载，汉普顿宫陈列着大量精美的中国瓷器，这些瓷器在别的地方从来未见过。不但室内的陈列柜、壁炉上摆满了瓷器，有的一直摆放到天花板那样高。就是宫中的长廊，也随处摆放着瓷器。在这个时候，欧洲还涌现了一批室内装饰设计大师，从事"瓷器室"的设计。

到18世纪初，这种以瓷器装饰房间的风尚，从上层社会传到了民间。许多普通家庭也把中国瓷器作为重要的家庭居室的陈设。瑞典人凭自己的想象在自己的家里布置了一个"中国厨房"，厨房的墙壁和餐桌都是用中国瓷器装饰的。

出口到欧洲的瓷器，大部分是以中国传统纹样装饰，装饰的主题、题材和形式都是中国传统的，以传统人物、山水、鸟兽、花草、典故、传说、乡俗、物产等为主题，内容相当丰富，体现了中国传统瓷绘装饰艺术的特色和中国文化中深厚的人文精神，几乎展现了一部有关中国的百科全书。在照相技法尚未问世的18世纪，西方国家对中国形象的了解，是通过写实的绘画作品，而瓷器则是更为主要的信息来源。这些充满异国情调的东方图画，让欧洲人领会到另外一种审美情趣，一时间成为追捧的对象，以至于在欧洲形成了持续一个多世纪的"中国风"和"洛可可艺术风格"。

四、制瓷技艺在欧洲的传播

中国瓷器在欧洲的销路随着社会经济的发展不断增长，与此同时，中国的制瓷工艺技术也传播到欧洲各国，从而刺激和推动了欧洲仿效中国瓷器建立自己的制瓷业。

早期欧洲人并不了解瓷器制造的秘密，瓷器制作技术在当时的欧洲还鲜为人知。白色陶瓷闪光的表面让欧洲人想到贝壳，认为瓷器一定是用这些贝壳做出来的。在一本书中就说，"泥土在制成容器前要放40年，以使其成熟。父亲准备泥土而由儿子来完成，并制作出各种容器"。文章中还认为，如果瓷器破了，"它需要用山羊奶煮沸泥土来修理"。还有人说："制作瓷器要把海螺和鸡蛋壳磨成粉末，加蛋清及其他原料揉成一团，放在地下藏一段时间。这种泥团被当作遗产和财富，因为到时间后可以做成各种各样的普通或精美的瓷器。瓷器胎做好后再上釉、绘画。"

英国五彩开光山水楼阁图八方盘，上海历史博物馆藏

17世纪时，随着传教士进入中国内地，对于瓷器的制作已经有了一些比较深入的了解。法国传教士李明在《中国近事报道》中有对瓷器的制作过程十分详细的介绍，其中说到瓷器的成型、上釉、图案以及不同的造型和用途等等。特别是他针对当时流行的一些关于制瓷材料的神秘的说法，详细描述了瓷器的烧制过程，并宣称自己所说的"就是欧洲长期以来一直寻求的瓷器的奥秘"。

真正对中国制瓷技术和工艺的西传起到直接作用的是18世纪初的法国传教士殷宏绪。殷宏绪是法国耶稣会派来中国的传教士。他在江西建立了一座教堂，于1699—1719年的20年间，一直在此传教。在此期间，他曾多次在景德镇了解瓷器生产情况。1712年，他写信给耶稣会，报告有关景德镇和瓷器生产的情况。他说自己有机会了解这种备受推崇并被运往世界各地的华丽的瓷器在此地的生产工艺。他除了到窑厂现场观察外，还听取当地许多人介绍，其中有从事瓷器生产的，也有做瓷器生意的人。此外，他还阅读了有关瓷器的一些中国古代文献。殷宏绪生动、具体地介绍了景德镇有关人口、城镇、物价、地理、治安等情况以及胎土、釉料、成形、彩绘、色料、匣钵制造、装器入窑、烧成等瓷器生产制作情况，使欧洲人第一次读到有关神秘的景德镇及其瓷器制作技术的真实的第一手材料。殷宏绪的报告书简《中国陶瓷见闻录》刊登在该会出版的《耶稣会传教士写作的珍贵书简集》第 12 期上。

殷宏绪的《见闻录》发表后，在欧洲引起很大反响，同时，欧洲的瓷器制造商和匠师们纷纷托人来信询问更详细的技术细节。当时，法国、荷兰、意大利、英国等国有不少仿造中国瓷器的陶瓷工场，这些工场在生产中都遇到了一系列技术上的疑难问题。1720 年，殷宏绪从江西升调到北京。为了回答欧洲制瓷业人士提出的问题，他于 1721 年底再度来到景德镇，对当地的瓷业生产情况作了为时一个多月的考察和研究。在深入调查的基础上，写成了《中国陶瓷见闻录补遗》，对景德镇制瓷技法作了更为具体的介绍。这篇报告刊登在《耶稣会传教士写作的珍贵书简集》第 16 期上。殷宏绪的这两篇关于中国瓷器生产技术的考察报告，对当时欧洲正在蓬勃发展的陶瓷工场来说，是极为宝贵的技术资料。

殷宏绪的景德镇书简，又称《饶州书简》，为西方世界首度提供了瓷器及制瓷技术和生产的既正确又全面的报道。

意大利彩绘贴塑神话人物执壶，上海历史博物馆藏

欧洲最早开始试图揭开瓷器制造的奥秘，并进行制瓷试验的国家是意大利。据说早在1470年，威尼斯人安东尼奥就用波隆那的黏土制出了一批类似瓷器的东西。16世纪初，另一位威尼斯人伦纳德·佩灵格试图用玻璃制造方法来制作瓷器。不过，这些实验只是仿制瓷器。佛罗伦萨在马里奥·德·美第奇大公爵统治时代（1574—1584），建立了一个陶器工场，试行仿造中国硬胎瓷器，并生产了一些据说是在欧洲制成的第一批原始瓷器，这是一种有玻璃质的石胎瓷器，被称为"美第奇瓷"。最后他们制成一种类似威尼斯人制品的陶器，在素地或淡青地上涂以深蓝色。这种有色陶器与当时流行的中国瓷器颇为相似。

1584年，荷兰的陶器匠师们通过东印度公司，直接从中国采购白色釉料和青花颜料，仿造中国青花瓷器生产，获得成功。在17世纪，邻近海牙的德尔费特借鉴佛罗伦萨的有色陶器制法，以生产专门模仿中国青花瓷器的白釉蓝彩陶器而闻名。中国瓷器的纹样，如龙、凤、麒麟、虎、蝴蝶、蝙蝠等动物纹样，梅兰竹菊、荷花池塘、岁寒三友、牡丹、芭蕉等植物纹样，山水园林、风俗故事、仕女婴戏、刀马人物等风景人物纹样，以及云纹、水波纹等，都出现在德尔费特的釉陶产品上。德尔费特生产的瓷器行销欧洲，受到热烈欢迎。

在欧洲瓷器发展的历史上，德国的波特格尔是一个十分重要的人物，他在制瓷技术方面取得了决定性的成功。1708年，波特格尔制造出一种红色瓷器，1709年制成无釉的硬质瓷器和有釉的瓷器，烧制出欧洲第一件"真正的瓷器"，成为欧洲硬瓷生产的开端。1710年，皇室在迈森建立了一所瓷厂，任命波特格尔为瓷厂的管理人，出产彩瓷。1713年，迈森瓷厂烧制出高品质的白瓷，再一次轰动欧洲。1714年，第一批迈森的瓷器在莱比锡博览会上展出，自此名声大噪，生意兴隆，瓷器业不久就成为萨克森最重要的工业部门。到1733年，迈森的瓷器工厂已经拥有700名员工，成为最丰富的收入来源之一。

波特格尔参与创办的迈森瓷厂在发展欧洲的陶瓷工艺中起了重

要的作用，而且至今它仍然是世界上最著名的瓷厂之一。迈森瓷厂生产的瓷器，从器形来说，大多采用中国模式，例如迈森瓷的"蒜头模式"同中国瓷的"石榴模式"多少存在着影响关系。至于花纹装饰，则效仿中国在白瓷上作人物花卉鸟兽的浮雕，乃至用金色绘制中国人物，称之为"金色的中国人"，颇为新奇有趣。瓷器上绘作龙形，也是中国的传统装饰。

1719年，迈森瓷厂的工艺师和画匠凡格尔与斯特茨埃尔前往维也纳，创办维也纳瓷厂。这是继迈森之后欧洲的第二家瓷器厂。1720年，凡格尔去了威尼斯，向意大利人介绍了制瓷的信息和技术。此后，他又到丹麦和俄罗斯的圣彼得堡，帮助那里开办瓷厂。此后，欧洲的制瓷业很快发展起来。在德国，除了迈森瓷厂外，慕尼黑附近的宁芬堡、柏林、符斯腾堡、路德维格斯堡等地的瓷厂都很著名。在欧洲的其他国家如西班牙、荷兰、奥地利、法国、英国、意大利、俄罗斯等，也都纷纷建立瓷厂，生产瓷器。1756年，法国蓬巴杜夫人在塞夫勒建起了瓷器作坊；1761年改为"皇家塞夫勒瓷厂"，成功烧制出真正的硬瓷，生产的新瓷器被称为"皇家塞夫勒瓷"。法国瓷器以造型优美、装饰高雅而享誉欧洲，特别是其中国风的设计更是无与伦比。

这些欧洲的瓷器制造工厂无论在工艺上还是在造型艺术上，都是以仿制中国瓷器为主。从16世纪起，欧洲瓷器的发展史实际上就是一部既在装饰图案又在物质方面模仿中国瓷器而做出努力的历史。这个时候，欧洲制造品大量采用中国的饰纹，又进而仿效中国的款式。有的时候还在未上釉的器物底部刻上假冒的中国标志"底款"，来冒充精美绝伦的中国上等瓷器。

第三讲

茶叶和饮茶文化的流布

一、"茶礼"与朝鲜文化

茶叶制成的茶饮料是世界三大无醇饮料中饮用价值最高最普遍的天然饮料,现在全世界有 50 多个国家生产茶叶,100 多个国家和地区进口茶叶,饮茶已经成为许多民族日常生活的重要组成部分。溯本求源,各国的茶树种子、茶叶名称和有关茶的文化,都是直接或间接从中国传播去的。

中国是世界上最早发现茶树和利用茶树的国家,是世界茶文化的发祥地。早在 3000 多年前,中华民族的先民就已经发现了茶叶的特殊功能,发展了植茶制茶的技术,并从南方陆续推广到全国的广大地区,使饮茶成为中华民族的一个普遍的饮食习俗。与此同时,开发出许多优秀的茶叶品种,进而形成了饮茶的一系列方法和规范,形成了一种特殊的茶文化。茶文化不仅是关于饮茶的习俗和礼俗,而且和中华文化的其他要素有着密切的联系,是中华传统文化的重要组成部分。与中华文化的许多要素和成果一样,饮茶习俗和茶文化在中国普及不久,就陆续传播到国外,经历了东西方的璀璨之旅,惠及世界上许多国家和地区的人们,为各国人民提供了美味的健康饮品和精致的茶文化。

中国的饮茶习俗和茶叶种植技术很早就传到朝鲜半岛。在吉安的高句丽古墓壁画中,有一幅《行茶图》,很详细地描绘了当时的饮茶情形。由此可知,在高句丽已有饮茶习俗,并且作为招待客人的重要方式。在唐代,有许多新罗的留学生和学问僧到中国学习,他们都有可能接触和了解中国人的饮茶习俗,并在回国时将茶和茶籽带回新罗。新罗开始有饮茶不会晚于 7 世纪中叶。

在新罗宫廷,历代国王都珍视饮茶,并把茶作为祭祀品中至要之物。景德王每年三月初三集百官于大殿归正门外,置茶会,并用茶赐臣民。僧忠谈精于茶事,每年三月初三及九月初九在庆州的南山三花岭备茶具向弥勒世尊供茶，忠谈还曾煎茶献于景德王。曾在大唐为官的新罗学者崔致远有书函称，其携中国茶及中药回归故里，每获新茶，必为文言其喜悦之情，以茶供禅客或遗羽客，或自饮以止渴，或以之忘忧。他作《谢新茶状》，其中详细描述了茶的产地景观、茶的制法及茶器的使用等内容，措辞优美典雅，如"绿乳、金鼎、香膏、玉瓯"等。还提到茶有解渴、提神等功效。

据记载，新罗兴德王三年（828）新罗国遣唐使金大廉入唐期间，曾获得一些茶籽带回国，植于地理山，这是茶叶传入朝鲜的最早记载。地理山即今之庆尚南道的智异山，至今那里仍是韩国有名的茶园。韩国饮茶始兴于9世纪初的兴德王时期，并且开始种茶，这时的饮茶风气主要在上层社会和僧侣及文士之间传播，民间也开始流行。金大廉当年所获得的茶籽原产地是中国浙江天台山，栽种在朝鲜智异山双溪寺附近，后广为栽种，使得今全罗南道、全罗北道和庆尚南道交接的智异山成为韩国优质的名茶产区。

新罗统一初期，开始引入中国的饮茶风俗，接受中国茶文化，但那时饮茶仅限于王室成员、贵族和僧侣，且用茶祭祀、礼佛。新罗统一后不久，全面输入中国茶文化，饮茶由上层社会、僧侣、文士向民间传播、发展，并开始种茶、制茶。

高丽王朝时期是朝鲜半岛茶文化的兴盛时代。这一时期的入华高丽僧人也把中国的茶文化带回高丽。高丽王族高僧义天元丰八年（1085）自明州入宋，在华期间大量搜集经书，深受"茶禅一味"的影响，归国后成为高丽佛教天台宗与禅茶祖师。高丽的茶道——"茶礼"就是在这个时期形成，并普及于王室、官员、僧道、百姓中的。每年两大节日"燃灯会"和"八关会"必行茶礼。"燃灯会"为二月二十五日，供释迦；"八关会"是敬神而设，对五岳神、名山大川神、龙王等在秋季之十一月十五日设祭。由国王出面敬献茶于释迦佛，向诸天神敬祷。太子寿日宴，王子王妃册封日，公主吉期均行茶礼，君王、臣民宴会有茶礼。朝廷的其他各种仪式中也都行茶礼。

高丽以佛教为国教，佛教气氛隆盛。高丽僧人仿中国禅门清规中的茶礼，建立了高丽的佛教茶礼。如流传至今的"八正禅茶礼"，它以茶礼为中心，以茶艺为辅助形式。表演者席地而坐，讲究方位与朝向。僧侣们还要将茶礼用于自己的修行。流传至今的高丽"五行献茶礼"，核心是祭祀"茶圣炎帝神农氏"，规模宏大，参与人数众多，内涵丰富，是朝鲜茶礼的主要代表。

高丽时期种植茶叶已经成为一大产业。当时的名茶有孺茶、龙团胜雪茶、雀舌茶、紫笋茶、蜡面茶、脑原茶、香茶、灵芽茶、露芽茶等。高丽末期，饮茶习俗盛行，各种官方和民间的礼仪活动均行茶礼，日常生活中也以饮茶为趣。高丽文人李奎报有《访严师》一首，其中说到饮茶：

> 我今访山家，饮酒本非意。
> 每来设饮筵，厚颜得无泚。
> 僧格所自高，为是茗饮耳。
> 好将蒙顶芽，煎却惠山水。
> 一瓯辄一话，渐入玄玄旨。
> 此乐信清淡，何必昏昏醉。

李朝时期，朝鲜茶文化通过吸收、消化中国茶文化之后，进入稳定的发展时期，饮茶之风更为盛行，散茶壶泡法和撮泡法流行朝鲜。始于新罗统一、兴于高丽时期的韩国茶礼，随着茶礼器具及技艺化的发展，茶礼的形式被固定下来，更趋完备。著名学者丁若镛，对茶推崇备至，著有《东茶记》，是朝鲜第一部茶书。丁若镛创立了"茶信契"，即茶社，并写下《茶信契节目》，即茶社的契约书，共有8条，其中3条涉及茶叶生产方面，包括茶社的田园管理、收成的规划、集会勤学赋诗等活动，都制定了详细的规约。

草衣禅师张意恂曾在丁若镛门下学习，通过40年的茶生活，领

影响世界的中华文明十五讲

悟了禅的玄妙和茶道的精神，著有《东茶颂》和《茶神传》，成为朝鲜茶道精神的总结者。他在 52 岁时撰写的《东茶颂》，是朝鲜茶文化的一部里程碑式的经典之作，就像陆羽的《茶经》和荣西的《吃茶养生记》一样，有着崇高的地位，被誉为"韩国的《茶经》"，草衣禅师张意恂则被人们尊崇为朝鲜的"茶圣"。

草衣禅师张意恂在《东茶颂》中热情地宣扬中国的茶文化，介绍了陆羽《茶经》中的许多内容，并加以阐述和发挥。他提倡"中正"的茶礼精神，茶人在凡事上不可过度也不可不及，劝人要有自知之明，不可过度虚荣，知识浅薄却到处炫耀自己，什么也没有却假装拥有很多。人的性情暴躁或偏激也不合"中正"精神。所以"中正"精神应在一个人的人格形成中成为最重要的因素，从而使消极的生活方式变成积极的生活方式，使悲观的生活态度变成乐观的生活态度。他认为，这种人才能称得上是茶人。他还在山里建造了一座草屋"一枝庵"，专门用来招待客人喝茶品茗。后世"一枝庵"成了朝鲜近代茶礼的发祥地，受到后世茶人的普遍景仰。后来朝鲜的茶礼归结为"清、敬、和、乐"或"和、敬、俭、真"四个字。

二、日本的"唐式茶会"与"茶道"

中国的饮茶之风是唐代传入日本的。唐代有许多日本的使臣、留学生和学问僧陆续来到中国，有的还在中国居留很长时间，与中国人朝夕相处，耳闻目染，也接触到茶叶和饮茶习俗。特别是在寺院里，饮茶已经成为一种很普遍的活动。所以，在中国寺院留学的日本学问僧们在回国时，就把中国的茶叶和茶文化也带了回去。

对发展日本种茶和饮茶风俗有重大贡献的，是入唐学问僧永忠。永忠是 775 年赴华留学的学问僧，在长安西明寺进修佛学和中国文化，长达将近 30 年。回国后，永忠被任命为崇福寺和梵释寺的大僧都。弘仁六年（815）四月，嵯峨天皇行幸近江国滋贺韩琦，在梵释寺停留，大僧都永忠亲自煎茶奉献。天皇饮用后大概很满意，两个月后便令畿内、近江、丹波、播磨等地方植茶，每年进献。嵯峨天皇此次巡幸，接受永忠和尚进奉的煎茶，茶开始出现在日本的正史。在当时的首都也设有官营的茶园，种植茶树以供朝廷之用。有些贵族还在自己的宅院中种植茶树。

除了永忠外，空海也为日本茶文化的发展做出过贡献。他在回国后带回天台山茶籽。至今，在空海回国后住持的第一个寺院——奈良宇陀郡的佛隆寺里，仍然保存着由空海带回的石碾及茶园的遗迹。空海不仅把茶树引种过去，把茶道思想和仪轨传播出去，还有个重要贡献就是把制茶法也带入日本，这可以说是日本茶道本土化的重要一步。

与空海同时入唐的最澄也为传播中国的茶文化到日本做出了贡献。最澄入唐后，到天台山修禅寺从天台宗第十祖道邃初学习天台教义。天台山上的国清寺是中国佛教天台宗的发源地，也是日本天台宗的祖庭。寺中僧人崇尚饮茶，并且在寺院周围植茶极盛，国清寺内制定"茶礼"，并设"茶堂"，选派"茶头"，专承茶事活动，种茶饮茶是僧人的必修课之一。植茶、采茶、制茶、煮茶、点茶、观茶、品茶、供茶诸事都在寺僧中蔚然成风。天台山上所产茶叶之佳，有所谓"佛天雨露，帝苑仙浆"之说。最澄把从天台山带回的茶籽播种在位于京都比睿山麓的日吉神社。这里也就成为日本最古老的茶园之一。至今在京都还有一块"日吉茶园之碑"，其周围仍生长着一些茶树。碑文记载了最澄在天台山携回茶种辟园种植的历史，这也是中国茶种在国外传播的最早文献记载。

9世纪初，茶文化作为一种先进的精神文化的载体从中国传入日本，所以日本的上层人士一开始就以特别敬重的态度来对待茶。这一时期的茶文化是以弘仁年间（810—824）为中心而展开的，构成了日本古代茶文化的黄金时代，学术界称之为"弘仁茶风"。

宋时天台山饮茶之风盛行。唐代寺僧以茶敬佛成了一种时尚，到了宋代各地名僧以茶敬佛又逐级演变为"茶百戏"。"茶百戏"就是以茶为媒介，在茶汤中可以进行很多物象表演。天下名僧莫不以此来显示自己佛道的高深。

日本入宋僧成寻、荣西、道元等人都曾在天台山参禅学法，所以也对天台山的饮茶文化耳闻目染。他们都对中国茶文化在日本的传播作出了贡献。

荣西曾两次到中国求法。在宋期间，荣西不仅拜师、参禅修行，还亲身体验了宋代饮茶风俗，对茶的效能深有感受。绍熙二年（1191），荣西归国时，带回一些茶种，他将茶籽播种在九州平户岛上的富春院后山上，至今那里仍留有一小块茶园，立有"荣西禅师遗迹之茶园"字样的石碑。同年荣西又在离平户不远的东背振山的灵仙寺播种植茶，不久繁衍了一山，出现了名为"石上苑"的茶园。至今在其废墟上仍留有茶园，并有石碑注明"日本最初之茶树栽培

京都建仁寺为纪念荣西带回茶叶推广的功绩而立的茶碑

日本裏千家"又隐"茶室

地"。1195 年，荣西又在博多创建圣福寺，并在寺内植茶。至今寺内仍留有茶园。

荣西晚年作《吃茶养生记》，得力于他在天台山万年寺获得的制茶、饮茶的体验。《吃茶养生记》大部分参考了宋《太平御览》和其他唐宋有关茶书、药典。该书以养生为主眼，着重说明茶在医药上的效能，说茶能养生延年、解闷提神，反映了他对饮茶的独特认识和在中国的切身体验。《吃茶养生记》对茶文化在日本的传播起到重大作用。后世把荣西的《吃茶养生记》和陆羽的《茶经》、美国人威廉·乌克斯的《茶叶全书》等并列为"世界三大茶书"之一。

荣西积极地宣传、推广种茶和吃茶，输入中国茶、茶具和点茶法，茶又风靡了僧界、贵族而及于平民，茶园不断扩充，名产地不断增加。荣西奠定了现今日本茶道的基础，因此被誉为"日本陆羽""日本茶祖"。而这位日本茶祖传播茶文化的根基是天台山及其寺院茶风。可以说，没有天台山的好茶，没有天台山庄严的寺院茶风和精深的佛教文化，就没有后来的日本茶道。

除了荣西之外，还有其他入宋僧也大力提倡和推广茶文化。晚于荣西入宋的圆尔辨圆曾于1237—1241年在径山寺参禅。径山是著名茶区，宋代径山茶名气非常盛，成为馈人礼品，寺院里饮茶之风颇盛。每年春季寺内经常举行茶宴，并以茶宴招待尊贵的宾客。圆尔辨圆在径山寺学禅数年，对于此处的饮茶之风和"径山茶宴"也有很多了解和体会。他回国时带回径山的茶籽，将其栽种在自己的家乡静冈县安倍郡久保村，开静冈种茶之先河，成为"静冈茶元祖"。人们按照圆尔辨圆的指点，按径山茶的制作方法生产出高档次的日本抹茶，称为"本山茶"。以后，种茶技术在静冈逐渐普及。如今，静冈茶的产量占日本茶生产总量的一半以上。圆尔辨圆还将径山茶的碾饮之法（"抹茶"）和茶具（"天目碗"）传到日本。他从径山寺回国时还带回去了《禅苑清规》，以此为蓝本，结合日本的实际情况，制定了《东福寺清规》，其中有仿效径山茶宴仪式的茶礼，将茶礼列为僧人必须遵守的生活规范之一。据日本《茶文化史》载，"茶道"源于"茶礼"，"茶礼"源于南宋的《禅苑清规》，这也是"径山茶宴"与"日本茶道"渊源关系的脉理。2022年，"中国传统制茶技艺相关习俗"项目正式入选联合国教科文组织人类非物质文化遗产代表作名录，以径山禅寺为传承的"径山茶宴"是其中重要组成部分之一。

　　由于荣西等人的大力提倡，饮茶的风气先是流行于禅僧之间，后来逐渐普及到民间。这个时期日本的植茶也大大发展起来，兴起了以种茶和制瓷为主要内容的"茶业"。到镰仓后期，茶园的面积急剧增加，由寺院的茶园，逐渐往四周拓展，从寺院的自给自足，进而作为商品，广泛栽培。从而形成了许多产茶名区。

　　随着饮茶风习日盛，在日本禅僧和武士中逐渐形成和流行所谓"唐式茶会"。"唐式茶会"就是很多人会集喝茶，兼作种种余兴，也就是一种聚会、游乐和消遣的形式。茶会的内容颇有中国趣味、禅宗风趣，可能最初是由元僧从元朝传来日本，只流行在禅林中，不久便在与禅宗关系最深的武士社会中流行起来。而"唐式茶会"的流行，使得日本的食物的烹调、住宅的建筑、室内的装饰，以至庭院的建筑艺术、戏剧等都受到很大的影响。

15 世纪中叶，日本僧人村田珠光将来自中国的饮茶风习，发展成为"茶道"。村田珠光是日本著名禅师一休大师的弟子。他取各种茶会之长，一改当时社会流行"斗茶"之奢靡之风，按照禅宗寺院简单朴实、沉稳寂静的饮茶方式，制定了"茶法"，并简化当时茶室的规划，改在小房间举行茶会，茶室陈设也崇尚幽雅简朴，茶道所用茶具均为日本自造的陶瓷器。这个方式被称为"草庵茶法"。村田珠光倡导顺应天然、真实质朴的"草庵茶风"，认为茶道的本质应在于清心寡欲，将茶道之"享受"转化为"节欲"，体现了陶冶身心、涵养德性的禅道核心。珠光创立的"草庵茶道"，使之成为一种沏茶、品茶的庄重仪式，茶的民间化、茶与禅的结合、贵族茶与民间茶的结合，是茶道形成的三大关键性工作，通过村田珠光的一生实践得以完成，因而他被称为"茶道宗祖"。

后来，有"茶圣"之称的千利休集茶道之大成，把茶道从单纯的风俗习惯，提高到艺术、哲理的境界，对茶道的发展作出重大的贡献。他主张茶道是毕生修养的方法，规定了茶道的方式和要求，从而使茶道体现出日本民族的文化风格。茶道讲究遵循"四规""七则"。"四规"指"和、敬、清、寂"，乃茶道之精髓。"和、敬"是指主人与客人之间应具备的精神、态度和辞仪。"清、寂"则是要求茶室和饮茶庭园应保持清静典雅的环境和气氛。"和、敬、清、寂"的茶道是具有独特审美价值的日本文化精品，也可以说是禅宗日本化之后结出的清香典雅的艺术奇葩。"七则"指的是：提前备好茶，提前放好炭，茶室应冬暖夏凉，室内插花保持自然美，遵守时间，备好雨具，时刻把客人放在心上等。另外，千利休又简化了茶道，使之更接近一般民众的生活，从而促进了茶道的普及。

这样，由中国传去的饮茶风俗，发展成为具有独特日本风格的一种生活艺术，成为日本传统文化的一个组成部分。

三、近代欧洲的茶叶贸易与饮茶之风

古代到中国的西方旅行者们，已经注意到在中国普遍流行的饮茶习俗。9世纪下半叶10世纪初，阿拉伯商人苏莱曼在《中国印度见闻录》中提到中国人的饮茶习俗。但早期来中国的西方旅行者往往是走马观花，所知所闻大部分是浮皮潦草、道听途说，在很多方面都是不甚了了。比如，对中国茶叶及其饮茶习俗，虽然许多人都提到了，但对于茶叶的生产、功效以及相关的民俗文化，却所知不多。到了17世纪以后，传教士们深入中国内地，有些人甚至在中国居住多年，对中国文化的各方面都有了比较深入的了解，比如在对中国茶叶的认识方面，就比早期的有关报道要深入多了、具体多了，也更准确了。而传教士们关于中国茶叶的介绍，对于欧洲的饮茶热潮以及茶叶贸易，更起到推波助澜的作用。

1596年，荷兰人开始在爪哇开展贸易。大约在1606年，第一批茶叶运到荷兰。这被认为是茶叶第一次作为商品进口到欧洲。在整个17世纪和18世纪初，荷兰是欧洲国家中最大的茶叶贩运国和茶叶经销商，几乎独占长达80年之久的茶叶贸易。在初期，荷兰东印度公司通过前往巴达维亚（雅加达）的中国帆船进行茶叶贸易，每年获利10万—50万荷盾。荷兰人除从巴达维亚进口中国茶叶外，还通过波斯进口部分中国茶。1651—1652年，阿姆斯特丹举办茶叶拍卖活动，使茶叶成为独立商品。阿姆斯特丹也因此成为欧洲的茶叶供应中心，茶叶交易一直十分活跃。

荷兰从中国进口的茶叶，除满足本国的消费外，还贩卖至欧洲其他国家和北美殖民地。进入18世纪，荷兰的茶叶贸易规模进一步扩大。1715年，荷兰东印度公司董事会要荷兰东印度公司订购6万—7万磅茶叶，次年又要求增加到10万磅。到1719年，荷兰的订茶量达 20 万磅。1727 年 10 月，荷兰东印度公司董事会决定派船直接到中国买茶。1731—1734 年，荷兰派出 11 艘商船前往广州，共购买茶叶 135 担，占全部货值的 73.9%。18 世纪 20—90 年代，茶叶贸易在荷中直接贸易中始终占据绝对重要的地位，茶叶占荷兰东印度公司输入中国商品的 70%—80%，有时超过 85%。

　　欧洲饮茶风在 18 世纪已很盛行。茶叶贸易的巨大利润吸引欧洲国家竞相加入茶叶贸易的行列。英国东印度公司是当时世界上最强大的跨国公司，从 18 世纪开始支配了世界的茶叶贸易。英国人茶叶消费的普及正是东印度公司业务拓展的结果。17 世纪，英国的茶叶进口量还不大。1664 年，英国东印度公司下了第一笔关于茶叶的订单，从爪哇运回 100 磅中国茶叶。而到了 1678 年，增长到 4713 磅，以后逐年大幅度增长。在 18 世纪 70 年代，英国合法茶叶每年的消费量是 400 万—500 万磅，而每年走私茶叶的总量在 400 万—750 万磅。荷

广州外销画《采茶》，英国维多利亚阿尔伯特博物院藏

兰、丹麦、瑞典、法国等国从中国大量进口茶叶，但就其地位和重要性而言，没有一家可以和英国东印度公司相抗衡。到了 19 世纪，英国的茶叶进口量又有了惊人的增长。英国东印度公司完全依靠茶叶得到迅速发展。在它的全盛时期，它掌握着中国茶叶贸易的专卖权，操纵着茶叶买卖，限制茶叶输入英国的数量，控制着茶叶的价格，垄断了茶叶的国际市场。英国东印度公司不仅造就了世界上最大的茶叶专卖制度，也是茶叶宣传最早的原动力，结果促成了英国的饮料革命，使许多英国人放弃咖啡而嗜好饮茶。

持续了 3 个多世纪的茶叶贸易，把数量巨大的中国茶叶运抵欧洲，为那些从事这种远程贸易的欧洲各国公司及其商人创造了巨大利润，积累了前所未有的财富，为以后欧洲近代资本主义的发展奠定了雄厚的基础。

意大利乔治·莫兰《饮茶花园》(18 世纪 90 年代)，英国泰特美术馆藏

近代西方大规模的茶叶贸易，是以在欧洲人中普遍流行饮茶为基础的。饮茶，不仅仅是消费一种饮料，而且成为一种生活方式，成为一种普遍流行和接受的民间文化。

在欧洲，首先是荷兰人充分认识到茶叶的好处，荷兰成为最早开始饮茶的国家。茶叶在欧洲最初不是被当作饮料，而是被视为药物放在药店出售。药师会在茶叶中加上珍贵药材，例如糖、姜、香料等。茶的价格也相当昂贵。饮茶的荷兰人主要是来往于东方的商人、水手及达官贵人，每个富贵之家都有自己的茶厅。到 17 世纪后半期，茶叶已经成为荷兰食品杂货店中的商品，而且不论有钱人或是贫穷人，都可以随时买得到，也买得起，因而流行起来了。很多人家专辟茶室品茗啜茶，将此当作一种高尚的消遣。

1635—1636 年，茶叶这一新饮料在法国出现，不过还远没有被社会普遍接受。1650 年，法国宫廷的首席大臣马扎林主教开始饮茶，饮茶才在法国变得流行起来。路易十四从 1665 年开始喝茶，他也以为喝茶有助于减缓痛风的病情，他还听说中国人和日本人从来不曾罹患心脏病。法国的医生们认为茶叶中含有一些可能的医药成分，有位法国科学家称赞茶叶为"神圣之草本植物"。后来，法国饮茶习俗从皇室贵族和有闲阶层中，逐渐普及到民间，成为人们日常生活和社交不可或缺的一部分。有人评论说，中国茶叶在巴黎所受的欢迎程度，就好比西班牙人爱好巧克力的情况一样。

1854 年，巴黎出现了第一家茶馆——"玛丽亚热兄弟"茶馆。20 世纪头 10 年，茶馆相继出现在巴黎、外省的某些城市以及英吉利海峡的海滩。

在欧洲最为流行饮茶的是英国。从事茶叶贸易最突出的是英国的东印度公司，它们控制了全球茶叶贸易的形势，从中获取了空前的高额利润。也正是因为东印度公司的大力宣传和推广，饮茶习俗在英国广泛流行开来，甚至创造了"下午茶"这种独特的英国茶文化。

英国流行饮茶与查理二世国王的凯瑟琳王妃有很大关系。凯瑟琳是葡萄牙国王的女儿，1662年，她嫁给了查理二世。在她带来的嫁妆中，有一箱茶叶。她常在宫廷里举行茶会，使饮茶成为英国宫廷的时尚，不久饮茶习惯又从宫廷传播到了整个英国上流社会。

17世纪后期以后，饮茶习俗已经在英国社会各阶层中普遍流行了。英国最早的茶叶零售是在咖啡馆里进行的。而到了18世纪，伦敦的咖啡馆实际上成了茶馆。据说在1700年的时候，伦敦就有超过500家的咖啡店卖茶。而在18世纪上半叶，伦敦大约有2500家咖啡馆卖茶和提供饮茶服务。1706年，在伦敦建立了首家红茶专卖店——"汤姆咖啡馆"。除此之外，伦敦的药房也贩卖茶叶作为治疗伤风感冒的新药，接着玻璃行、绸缎店、陶瓷商、杂货店也都开始卖茶。到了18世纪中叶出现了茶叶专卖店。茶叶成为英国全民共饮的大众饮料。在英国的任何家庭，无论是在家里还是在家外，茶叶都已成为英国人生活方式的一部分。饮茶成为英国社会中最根深蒂固的一种生活习惯。饮茶已经不仅仅是上层社会的雅好，而且成为普通百姓日常生活的一部分。全城的人都最喜爱喝红茶，不论人们穿的衣衫是褴褛还是光鲜艳丽，都喜欢这美味的饮品。不管他们的阶层差异有多大，他们都会因为生活中有红茶而幸福快乐。

在英国，饮茶的形式也有很多变化，逐渐地与英国人的口味相适合。17世纪中叶，当时进口的茶叶大多是绿茶，到18世纪末，红茶的销量超过了绿茶。英国人从一开始就养成了在茶中加糖的习惯，很可能是受印度人的饮茶习惯的影响。饮茶的流行还逐渐改变了英国人的生活方式和习惯，比如正是因为茶叶的流行，促使人们使用瓷器茶具，因而又进一步推动了瓷器茶具、餐具等的流行。另外，英国历史上许多新鲜事物的出现都与茶叶有关，比如广告，在英国媒体上（当时主要是报纸）上出现的第一个广告就是关于茶叶的广告，此后广告成为市场经济中不可缺少的一个要素。

在英国还发展出"下午茶"这种特有的茶文化。17世纪时，英国上流社会的早餐都很丰盛，午餐较为简便，而社交晚餐则一直到晚上

8 时左右才开始，人们便习惯在下午 4 时左右吃些点心、喝杯茶。而品茶也成为当时人们待客的一种重要形式，并且发展出茶会这种社交形式。19 世纪中叶，有一位名叫安娜·玛丽亚的女伯爵每天下午都会差遣女仆为她准备一壶红茶和点心，她觉得这种感觉真好，便邀请友人共享。很快，下午茶便在英国上流社会流行起来。下午茶成为维多利亚时代社会生活的重要组成部分。这个时期是英国中产阶级崛起的时期，他们想通过模仿上层社会的活动来显示自己的富有，所以中产阶级的女士像贵族一样用下午茶。下午茶是完美的午后娱乐活动。19 世纪末出版的一本关于礼仪的书《美好形式》说："茶是用来给客人到访时准备的。一小套下午茶茶具要放在小桌上，并且摆上充足的卷状面包、黄油以及松饼和蛋糕……女主人可以站在桌旁或者后面来倒茶。如果一位绅士在场，他有义务为女士递茶。如果没有，那么家中的女孩应该负起这个责任。"

下午茶的发展也受到了英国传统文化的影响，在以严谨的礼仪要求著称的英国，下午茶逐渐产生了各式各样的礼节要求与习惯。并成为英国上流社会中每日必不可少的环节之一。

四、欧洲人的茶叶移植和生产

欧洲人在大量引进中国茶叶的同时，也开始考虑引进茶树和茶种，希望移植这种植物。但是，中国茶树的移植是一个历史漫长并且是由多数人参与的过程。据说有一位修士从中国将茶树带到法国的马提尼克岛，待它发芽、开花，才知道它不是真正的茶树，而是与茶树同宗同类的山茶花。在 17 世纪的时候，荷兰人就从日本带了一些茶树到荷兰。但是，这些被带到欧洲的茶树好像没有栽培成功。

瑞典植物学家林奈的学生奥斯贝克于 1750 年作为瑞典东印度公司商船随船牧师前往中国。在中国逗留期间，他广泛考察了中国的植物，其中包括对茶叶及茶树的考察研究。奥斯贝克在其所著《中国和东印度群岛旅行记》中对中国的茶叶生产和制作作了比较详细的介绍。在此之前，已经有许多传教士及其他旅行者对中国的茶叶做过介绍，但都是集中在介绍中国人的饮茶习惯和喝茶的功效方面，还没有人注意到茶叶的采摘、制作乃至包装运输的全过程。奥斯贝克则更侧重这些以前不为人所注意的方面。他说，茶叶根据不同的生长地有许多不同的名字，制作的方法也不尽相同。奥斯贝克在中国收集到一棵茶树，但却在回程的途中丢失了。

1763 年，林奈最终获得了一棵茶树，这是欧洲的第一棵茶树。来华的传教士们也参与了引进茶树的过程，因为他们可以深入中国内地，直接从茶农手里购买茶种，并寄回到欧洲。1793 年，英国使臣马戛尔尼勋爵访问北京，回国时，被允许带走一些茶树种子和茶树。1816 年，英国使臣阿美士德勋爵带领一个使团到北京，也带回了一些茶树和茶树种子。

1827 年，荷兰人雅各布松移居雅加达，从中国携带回茶叶种苗和 15 名茶叶种植专家，在爪哇开辟了茶叶种植园。从 1835 年起，爪哇首次装 200 箱茶叶外销。

1834 年，英国成立了一个茶叶委员会，负责调查引进中国茶树和茶树种子的可能性，并在印度选择适合种植中国茶树的地区，开展试验性种植。他们派委员会的一位成员戈登到中国收集茶树和茶树种子，招募茶叶种植和加工的专家。戈登从中国送回 8 万颗种子，它们在加尔各答的植物园发了芽。戈登多次到中国来，在以后许多年，大量的中国茶树种子被戈登和其他人送往印度。一些中国的制茶工匠也来到印度加工茶叶。

1848 年，英国东印度公司派遣植物标本采集专家罗伯特·福琼到中国寻找优良的茶树品种。福琼的中国之行为把中国的植茶技术引入印度起到了重要的作用。

福琼在临行前，英国皇家园艺学会给他开列了一个清单，要求他引种野生或栽培的观赏植物及经济植物的种子，收集花园、农业和气象情报资料。他在 1843 年 7 月 6 日到达香港，进行了 7 个星期的植物采集，然后搭船到厦门，又去了浙江舟山，并到了宁波、上海、苏州。1845 年福琼从上海乘船到福州，考察了福州附近的红茶产区。1847 年他将这次旅行的经过写成《漫游华北三年》出版。书中描述了对茶、丝、棉产区的考察和中国的农艺、植物，附有许多插图。

福琼初次来华获得的成功，引起东印度公司的关注，决定聘请他再次赴华，为该公司在印度的茶园搜集最好的茶树种子和苗木。1848 年，福琼再次来到中国。福琼到了中国的很多地方，如徽州、婺源、余姚、宁波、金塘等地，考察茶叶生产，寻找最优良的茶树品种和各种植物。他对所到之处的气候、土壤、植物以及茶叶的采摘和加工都做了详细的记录。1851 年 2 月，他往印度送回了 20000 株茶树茶苗，17 公斤茶种，17000 棵茶树幼苗，用 4 艘不同的船运送，以确保至少有一些能够安全到达。他还招募了 8 名有经验的茶叶专家，购买了大量的茶叶加工设备。这些茶树被成功地移栽在印度的种植园里，并由那些中国种茶专家生产出优质的茶叶。从此在印度种茶获得成功。到了 19 世纪下半纪，茶叶成了印度北部最主要的出口商品之一。

第四讲

纸的传奇与传播

一、"高丽纸"与"和纸"

造纸术是影响人类文明历史进程的一项伟大发明。蔡伦首倡其意，改进造纸术，创造了不可磨灭的历史功绩，并因此受到世人的尊敬和纪念。自蔡伦以后，中国造纸业和造纸技术持续地得到发展。人们一方面不断地寻找新的造纸原料，一方面在工艺技术上不断地进行改进，使纸的品质越来越提高，品种越来越多样。

纸发明以后，在古代人的生活中得到了广泛的应用。纸代替了其他物质形态的书写材料，成为人们普遍使用的书写材料。造纸术的发明，是人类书写纪事材料的一次伟大革命，使人类在此之前使用过的各种书写纪事材料都退出了文明活动的舞台。"纸写本是传播人类文明的圣火。"书写材料是文化传播和文明传承的重要载体，这个载体由于变得方便和平民化，所以使文化的普及和在普及基础上的大发展成为可能。

中国在造纸术发明之后，并没有垄断专用，而是与全人类共享，使之成为人类共同的文明成果。纸不仅盛行于中国本土，且更流传于全世界。在东方，纸在 4 世纪前传至朝鲜，5 世纪初传至日本。在南方，大约 3 世纪前传至越南，7 世纪前传至印度。在西方，3 世纪时传至中亚，10 世纪时传至非洲，12 世纪时传至欧洲，在 16 世纪时传至美洲，并在 19 世纪时传至大洋洲。从公元前纸在中国发明，经过了 2000 多年的悠长时间，至此造纸术乃广被于全世界。

由于东亚地区与中国在地理上、历史上和文化上的紧密联系，造纸术也首先传播到这一地区，使这里最先享受到中国这一伟大发明的惠泽。

纸和造纸术很早就传到朝鲜半岛。据《日本书纪》记载，日本应神天皇十六年（晋武帝太康六年，285），百济博士王仁曾将《论语》

影
响
世
界
的
中
华
文
明
十
五
讲

等书卷的纸写本带到日本。那么，百济得到并使用这种纸本，自然还要比这更早一些时候。

公元前后，朝鲜北部属于汉王朝的治下，设有乐浪郡等四郡，境内多有中国人，而且与内地的交流十分密切，因此在这里就可能有了来自中原的纸的使用和造纸业的出现。20世纪60年代，在朝鲜半岛的一处古墓中曾经发现了带有西汉永始三年（公元前18）字样的纸张，是为有确切年代可考的中国造纸术外传的最早物证。据朝鲜《历史科学》记载，被认为是4世纪前半期的高句丽美川王墓的壁画中有站在国王面前做报告的"大臣"，他手里拿着的正是有字迹的纸张；也被认为是4世纪的平壤大城山国士峰遗址中曾出土了纸张的实物。这是用麻纤维制造的纸，至今仍雪白，纤维均等细密，说明当时漂白技术和打制纤维的技术都已经达到一定的水平。

一般认为，高句丽在4—5世纪已就地造纸，当时生产的主要是麻纸，从事这样生产的是从中国北方移居来的汉人工匠。百济和新罗造纸可能晚于高句丽，但也不会晚于5世纪。在朝鲜三国时

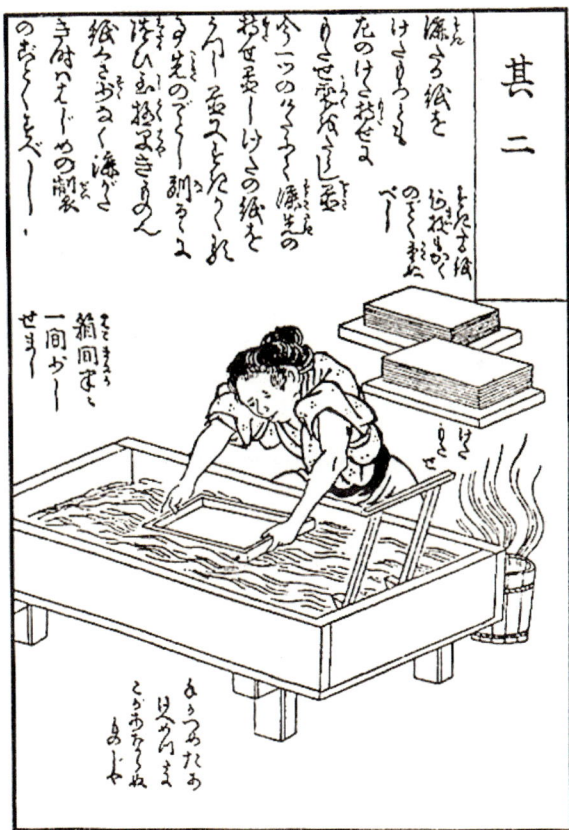

日本《纸漉重宝记》（1798）中的抄纸图

期，已经造出了优质的纸。新罗首府金城（今庆州）一向以造纸闻名，造纸已经相当兴盛。新罗古墓发掘时发现在髹漆棺木涂层下使用了纸。到统一新罗时期，麻纸和楮皮纸都发展得很快。

朝鲜制纸用的原料、工具和技术都与中国相似。朝鲜三国时期，已经用楮、麻为原料造纸。到高丽时期，造纸技术有了更大的发展，造纸原料的来源也进一步扩大，造纸业十分发达。除楮、麻以外，还有藤蔓、桑树皮、竹叶、松叶、稻草、棉、蒲节等作原料造纸，其中尤以桑皮最为著名。徐兢在《宣和奉使高丽图经》中说："高丽纸不全用楮，间以藤造，椎捣皆滑腻，高下不等。"原料来源的扩大推动了纸的大量生产和质量的提高，尤其是皮纸的产量和质量有很大的提高。高丽时期生产的纸的种类很多，包括白纸、白硾纸、黄纸、青纸、雅（鹅）青纸、青磁纸、翠纸、金粉纸、油纸等，质地都十分精良。

高丽时的造纸业十分发达，所生产的纸不仅满足国内的需要，而且还大量出口。在此之前的新罗所制"鸡林纸"，就是献给中国唐朝的贡品。高丽时期，朝鲜纸经常向中国出口。北宋人陈槱在《负暄野录》卷下论纸品时曾提道："高丽纸类蜀中冷金，缜实而莹。""高丽岁贡蛮纸，书卷多用为衬。"因高丽纸质地坚实，宋人尤喜欢用这种纸作为书卷的衬纸。宋代文人之间还常以高丽纸相赠，视为贵重之物。如韩驹在《谢钱珣仲惠高丽墨》中就曾写过"王卿赠我三韩纸，白若截脂光照几"的诗句。元代鲜于枢在《笺纸谱》中也提到"高丽蛮纸"。元朝曾三次向高丽派使团，购买印刷佛经用的"佛经纸"。到明朝初年，宋濂等人编纂《元史》，也曾选用高丽"翠纸"作书衣。

高丽的纸扇也在宋朝时大受欢迎。如苏轼、邓椿等人都赞赏过高丽纸扇。南宋时，临安还有开设折叠扇铺的，模仿制作高丽纸扇，确实比当时中国使用的纨扇、羽扇等方便。

朝鲜李朝时，造纸技术和产业有了进一步的发展。李太宗十二年（1412）十二月己酉于京师设官营造纸所，集各地工匠来此造纸。

《李朝实录》卷二十四载，同年七月壬辰，明朝辽东人申得财新进中国造纸之法，太宗命他传习给朝鲜工匠，并对他给予赏赐。世宗时，将造纸所扩大为造纸署，拥有大量工匠，由王廷官员监造印刷与公文用纸。同时各道府州县也有官营和私营的纸场。《世宗实录》记载当时各种纸的名目及产地，如庆尚道产的表纸、捣练纸、眼纸、白奏纸、常奏纸、状纸、油苍纸等，产地有大邱、庆山、东莱、昌宁等地。全罗道产表笺纸、咨文纸、奏本纸、甲衣纸、皮封纸、状纸、书契纸等，由全州、锦山等地生产。

李朝仍有大量纸张向中国进贡或作为商品出口，并且受到明清两代文化人的欢迎和喜爱。明代文人沈德符在《飞凫语略》中说："高丽贡笺：今中外所用纸，推高丽贡笺第一，厚逾五铢钱，白如截脂玉。每番揭之为两，俱可供用。以此又名镜面笺，毫颖所至，锋不可留，行、真可贵尚，独稍不宜于画，而董元宰（董其昌）酷爱之，盖用黄子久泼墨居多，不甚渲染故也。"明代文人屠隆的《考槃余事》卷二谈到高丽纸时写道："以绵茧造成，色白如绫，坚韧如帛，用以书写，发墨可爱，此中国所无，亦奇品也。"可见朝鲜的纸在中国口碑极佳。

中国发明的纸和造纸术也通过朝鲜半岛的媒介传到日本。3世纪，百济博士王仁曾将《论语》等书卷的纸写本带到日本。最早把造纸技术传到日本的正是这位王仁博士。

日本的造纸业在圣德太子时代有了真正的发展。据记载，610年，高丽僧人画家昙徵到日本传授造纸和制墨技术。大概从此日本开始以本地原料造纸。圣德太子令昙徵指导全国遍种楮树，推广生产楮纸。在正仓院保存有飞鸟时代的纸本文物，这些纸都是楮皮纸，是完全按照中国的方法抄造的。现存最早的纸本文物是圣德太子的《法华经义疏》，为产自中国的黄色麻纸，是隋大业年间所造的。

日本早期历史文献记载了纸传入日本的经过、专司造纸的衙署、楮树的移植、各种纸张的制造，以及纸的书写、包装、衣着、屏风制作和裱糊墙壁房屋等用途。飞鸟和奈良两朝颁布律令，对中央所属图书寮下造纸机构有明文规定。710年，日本律令规定设立专门机构以事造纸，其中包括加工各种色纸。平安时代日本造纸生产有了进一步发展。在伊势、尾张、三河等40余地已能造出穀纸、斐纸（雁皮纸）、麻纸、檀纸。806—810年间，在京都设立了官办的"纸屋院"，即造纸作坊，专供朝廷用纸。日本最早的小说《源氏物语》中说，当时日本还造出了蜡染纸、青折纸、紫纸、赤纸、胡桃色纸、交纸等加工纸。

日本的造纸原料、造纸技术和工具与中国十分相似。日本早期造纸原料主要是麻类；其次是楮皮和其他木本韧皮纤维原料，造纸方法和设备都与我国隋唐时代一样。至江户时代以后，日本手工造纸技术继续发展，但这时麻纸逐渐减少，皮纸逐渐成为大宗产品，原料主要有楮、桑、雁皮、三桠皮等。为了广泛开辟造纸原料来源，日本政府甚至下令种植楮树。日本生产的"和纸"也曾传入中国，并受到中国文人的赞誉和好评。唐人李濬《松窗杂录》记载，开元二年（714），唐玄宗访宁王李宪宅，玄宗以八分隶书字写在日本纸上。诗人陆龟蒙也有诗说："倭僧留海纸，山匠制云床。"据研究此纸为筑紫产的斐纸（雁皮纸）。

日本生产的"和纸"品质很高，是十分著名的手工艺产品。就是在机制纸占支配地位的今天，手工"和纸"仍是日本书画家喜爱使用的书写绘画材料。1919年，围绕用什么纸作为《凡尔赛和约》的定本发生了一场争论，最后竟然是日本纸以其优质而胜出。

二、怛罗斯战役与造纸术的西传

自从汉武帝时丝绸之路开通，中西交通便利，所以当纸发明不久后，就沿着丝绸之路向西传播。新疆境内每次发掘比较古老的遗址，都曾有纸张发现，包括东汉末年至魏晋南北朝、隋唐五代的大量古纸，以官私文书、契约和典籍写本为多，也有少量佛经写本。出土文书有用汉文书写的，也有古回鹘文、突厥文、藏文、西夏文，还有中亚、西亚通行的粟特文、吐火罗文、叙利亚文、希腊文和梵文。由于纸张价格低廉、携带轻便，书写容易，因而由中外商人和边吏、戍卒广为传播，4世纪起便完全代替木简，成为普遍使用的书写材料，由公文书信推广到典籍的抄写。在7世纪以前，中国发明的纸已传播到了中亚和西亚的广大地区，受到当地人民的欢迎和喜爱。但是那些纸还属于珍稀物品，仅供重要文件使用。

现在的一般研究者都把751年作为中国造纸术西传的正式年份。这一年（唐天宝十年）7月，唐朝与大食在中亚地区发生战事，即著名的怛罗斯战役。怛罗斯战役是当时世界上的两大帝国唐朝和阿拉伯阿拔斯王朝（黑衣大食）之间的一场大战，是一场在世界史上有着重要影响的重大战役。

当时，为了征讨企图反叛的中亚属国，巩固唐朝在中亚地区的羁縻制度，玄宗派高仙芝出兵中亚。高仙芝是唐朝著名的边将之一，被玄宗任命为安西四镇节度使，因其英勇善战，在西域获得了极大的声誉，被誉为"山地之王"。天宝十年（751）4月10日，高仙芝率军从安西出发，翻过帕米尔高原（葱岭），越过沙漠，一路长驱直入，经过3个月的长途跋涉，深入大食（阿拉伯）境内700余里，在同年7月14日到达了大食人控制下的怛罗斯城（今哈萨克斯坦江布尔），并且开始围攻该城。阿拉伯人立即组织了10余万大军赶往怛罗斯城。双方在怛罗斯河两岸展开了一场大决战。惨烈的战斗持续了整整5天。在这场两大帝国之间的大战中，一贯英勇善战的高仙芝因盟军背叛、腹背受敌以及指挥失误而打了败仗。唐军损失惨重，2万人的安西精锐部队几乎全军覆没，阵亡和被俘各自近半，只有千余人得以生还。但唐军也重创了阿拉伯部队，杀敌7万余人。慑于唐军所表现出的惊人战斗力，阿拉伯人并没有乘胜追击。

在被阿拉伯人所俘的唐军兵士中，有一些是造纸工匠，这些工匠把造纸技术传入撒马尔罕，在那里建立了一座造纸工场，成为阿拉伯帝国造纸业的开山始祖。

撒马尔罕在唐时称为康国，700年为大食将军屈底波率兵占领，成为阿拉伯帝国的东方重镇。唐僧玄奘在《大唐西域记》中记述的撒马尔罕是一座广大而繁荣的城市："异方宝货，多聚此国。土地沃壤，稼穑备植。林树蓊郁，华果滋茂。多出善马。机巧之伎，特上诸国。"撒马尔罕有丰富的大麻和亚麻植物，加上灌渠中充足的水源，为造纸业提供了自然资源。撒马尔罕的造纸业一经建立，因为有技术熟练的中国工匠操作，所造纸张十分精良，成为远近闻名的商品。直到11世纪初，"撒马尔罕纸"仍在阿拉伯世界中保持很高的地位。

关于早期阿拉伯造纸技术，11世纪的伊本·巴狄斯在其著作中写道：将亚麻与苇类水浸，再用石灰水浸，切碎，舂捣成泥，洗涤，加入水槽，荡帘抄纸，再干燥砑光。在其他阿拉伯学者的著作中还提到，在造纸过程中，还有一道添加淀粉糊的工序和蒸煮工序。奥地利东方学家卡拉巴塞克根据古代阿拉伯文献和对阿拉伯古纸的化验分析结果，详细叙述了古代阿拉伯人的造纸法。按照他的叙述，首先要对破麻布进行选择，除去污物，再用石灰水煮，将煮烂的麻料用石臼、木棍或水磨捣碎，搅成细浆，承于细孔平板上，半干时以重物压之，即成为纸张。这些过程与中国古代造纸技术大同小异。因为8世纪时来到撒马尔罕的中国造纸工匠，把完整的造纸技术都带到了这里。

由于以上这些原因，撒马尔罕很快就发展成为重要的造纸业中心。历史学家白寿彝指出：怛罗斯战役造成的造纸术的西传，"这不只是对于大食和欧洲的造纸术引起了空前的改革，并且对于大食和欧洲的文明也发生了很大的影响。因为用这种新方法所造的纸，比他们旧用的纸太方便了，对于文明的传播和进步，起了非常大的作用。据说，欧洲人之所以能从黑暗时代转入启蒙时代，中国造纸术的输入实占一个重要原因。这真是当初双方从事怛拉斯战争的人所梦想不到的结果"。

三、造纸术与"智慧宫"

在撒马尔罕的造纸业发展起来后不久，在阿拉伯世界又涌现出几处造纸业基地。794 年，在哈里发的首都巴格达建立了新的造纸厂。当时的巴格达是伊斯兰教的宗教和文化中心，是当时世界上最富庶繁荣的城市之一。巴格达纸厂的主要技术力量都是由撒马尔罕纸厂所提供的，据说其中就有中国工匠。纸厂投产后，哈里发哈仑·拉希德的宰相贾法尔便明令政府公文正式采用纸张，以代替耗资巨大的羊皮纸。从此，纸张很快取代了原有的纸草纸、兽皮纸等书写材料，成为阿拉伯世界广泛使用的书写材料。

由于纸的需要急剧上升，9 世纪时在西亚地区又陆续出现了两个新的造纸厂。一个是在阿拉伯半岛东南的蒂哈玛建立的纸厂，不久又在大马士革设立了一座规模宏大的纸厂。在几百年间大马士革是向欧洲供应纸张的主要产地，所以欧洲一般称纸为"大马士革纸"。叙利亚的另一城镇班毕城也以制纸著称，所以欧洲人也曾把纸称为"班毕纸"。

在当时，非洲北部也在阿拉伯帝国的统治之下，所以纸和造纸术在中亚和西亚地区传播的同时，也很快传播到埃及。大约在 900 年前后，在今埃及的开罗地方已经建立了造纸厂。埃及自古以来一向以生产纸莎草闻名于世，并长期向地中海地区输出这种纸莎草。但是，当中国发明的纸和造纸术传到这里以后，纸草便遇到了强有力的竞争对手，从此开始了它最终被淘汰的趋势。10 世纪中叶以后，纸草文书便已告绝迹，纸最终代替纸草而成为最重要、最常用的书写纪事材料。甚至纸在埃及还作为日常生活用品。1046—1047 年间到过埃及的波斯旅行家纳赛尔·伊·科斯老记载说,在开罗,"卖菜和香料的小贩,都随备纸张,把任何卖出的东西,都用纸包裹"。

纸的需求量的扩大,又促进了造纸业的发展。据12世纪的一份史料说,11世纪初以来,由于埃及纸厂扩大了纸的生产,尼罗河沿岸的牧民(贝都因人)和农民(苏拉伊姆族)纷纷挖掘古墓,从木乃伊身上剥取布条,卖给纸厂作为原料。这些牧民来自叙利亚边境,一度定居在尼罗河右岸,使埃及社会陷于不宁,后来被法蒂玛哈里发驱向伊非里基亚。从他们在坟墓中发掘旧棉布和衣料作为造纸原料,可以看出当时造纸业对原料的需求一定十分紧迫。另外,那时中国的纸也从海上运销波斯湾。法蒂玛王朝和宋朝海上交通往来频繁,1008年,埃及旅行家杜米亚特乘船来到中国,拜见了宋哲宗,转交了法蒂玛王朝哈里发的礼物,这是两个文明古国最早建立的外交关系。此后,两国的关系大为密切,中国的纸一定有直接从海上运到埃及的。

大约在11世纪的下半叶或1100年,造纸术传到北非的摩洛哥,摩洛哥的非斯城成为当时另外一个造纸业集中的中心。

造纸业的发展,纸的推广和普遍应用,推动了阿拉伯科学和文化事业的进一步昌盛和繁荣。830年,阿拔斯王朝首都巴格达建立了"智慧宫",由科学院、图书馆和译学馆联合组成,系统地和大规模地开展翻译事业,史称"百年翻译运动"。撒马尔罕和巴格达造纸厂生产的轻便的纸,为翻译事业的发展提供了最方便的条件。译学馆网罗了各科学者和翻译家,包括伊斯兰教、景教、犹太教的学者,翻译希腊文、叙利亚文、波斯文、梵文的各种专门著作,广泛地吸收世界各国科学文化遗产。他们集体从事译述、研究活动,将用重金从各地所搜集的100多种古希腊、波斯、印度的古典科学文化古籍进行了整理、校勘、译述,翻译希腊文、叙利亚文、波斯文、梵文的各种专门著作,并对早期已译出的有关著作进行了校订、修改和重译工作,取得杰出成就。在译述过程中,他们将翻译和研究紧密结合,做出了开创性的贡献。古希腊的许多科学著作得以保存下来,几乎全赖阿拉伯文的译本。据记载，被称为希腊哲学家的著作，不下一百种。当欧洲几乎不知道希腊的思想和科学之际，这些著作的翻译工作，已经完成了。

这一人类翻译史上的伟大工程，既使人类古典文明的辉煌成果在中世纪得以继承，又为阿拉伯文化的发展奠定了较为坚实的基础。欧洲人是靠翻译这些阿拉伯文的译本才得以了解古希腊人的思想，继而开始他们的文艺复兴的。可以说，没有阿拉伯人和拜占庭人对于西方古典文化的继承保存，西方文艺复兴运动根本没有基础。

纸在波斯湾和两河流域已经如此普遍，以致在短时期内便可抄录多卷本的科学巨著。遍布于各地的大批的专业或业余的抄写员一刻不停地抄写着从各地收集来的图书，经过装订工和装帧工的加工，一本又一本精美的手抄本书问世了。手抄本书籍的大批问世使阿拉伯世界的图书总量迅速增加，促进了图书馆事业的发展。巴格达一地就有公共图书馆 30 多座。从巴士拉、大马士革、阿尔及利亚，直到摩洛哥和科尔多瓦，都设立了公共图书馆。木鹿城至少有 10 余座图书馆，且每座图书馆每次可允许借出 200 册以上的书。科尔多瓦城一地的图书馆多达 70 多座，其中皇家图书馆的藏书达 40 多万册。在大小清真寺内都设有图书馆，藏书量也很可观。

与图书馆兴起的同时，阿拔斯王朝时期还出现了遍布帝国各地的书商和书店，专门从事图书的抄写、校对、装订和销售工作。据统计，9 世纪时，巴格达一地的书店就多达百余家。大马士革和开罗亦有不少书商。众多书商和书店的出现，为书籍的大规模流通和文化的传播打开了方便之门。

法蒂玛王朝也在开罗创建了"科学馆"，从事科学研究和翻译事业。靠着新式纸张的传抄，开罗皇家图书馆的藏书达到了 20 万册，使得在公元前 1 世纪和 389 年两次被罗马人焚毁殆尽的亚历山大里亚图书馆昔日的盛业重现光辉。

四、造纸术在欧洲的传播

中国的造纸术是通过阿拉伯人传入欧洲的。大约在 9 世纪，阿拉伯人造的纸就传到了欧洲。按照传统的说法，纸进入欧洲，是由北非的法蒂玛人的传播，经过摩洛哥，在 10 世纪中叶传入科尔多瓦伍麦叶朝统治下的安达卢西，后又在法国广泛采用。但另有一则史料说，西班牙科尔多瓦王朝的开创者阿卜杜勒·拉曼已用石印复制公文，分送各部门。要印刷，就离不开纸。阿卜杜勒·拉曼在叙利亚摆脱了阿拔斯家族的追捕，经过马格里布逃到西班牙，重新建立了一个王朝，他在叙利亚大约早已知道刚从撒马尔罕开始生产的纸。在他统治时期，设法从西亚弄到纸张，这样纸便流入了欧洲。但是大宗的纸从阿拉伯世界传入欧洲，还是在大马士革造纸厂建立以后。在几百年的时间里，大马士革一直是向欧洲输出纸张的中心。

8 世纪时，西班牙被纳入阿拉伯帝国的势力范围，阿拉伯文化也随之传入西班牙。因此，西班牙是第一个用纸书写的欧洲国家，也是第一个使造纸业得以发展和繁荣的欧洲国家。西班牙的造纸技术是由北非的摩洛哥传入的。1086—1121 年，北非的摩拉维德人入侵西班牙，连续进行了 30 多年的战争。西班牙的造纸厂便是在这一段时间内由摩拉维德人建立起来的。这种纸也畅销地中海各地。据说在圣多明各发现的一份 10 世纪时的写本，是欧洲最早出现的纸张标本。它由长纤维的亚麻破布制成，淀粉施胶，纸质很重，与阿拉伯纸相似。西班牙的第一家纸厂设在以产亚麻著称的萨蒂瓦，是西班牙的造纸中心。

西班牙是欧洲最早发展起造纸业的国家。纸的传播和广泛应用，促进了阿卜杜勒·拉曼三世统治下的科尔多瓦文化的繁荣。当时的科尔多瓦也是可与巴格达、君士坦丁堡相媲美的文化中心。阿卜杜勒·拉曼三世的继承者哈克姆十分注重搜求图书，派人在亚历山大里亚、大马士革、巴格达等地搜集各种书籍和手稿，收藏总数达 40 万册，其中包括许多纸抄本。科尔多瓦拥有 70 所图书馆，其中尤以土伦多的图书馆规模最大。1058 年西班牙基督教徒占领土伦多后，这里就成了欧洲人前往游学、吸收先进的阿拉伯文化科学知识的地方。纸的大量生产更推动了西班牙翻译古典遗产的热潮，许多重要的阿拉伯学术著作以及古犹太和古希腊的重要著作在 11、12 世纪被译成西欧知识界通行的拉丁文。这项翻译事业规模宏大，意义深远。它在希腊古典文化和欧洲近代科学之间建起了一座桥梁，对近代欧洲文化的发展发挥了积极的作用，为日后的文艺复兴运动奠定了基础。

纸从阿拉伯传入欧洲的第二条路线，是从北非埃及境内的纸厂经由地中海的西西里岛而输入欧洲。1109 年，西西里国王罗吉尔一世颁发了一道写在色纸上的法令，用阿拉伯文和拉丁文书写，这是欧洲现存最早的纪年纸本文书。40 多年后，纸从西西里传入热那亚，在热那亚档案馆保存的纸抄本中，有一部分的年代是 1154 年。但是，这些纸很可能是从阿拉伯国家输入的，而不是当地生产的。

欧洲基督教国家建立的第一座纸厂，是 1189 年在比利牛斯北麓的赫洛尔城附近兴建的。不过，在这座工场里，造纸技术仍是由穆斯林工匠操作和传授，它的产量也不大，所以在此后的一个世纪里，欧洲所需要的纸大体上仍由大马士革和西班牙两地穆斯林纸厂所供应。

造纸技术在欧洲的推广起初并不顺利。虽然西西里王国早已用上了阿拉伯纸张，却很久不能在意大利国土上推广开来。1221 年，统治意大利的腓特烈二世根据教皇的旨意下令禁止用纸书写公文，以抵制来自伊斯兰国家的纸的进口。但是，纸的实际需要量并未因此下降。"十字军东征"以后，地中海东部造纸厂向欧洲的输出有增无减，直到意大利的造纸业发展起来。

意大利最早的造纸厂是 1268—1276 年在蒙第法诺创办的。这家纸厂所造的纸品质优良，光滑厚重并且不沁水，适应欧洲人使用鹅毛管的西式笔和溶液墨汁的传统书写习惯，因此很受欧洲知识界的欢迎。从此以后，意大利的造纸业便蓬勃发展起来，在意大利的其他城市如波洛尼亚、奇维达莱、帕多瓦、热那亚等地都开设了纸厂。在14世纪初，意大利纸在产量和质量上都超过了西班牙和大马士革，成为向欧洲供应纸张的主要来源。

法国的纸可能是经由邻近的西班牙城市输入的。13世纪起，法国开始使用西班牙纸，但法国本身造纸则从14世纪开始。1348年在特鲁瓦附近开设了一家纸厂，1354—1388年间，还在埃松、圣皮埃尔、圣克卢、特瓦勒设立纸厂。然而也有一种传说：让·蒙戈尔费埃在第二次"十字军东征"时被土耳其人俘获，被迫在一家纸厂内劳动，他于1157年从那里逃回欧洲。据说他的孙子们在法国中部奥弗涅省安贝尔镇开设了几家纸厂，在14世纪中叶这里也确实成了重要的造纸业中心。

德国13世纪初开始用纸，但大部分纸张是从意大利输入的。14世纪时德国用纸量迅速增长，促进了意大利造纸业的发展。特别是14世纪末叶雕版印刷传入欧洲以后，意大利纸用来印制纸牌和彩绘图像，为数十分可观。据说德国南部的科隆和美因兹在1320年都已设有造纸工场。不久，欧洲早期印刷中心之一的纽伦堡，在1391年也设立了造纸厂，其创办人是乌尔曼·施特罗梅尔。雕版印刷也在这时与造纸业一起出现于纽伦堡。

关于施特罗梅尔创办纸场，据说是受到意大利人的启发。1390年，他在意大利米兰看到了造纸生产的情况，并遇到了几位意大利造纸工人。他带着这几位造纸工匠回到纽伦堡，开办了一家造纸场。此后，德国工人从那几位意大利人那里学到了造纸的全套技术。施特罗梅尔因为造纸而大获其利，后来成为纽伦堡的议员。纽伦堡也因造纸而闻名，不久就成为德国的印刷业中心。

由于当时的欧洲科学文化还比较落后，识字的人太少，纸张的使用在很长一个时期里是很有限的。在14世纪初，纸在欧洲还是比较

影响世界的中华文明十五讲

约 1391 年在德国纽伦堡开办的造纸场

稀少的，除了西班牙以外，只有意大利有两三家纸厂，并且产量也不高。14 世纪是纸和造纸术在欧洲的传播取得显著进展的一个世纪。到 14 世纪末，意大利、法国、西班牙和德国南部都有了纸的生产，除了少数贵族外，纸大致已经代替羊皮纸成为通行的书写材料。从 15 世纪起，造纸术以德国为中心，向东西传播。英国从 14 世纪起才用纸作书写纪事材料，到 1511 年才建起第一家纸厂。英国最早的这家纸场是由伦敦布商泰特在伦敦北部的哈福德建立的。到 17 世纪末，英国已经有了百多家纸场。在 17 世纪，欧洲各国大都已采用中国式的手工生产和设备进行造纸了。

　　纸的广泛传播和普遍使用，对于欧洲科学文化的发展起到了相当大的作用。特别是对近代欧洲科学的繁荣和文化的进步，对于知识的传播和理性主义的兴起，乃至对于欧洲走出中世纪的蒙昧主义迷雾，

欧洲最早的制纸图

开辟近代文明的新的历史纪元，都发挥了直接或间接的影响。

值得注意的一个现象是，在欧洲，造纸术和印刷术几乎是同时传播过去的。实际上，造纸术和印刷术是两个相互关联的发明。没有纸，印刷术几乎没有可能谈起。因为说到印刷，就是指在纸上的印刷。在纸上的印刷，就出现了现代意义上的"书籍"。而在此基础上，大量印本书的出现，大大促进了欧洲人的读写生活的变化，促进了宗教改革和新思想、新科学的传播，因而出现了文艺复兴时代。

在 18 世纪的时候，欧洲为了提高造纸技术，还必须求援于中国。1764 年，法国经济学家杜尔阁向两位在法国学习的中国青年高类思、杨德望提出要求，希望他们返国后能向他介绍中国科技文化的一些详细情况。在杜尔阁列的问题清单中，就包括弄清中国造纸的工艺流程。他提出："请求把几札准备抽剥纤维的藤类和压榨机一并寄来，总之，我们想用它来效法制造。""据说中国人用米浆来粘纸张。……我们想知道如何制造这种纸浆。""如何把这样大幅（12 尺 ×8 尺）的纸页掀起来而不至于破裂，如何把它再摊开而不至于弄出皱褶。""请寄 100 张或 200 张最好的纸张前来，纸幅广 6 尺，宽 4 尺。如果这种纸张适合雕刻家印版之用，我们有意试制。"从杜尔阁提出的问题可以看出，在18世纪中叶，法国造纸技术家仍然没有掌握中国早在几百年前就已掌握的技术奥秘。而这些问题都是当时法国和其他欧洲国家造纸业急切需要解决的，希望从中国取得借鉴。1766年，高类思和杨德望回国后，购买了杜尔阁希望得到的中国抄纸帘、各种造纸原料及纸样，连同技术说明材料，通过商船寄回法国。

18世纪传入欧洲的中国造竹纸图（压榨湿纸），德国莱比锡国家书籍博物馆藏

在乾隆年间，法国在华传教士蒋友仁请中国画家画了一套造竹纸工艺过程的工笔设色组画《造竹纸系列图》，共24幅。画稿完成后，蒋友仁寄给法国的友人、巴黎建筑师德拉图尔。这套组画不断地被欧洲人临摹，广为传播。1815年，巴黎出版的《中国艺术、技术与文化图说》公布了《造竹纸系列图》的13幅。编者说明这些画稿是在华耶稣会士请中国人画的，送巴黎后制成铜版。这些铜版画为此后其他造纸书所转引。这套系列画对于欧洲人了解中国的造纸技术有很重要的作用。这套组画向欧洲人形象地展示了中国造竹纸的全部技术过程、所用原材料、工具和操作步骤。尤其是抄纸用竹帘的形制和用法、湿纸人工强制干燥技术和植物黏液的使用等，这都是当时欧洲纸工不知道的新鲜事物。他们看到这些图和说明后，对改善本地过时的造纸工艺和改变单一生产麻纸的现状，无疑会取得借鉴和现成的技术

经验，也会刺激他们用图中所示的方法进行模仿性实验。

五、纸与造纸术对世界文明的意义

造纸术的发明，纸作为一种新型的书写材料的广泛应用，对于整个人类文明的发展历史来说，都是具有特别重大意义的事件。

造纸术的发明在根本上改变了人们的书写材料。这是一个在人类文明发展的历史上具有至关重大意义的发明。如果我们放眼人类历史的长河来看，在人类文明形成和发展的历史上，首先经过了一个漫长的史前文明阶段。这个史前文明阶段的岁月比我们现在所说的文明史要长得多得多。在那些漫长的岁月里，人类走过了他的童年，同时也从无到有，创造了许多灿烂辉煌的文化成果。比如我们常说到的仰韶文化、河姆渡文化、红山文化等等。但是，由于没有文字或其他媒体的记载，我们对远古文明的了解非常少。许多事情我们只有通过考古和神话来重新拼图。而所谓史前文明和我们所说的文明史，其界限就在于是否有文字记载，有"文字记载的历史"就是我们所说的文明史。恩格斯说，一切有文字记载的历史都是阶级斗争的历史。我们强调历史的起点就在于"有文字记载"。所以，"文字"是文明发展的至关重要的一环。

人类文明之所以称为"文明"，就在于有一代一代人的记忆和积累，有记忆和积累，才有传承和发展。所以，一代人一代人之间就不只是简单地重复，而是在前辈的经验基础上有所前进、有所创新、有所进步。这样，文明就发展了，社会就进步了。为了这个记忆、积累和传承，人类走过了漫长的结绳记事的阶段，直到后来，各民族分别创造了自己的文字。所以，文化史家和人类学家们都把文字的创制作为"原生型文明"的三大标志性因素之一（其他两个标志分别是城市的出现、青铜器的制造）。恩格斯说，人类社会正是"由于文字的发明及其应用于文献记录而过渡到文明时代"。

这样，我们就说到了和纸的发明有关的话题。因为发明了文字，总是要有一个书写文字的物质载体。各民族的先人们为此做过许许多多的尝试，创制了多种多样的书写材料。比如在中国，就先后应用过甲骨、石刻、竹简、锦帛，等等。墨子说："吾非与之并世同时，亲闻其声，见其色也，以其所书于竹帛，镂于金石，琢于盘盂，传以后世子孙者知之。"墨子这里所说的"书于竹帛，镂于金石，琢于盘盂"，就是先人们尝试过的书写材料和书写方式。其他民族也陆续发明了他们的书写材料，比如最有名的埃及纸草、欧洲的羊皮纸、印度的贝叶，等等。这些书写材料在各种民族的文明发展过程中发挥了很重要的作用。但是，这些书写材料都有一些先天性的缺陷，这主要是：原材料不易获取，不易保存或流传，书写的容量小，价格昂贵不易普及，笨重而不便于阅读，不便于大规模地复制，如此等等。因此，在纸发明以前，这些书写材料限制了文化的普及，读书写字是少数人的事情，因而也就限制了文明发展的步伐。这一点似乎是不言而喻的。

所以，当纸出现的时候，各民族其他的书写材料就都退出了文明的历史舞台，主要作为一种考古学意义上的文物所保留了。人们开始普遍用纸来作为书写的材料，人类文明的历史开始写在纸本上了。所以，纸的出现是文字载体发展史上的革命。大约在 4 世纪时，在中国，纸已经彻底淘汰了简牍，成为主要的书写材料了。纸的出现是人类文字载体发展史中划时代的革命。2000 多年来作为世界各国通用的书写材料，在推动人类文明发展中起到重大作用。

那么，当纸代替了其他物质形态的书写材料，成为人们普遍使用的书写材料后，出现了什么情况呢？简单地说，纸具备了适合书写的一切优点，比如原材料广泛，价格低廉，轻便，宜于长期保存，纸面光滑书写容易，阅读方便，如此等等。那么，首先就造成了纸的使用的普及。更多的人有更多的条件来使用纸写字。这样，读书和写作的人就多了。同时，也就改变了人们的书写方式，也改变了人们的阅读方式。大而言之，就是促进了文化的普及，推动了文化的大发展和广泛的繁荣。比如在造纸术出现以后，价格昂贵的竹简和锦帛退出了中国人的书写领域，人们普遍采用纸来记录和书写，古典的书籍文献和文艺作品也用纸重新传抄，能够读到的人越来越多。因而此后不久，就出现了盛唐时代的文化繁荣景象。所以说，书写材料是文化传播和文明传承的重要载体，这个载体由于变得方便和平民化，所以使文化的普及和在普及基础上的大发展成为可能。

第五讲

「文明之母」印刷术的世界影响

印刷术是中国古代最伟大的发明之一，是中华民族贡献给人类文明的最珍贵的礼物之一。在中国历史上，雕版印刷术和活字印刷术的发明和发展，使人类科学文化知识的传播获得了一种崭新的形式，即印刷读物的形式。印刷术的发明，大大提高了书籍的复制速度，有力地推动了科学文化知识的广泛传播和普及，对人类生活的各个领域的进步和发展都产生了重大影响。因此，印刷术被誉为"文明之母"，印刷术的发明被看作是"人类文明史上的一个里程碑"。中国印刷技术的发展，主要包括两个不同又互相联系的阶段：一个是雕版印刷技术的阶段；另一个是活字印刷技术的阶段。这是两项同样具有重大意义的发明。而这两项伟大的发明，都是中华民族的伟大创举。

印刷术在中国发明不久，就传播到海外各地，获得了广泛的推广和应用，在世界各国的文化发展史上，在整个世界文明的发展历程中，都发挥了巨大的推动作用。

一、"八万《大藏经》"与"五山"刻书事业

从中国求赐、购买经籍图书，是朝鲜历代摄取中华文化的主要形式之一。或者换句话说，中国古代典籍在朝鲜的流布，是中华文化传播到朝鲜半岛的一个重要内容，也是一个重要的渠道和形式。中国印刷术发明后，有大量的印本书，甚至还有雕版，被作为礼品或商品流入朝鲜。在两国的贸易关系中，中国书籍在很长的时间内是朝鲜需求的大宗商品。

与此同时，中国发明的印刷术也传到朝鲜。朝鲜人仿照中国技术，利用本国产的优质纸墨，开始雕版印书。并且在借鉴中国活字印刷术的基础上，有所发展和创新，大规模地制造和使用铜活字，同时首先使用铅活字，在世界印刷史上具有特殊的地位和影响。

关于雕版印刷术是什么时间传入朝鲜的，目前还未见史料记载。但是至少在 8 世纪中期的时候，已有中国印刷品传入朝鲜。建成于 751 年的韩国庆州佛国寺释迦塔底下曾发现了雕版印刷品佛经《无垢净光大陀罗尼经咒》，据信是在唐长安刻印的。10 世纪中期，高丽曾流传一部《佛说父母恩重经》，据说是山东的石刻。

朝鲜半岛的刻书事业大约起源于 10 世纪末。到 11 世纪初，朝鲜的雕版印刷已经有了较大的发展。高丽王朝建立以后，在中央设置了担任缮写、出版各种书籍的秘书省，雕版印刷了大量的儒学经典、历史和医学等各种书籍。现存朝鲜刊行的最早印本是 1007 年总持寺刊印的《宝箧印陀罗尼经》一卷。这是以五代吴越国王钱俶显德三年（956）杭州刊本为底本。此经置入佛塔中，小卷轴装。由五张纸连成，每纸直高 7.8 厘米，全长 240 厘米。卷首有一佛变相图，图后是经文。

高丽还从中国直接引进雕版，到高丽印刷。宋元祐四年（1089），泉州商人徐戬私下受高丽王朝的委托，在杭州雕造《华严经》2900 多片，竣工后用海船运往高丽，徐戬得到酬银 3000 两。由于此事完全是徐戬个人的私下贸易，事先没有奏准官方同意，被杭州知府苏东坡

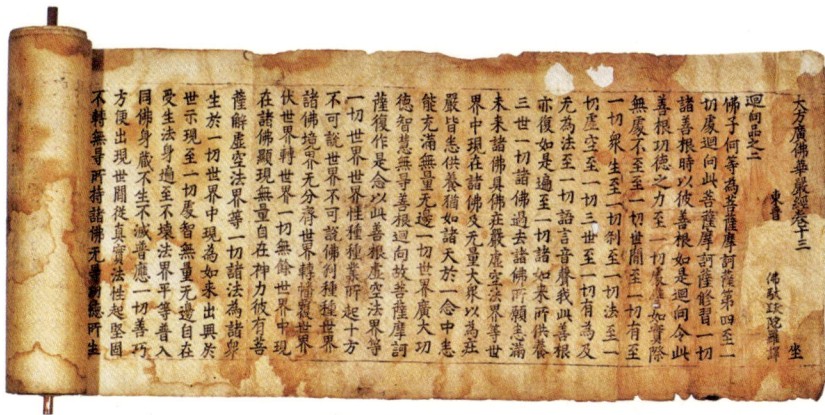

高丽为抵御契丹入侵而制的初雕大方广佛华严经

知悉后，一纸奏状，徐戬被"特送千里外州军编管"。

朝鲜印刷史上最重大的事件是 11 世纪刊刻工程浩大的《大藏经》。高丽朝把引进和刊印佛经作为一项重要事业。北宋初 30 年内，高丽从中国请去三部印本《大藏经》。显宗时派遣礼宾卿崔元信特备中布 2000 端，作为纸墨价资，求佛经一藏。宋真宗特许无价赠送。后来有辽朝分别送给文宗、睿宗、义天和尚以及慧昭和尚买回的辽本《大藏经》三部。可见高丽王朝对引进《大藏经》的重视。

显宗元年（1010）时，契丹大举进攻高丽，夺走义州、宣川，包围了平壤。显宗南行避难，无力打退强敌。于是，显宗与群臣发无上大愿，誓刻成《大藏经》版，以借佛力的神通退敌兵。国王雕刻《大藏经》版的目的是：祈愿佛法，打退敌人，克服国难，同时祈愿父母冥福。自显宗二年（1011），历德宗、靖宗以至文宗（1082），历经 71 年始告完成。全藏 6000 卷，主要依据《宋开宝藏》及《契丹藏》（《辽藏》）。这就是高丽旧藏经或称初雕藏经。刻成以后，版藏岭南八公山符仁寺，称为高丽之"大宝"。以镇护国家，集中国民信仰。

然而，100 多年后，这件高丽"大宝"却毁于战火。1232 年，蒙古兵入侵高丽，符仁寺所藏的《大藏经》版全部被烧掉。当时蒙古兵力强盛，高宗王皞与群臣束手无策，于是又效法显宗，立愿重刻《大藏经》，希望"诸佛圣贤三十三天"的力量，使敌人远遁。从高宗二十四年（1237）发愿，在避难的首都江华岛设立大藏都监，于晋州设分司，开始雕造，到高宗三十八年（1251）刻成，历 15 年而功毕。全藏共 6791 卷，刻版 81258 块，因此号称"八万《大藏经》"。据传，用于经版的木料为谷雨木，主要采自智异山。"八万《大藏经》"每块经版宽 69.5 厘米，长 23.9 厘米，每版 22 行，每行 14 个字，总字数约 5200 万之多。30 余人校对各种不同的经版，精密地进行校正，据称无一错漏。在平整而有光泽的版面上雕刻的成千上万的字，均以欧阳询体刻成，8 万多块经版如出一人之手，其高超的木版雕版印刷技术水平在世界文化出版史上占有重要的地位，具有很高的艺术价值和文献价值。

"八万《大藏经》"的全部经版在高丽王朝时代曾收藏于江华岛传灯寺内，到李氏王朝太祖七年（1398），为安全起见，被保存在所谓"三灾不到"之福地海印寺中。海印寺位于庆尚南道伽耶山南侧山麓，是朝鲜半岛古老的佛教圣地之一。储藏《大藏经》版的藏经殿建成于1488年，建成后从未遭受过战乱和火灾，是世界上唯一一座保管《大藏经》的建筑。藏经殿不仅以其建筑优美著称，尤其令人称奇的是，该建筑没有特殊的通风设备，却保持良好的通风状况，并有调节温度湿度的功能。这部高丽《大藏经》版，至今仍完好地保存在庆尚南道海印寺里，因此海印寺有"海东敦煌"之称。1995年，海印寺的《大藏经》版和藏经殿被列入世界遗产名录。

"八万《大藏经》"是现存大藏经中历史最久、内容最丰富、举世公认的标准大藏经和佛教全书。高丽刻印"八万《大藏经》"，是世界佛教文化史上的一件盛事，也是世界印刷史上的一件盛事。

高丽末年，民间纷纷印刷藏经，使其流传。有名的如李允升同妻尹氏舍财印成一藏，安置于乡邑古阜郡万日寺。其后有李稬、廉兴邦等各募印全部。李朝建立之初，太祖李成桂"与群臣愿成大藏，以安于塔"，是李朝第一次印刷。世祖李瑈为亡父母祈求冥福，曾于1458年重修海印寺经版阁，又命各道出纸，印成《大藏经》50部，分镇全国名山福地。此后民间募缘，屡有续印。高丽版《大藏经》印本也曾流传到国外，日本曾先后从朝鲜求去20部，琉球国也曾求得一部。

高丽除有刻印《大藏经》之盛举外，还有义天和尚印《续藏》。义天曾到中国游历一年有余，求购经书，从中国带回佛教经籍1000多卷，并带回《清凉疏版》。他立志"聚集古今诸家教乘，总为一藏，垂于万世"，在自己所住的兴王寺设教藏都监，刊刻从宋、辽、日本及本国收集来的佛典经籍4740余卷，大约在他去世那年（1101）刊刻完成，世称《义天续藏》。11—13世纪，木版印刷在高丽经过百余年的发展，已经达到很高的水平。

到李朝时，朝廷大力提倡宋儒理学，曾多次向中国求购汉籍。1426年，明朝赠给朝鲜"四书"、"五经"、《性理大全》、《通鉴纲目》等书籍，1454年又赠给《宋史》一部。此外，李朝也大量翻刻儒家典籍，如程、朱、真德秀等人的著作，无不翻刻。有人甚至把朱熹的《小学》作为殉葬品。当时，朝廷与民间的刻书热情一直很高，对中国的"经、史、子、集"以及《三国演义》等文学作品，无不大量翻印。《成宗实录》说当时朝鲜"诸子百家无不锓梓，广布于世"。李朝成宗令诸道开刊书册，使观察使印出，分送诸邑。除了翻刻来自中国的图书典籍外，同时也印行许多本国的著作。

中国宋代发明活字印刷术后，也传到朝鲜。朝鲜人把毕昇、杨古用泥烧制的活字称为陶活字，也曾烧制过，据说也用这种陶活字印过书。另外朝鲜还有一种特殊的"瓢活字"，是用老葫芦的表皮做成的。1376—1895年，朝鲜造木活字共28次，有时一年造两次，有《康熙字典》体、钱谦益《初学集》体、笔书体、印书体等。1376年，用木活字印《通鉴纲目》，后来用木活字印《仁祖、孝宗实录》。现存最早者有1395年木活字版《功臣都鉴》。

在世界印刷技术史上，朝鲜最具有重大意义的是大量铸造和广泛使用金属活字。朝鲜最早开始铸字印书，大约是在13世纪初。据说近年发现1298年高丽朝印制的《清凉答顺宗心要法门》，为现存世界最古金属活字本。但大规模铸铜活字是从15世纪初开始的。所以一般研究者都以1403年李朝设立"铸字所"的时间作为印刷史上一个新时期的开端。

朝鲜铸铜活字印书，都是由政府来主持的。1403年3月，朝廷新设"铸字所"，几个月内就铸成10万字。当年是明永乐元年癸未，所以称这年所铸的字为"癸未字"。1043—1544年，李朝历代国王共颁布了11次关于铸造新活字的诏令。国内善书的人，被征召为活字体缮写底样，并采用中国古代书法家的法书，作摹印之用。等到铜料缺乏时，就把废寺的大钟以及私人和官府的铜瓶杂具，熔化作铸字之用，反映了当时铸字的热烈气氛。

印刷术在朝鲜的传播和发展，特别是采用金属铸字印书，大大促进了朝鲜文教事业的繁荣，推动了朝鲜半岛文明的发展；另外，朝鲜历代刊印书籍，不论是雕版印刷还是活字印刷，都有大量的中国典籍，包括儒家经典、佛教经籍、历史、文学以及医药、科技、历法等方面的大量著作，从而为中华文化在朝鲜半岛的广泛传播提供了有效的物质载体。

关于中国发明的印刷术是何时传入日本的，至今尚无定说。不过，唐朝的印本书籍已经由来华的日本遣唐使、留学生或学问僧带回日本，使日本人很早就知道有这样一种中国人发明的书籍的存在形式。

古代日本最早的版刻印刷实物，是 8 世纪中期的"百万塔陀罗尼经"。日本奈良时代的女皇孝谦天皇笃信佛法，大唐高僧鉴真曾为她受戒。758 年，她让位于淳仁天皇，被尊为孝谦上皇，剃发为尼，拜僧人道镜为国师。天平宝字八年（764），太政大臣藤原仲麻吕发动叛乱，孝谦上皇迅速平叛，废黜了淳仁天皇，重登皇位，为称德天皇。所以，孝谦天皇和称德天皇实为一人。孝谦天皇在平叛中，曾发下宏愿，如平息叛乱，愿造百万佛塔，每塔各置一陀罗尼神咒，供奉各地。叛乱平息后，称德天皇命道镜为太政大臣，主持造塔刻经事宜。用 6 年时间制造了 100 万个高 13.5 厘米的小木塔，塔基中钻凿有手指般粗细的小洞穴，印制了《无垢净光经根本陀罗尼》等四种"陀罗尼经"，置于小洞之中，共 100 万份，称为"百万塔陀罗尼经"。陀罗尼经的刻版版材用樱木，印以麻纸及楮纸，均染以黄柏。分置于京畿地区法隆寺、东大寺、药师寺、大安寺、元兴寺、兴福寺、西大寺、弘福寺、崇福寺、四天王寺共 10 寺中，每寺 10 万塔 10 万经。

8 世纪时日本竟以 6 年时间印刷 100 万份佛经，同时制成 100 万座佛塔，实在是一项浩大的工程。

"百万塔陀罗尼经"的印制，是中国印刷术东传日本的最早的史实，也是古代日本雕版印刷史上的一个起点。国际学术界普遍认为，"百万塔陀罗尼经"是目前所知的仅次于朝鲜庆州佛国寺《无垢净光大陀罗尼经咒》的世界上最早的印刷品之一。据此也可以认为日本是中国之外最早发展木版印刷的国家。

中国的印刷术再次东传大约是在 10 世纪后半期。北宋雍熙元年（日永观二年，984），日本僧人奝然与其徒五六人入宋，参拜各地佛迹，并受到宋朝皇帝的接见与封号。987 年奝然回国时，将模刻的旃檀释迦像、十六罗汉画像和宋朝皇帝诏赐的一部蜀刻《大藏经》带回日本。为记载这件事，日本文献上第一次采用"摺本"（印刷书）一词。此后，还有一些日本入宋僧将中国印本佛经带回国。例如，1072年入宋的日本僧人成寻，曾托其弟子将宋神宗诏赐的显圣寺印经院新刊藏经 413 卷册带回日本。由于中国印本佛经传入日本，大概日本人也了解了中国的雕版印刷技术，于是在日本出现了刻书印书事业。

据目前所知，最可信的日本第一部印本书是宽治本的《成唯实论》。书末有宽治二年（1088，宋哲宗元祐三年）模工僧观增刊记，称"兴福伽蓝学众诸德，为兴隆佛法，利乐有情，各加随分财力，课工人镂《唯实论》一部十卷模"。日本初期刻印的几乎全部是佛经，多为和尚、尼姑以及善男信女舍财刊版。所以，在 12 世纪后，刻经事业接踵而起。当时在日本最享盛誉的是"春日版"和"高野版"。所谓"春日版"，即是京都春日社僧侣的刻书；所谓"高野版"，则是在高野山上的金刚寺梓行。这两种版本的刻书，都是佛典与僧传，尤以密教方面的典籍居多。

日本刻书事业的高潮出现在日本历史上的镰仓时代。在禅宗佛教传入日本并日趋兴盛之际，中国的印本佛典和儒家典籍也大量传入日本，宋学也在日本获得了广泛的传播。这些都促进了日本刻书事业的兴盛和繁荣。

这时日本刻书大都是中国宋元版的复刻本。最早模仿唐样版本的是京都泉涌寺版。俊芿及其弟子陆续从宋地带回大批律部经卷，为了谋求律宗的振兴，就在泉涌寺复刻宋版律部，名泉涌寺版。主持泉涌寺版开版的，都是入宋僧或其弟子。

　　这一时期规模最大、影响深远的则是"五山"刻书事业。在当时禅宗勃兴、宋学东传的文化条件下，为了适应五山学僧钻研禅学与汉文化的需要，在五山中盛行起复刻中国文献典籍的事业，出现了竞相刻刊中国书籍的隆盛局面。所谓"五山版"，就是指从13世纪中后期镰仓时代起，至16世纪室町时代后期，以镰仓五山和京都五山为中心的刻版印本。"五山版"的出现，是日本印刷史上的一个重要成就。

　　"五山"刻书事业开始于13世纪后期。当时，中国禅僧正念（号大休）离宁波天童山到日本关东，先后在三处地方当住持。后来把他自己的著作《念大休禅师语录》重新修订，于弘安七年（1284）"命工开刊，以待归寂，方可印行"。这部书是镰仓五山之一的净智寺刻本，是目前见到的最早的"五山版"。

　　圆尔辨圆在回国时带回大量中国宋版的书籍。所带回来的这些书籍有的被东福寺普门院所刊刻出版，特别是禅宗典籍。到了五山禅僧时，他们不仅出版了一些圆尔所带回来的禅宗典籍，还出版了其他的如儒书、诗文等方面的书籍。在京都刊印禅籍似乎首先是在东福寺普门院内由圆尔的弟子俊显、东山湛照等人开始的。在东福寺普门院刊刻禅籍的影响下，见山庵的桂堂琼林也开始参与禅籍的刊印工作，刊印了《人天眼目》和《虚舟和尚语录》，并还自作序。由于琼林参与刊印并加以传布，京都及日本各禅寺的刊印事业，逐渐兴起，或刊刻宋代高僧的语录，或刊印本朝禅僧的语录，大大地促进了日本的印刷事业。

　　五山不仅刻刊大量佛经以及禅僧语录、僧史、僧传等"内典"，也刻刊了许多"外典"汉籍。[1] 日本刊刻的第一部儒书，是在宝治元年（1247）陋卷子据婺州本翻刻的《论语集注》10卷，今称之为"宝

---

[1]"内典"和"外典"，佛教文化概念。"内典"指一切有关佛学本门的经论章疏；"外典"指"内典"之外的一切文献典籍。

治本论语”或"陋巷子本论语"。1322 年（日本后醍醐天皇元亨二年，元英宗至治二年），佛门僧侣素庆刻印了伪书《古文尚书孔氏传》13 卷，现称为"元亨本古文尚书"。素庆认为和尚刊刻儒书，并非越俎代庖，只是见义勇为。在"元亨本古文尚书"刻刊之后，日本正中年间（1324—1326，元泰定元年至三年）还有 3 部由佛门僧侣刻印的中国书籍。

当时"五山版"刊刻的中国文献典籍，大多数是以中国的宋元刊本为底本摹写的，也有少数是以明初刊本为底本的。所以"五山版"的汉籍，基本保存了中国宋元刊本的面貌。当时刊出的外典汉籍，最多的是各代的诗文集和诗文评论；其次是宋元时代流行的一些中国历史文化入门书。

日本的刻书事业还出现了所谓的"唐式版"。所谓"唐式版"，是指直接用宋元刻本做版样而仿刻的版，或者仿效这些版样而刻印的版。如京都泉涌寺版就与南宋时临安府的佛寺刊印经有关。"五山版"则受南宋禅院径山寺、灵隐寺、天童寺、净慈寺和

日本雕版工匠与活字排版工，1897 年《风俗画报》

育王寺刊本的影响。

在日本的刻书事业中，有很多来自中国的刻工参与其间，带来了中国先进的雕版印刷技术与工艺，为日本的刻书印刷事业的发展做出了重要的贡献。元代以及元明交替之际，多有中原汉族人士因避乱世而移居日本，其中有一些人就是刻工。他们有的单独刻书，有的集体刻书。

在当时赴日的中国刻工中，最著名的是俞良甫和陈孟荣二人。

俞良甫是福建莆田县仁德里台谏坊人，元末避乱日本，寓居京都附近嵯峨，自称为"中华大唐俞良甫学士"或"大明国俞良甫"，与能作诗的陈孟千，是比较有学问的刻工。俞良甫在日本从事刻版事业，约在元末明初1350—1400年间，先后刻书10种以上。俞良甫所刊刻的书被称为"俞良甫版"。俞良甫所刻汉籍，所据原版均为中国宋元版，所以其版本价值与宋元刊本相去无几。与俞氏同时的"江南陈孟荣"，自称"孟荣妙刀"，除与人合刻《宗镜录》《杜工部诗》《玉篇》等书外，又单独刻有《重新点校附音增注蒙求》《昌黎先生联句集》《天童平石和尚语录》《禅林类聚》等。俞良甫、陈孟荣两人除刻佛经外，还刻小学课本、字书，并介绍了中国古典文学代表作品如《文选》《韩柳集》《杜诗》等，而《陆放翁诗集》也是由俞良甫带去的，曾对日本文学界发生过很大的影响。

以俞良甫、陈孟荣等为代表的中国渡日刻工，积极参与日本的刻书事业，大量翻雕宋元刻本，把中国先进的雕版印刷技术和工艺传播到日本，同时他们又培养出新的刻手，使其技艺在日本代有传人。他们在日本的刻书事业，对于中华文化在日本的传播，对于促进日本的印刷事业繁荣和文化发展，都做出了不可磨灭的功绩。

二、纸币与纸牌

纸币是欧洲人所接触的最早的印刷形式。欧洲人通过纸币，不仅了解到作为新型书写材料的植物纤维纸，而且得知了雕版印刷术这一中国人的伟大发明。欧洲人了解纸币，主要是在蒙古帝国中西交通大开之际，许多东来的使节、商人和教士直接接触到中国发行的纸币及其在经济商业活动中的作用。

中国是世界上使用纸币最早的国家。中国最早的纸币，是北宋初年的"交子"。元代是纸币最盛行的时期，市场上除银元宝外，几乎都是纸币。元世祖中统元年（1260）发行"中统元宝交钞"，以白银为本位，面额则同铜钱单位，不限地区和年月流通使用。到至元二十二年（1285），通过一系列措施，使"中统元宝交钞"成为全国唯一法定的货币。至元二十四年（1287）又发行"至元通行宝钞"，作为主要纸币流通。元朝中央政府还设立诸路宝钞都提举司，完善管理制度，使元代成为纸币发展的高峰时期。

纸币的神奇，不仅体现了造纸术与印刷术的完美结合，而且更体现了符号与物质之间隐秘的对应关系。元代来华的许多西方人士都对纸币产生了很大兴趣，并作过报道和介绍。其中最早向欧洲介绍纸币的是元代来华传教士鲁布鲁克。他在回到法国后，于1255年曾提到中国人用纸币做商业贸易。他说："中国普通的钱币是用棉纸做成，像手掌一样大小，上面印有一些线条和记号，像蒙哥汗印章的样子……至于在俄罗斯人中通用的钱币，是用上有彩色记号的小片皮块做成的。"在此之前，欧洲人可能根本没有听说过用纸作为交易媒介的事。英国著名科学家和哲学家罗吉尔·培根很快就读到了鲁布鲁克的报道，他在约1266年写作的《大著作》中形容这种纸币为"一张桑叶制成的片子，上面印着一些线条"。马可·波罗对纸币的作用作了更详细和直接的观察。他简要地介绍了桑树皮制纸的情况，并极详尽地叙述了造纸币的过程、流通系统、在交易中的使用及破旧纸币的更换等情况。

佛罗伦萨商人裴哥罗梯是佛罗伦萨的银行雇员。他可能没去过亚洲，但他从很多远离家乡从事远距离贸易的商人那里了解到一些亚洲的情况。大约在1340年，他把自己的所见所闻写成一本书，为那些从亚述海上的塔纳港（Tana，今斯罗托夫）到中国旅行的商人提供参考。在裴哥罗梯的这本书里专门提到纸币，他说："无论商人们携带多少银子远去中国，中国的君主们都会从他们手中拿过来纳入国库。对带来白银的商人，他们用纸币与其兑换。这是一种黄颜色的纸，上面盖了上述君主的印章。这种钱叫 balishi，用这种钱，你可以购买丝绸和其他你想买的商品。这个国家的所有人都一定会接受它。你不会因为你的钱是纸币，而为你的商品付出较高的价钱。据说，这种钱分为三种，按照君主为它设计的价值，各有不同面值。"在裴哥罗梯的介绍中，中国的纸币已经被描述得十分详细了，可能他本人就见过这种纸币。

此外，一些阿拉伯人也介绍过中国的纸币，例如14世纪埃及学者阿哈默德·锡拔布·艾丁在所著《地理书》中根据亲身到过中国的人的口头材料说："在中国的钱是长方形的纸片，纸是用桑树皮做成的，有大有小，印上皇帝名字后，就可以流通。"阿拉伯游历家拔图塔在14世纪中叶到过中国，他据亲眼所见的情形说："中国人不用金银铸成之钱。……其兑付账目，则皆用纸币。……纸币大如手掌，面印皇帝玉玺。……若纸被撕破，则可带至印钞处，改换新钞，无须纳钱。……彼必须将金银换为纸币后，方可随意购货物。"

除了纸币外，纸牌也是欧洲所知道的最早的雕版印刷品之一。纸牌也是由中国发明的，据传说最早是汉将军韩信发明了纸牌游戏，起初叫"金叶子格""叶格""叶子戏"，后来又称为"马吊"。唐代中期，叶子青撰写了《叶子格》一书，详细记载了叶子戏的玩法，说明当时的纸牌游戏已经比较成熟了。实际上，纸牌也是中国最早的雕版印刷品之一。纸牌在宋以后普遍流行，在南宋的杭州已有专门出售纸牌的铺子。

许多西方学者认为，扑克牌最早起源于东方。李约瑟在《中国科学技术史》中将桥牌的发明归功于中国人。法国著名东方学家莱麦撒明确指出："欧洲人最初所玩的纸牌，其形状、图式大小及数目，皆与中国人所用者相同，或亦为蒙古人输入欧洲。"很可能是在元代中西交通大开之际，纸牌传到了欧洲。它可能是通过阿拉伯人，也可能是当时来华的欧洲人直接从中国带回去的。15世纪意大利维特波人柯维卢苏曾根据他的祖先记事，提到"纸牌的游戏在1379年传入维特波。这种牌戏来自萨拉森国家，那里叫'纳布'（naib）"。意大利文的"naib"是借自阿拉伯文，因此有许多研究者认为纸牌是经阿拉伯人传去的。但是，17世纪的一位意大利作者柴尼则主张纸牌是直接由中国而非经阿拉伯传入的。他说："我在巴黎时，僧正特勒逊给我看一副中国纸牌，告诉我有位威尼斯人第一个把纸牌由中国传入威尼斯，并说该城是欧洲第一个知道有纸牌的地方。"这里说到的威尼斯人很可能是指马可·波罗。比较多的说法是，1292年马可·波罗离开中国时，把包括纸牌在内的许多中国物品带回威尼斯，并立刻引起了人们的兴趣，很快在民间流传开。

无论是通过什么渠道，欧洲的纸牌来自中国是没有疑问的。纸牌传入欧洲后，逐步被改造成为扑克牌。此后又经过数百年的演变，逐渐变成了今天国际公认的扑克牌样式。

纸牌在14世纪末叶已经开始在欧洲流行。欧洲各国文献提到纸牌的最初年代分别是：德国1377年；西班牙1377年；卢森堡1379年；意大利1379年；法国1392年。到1397年的时候，纸牌游戏在巴黎已经十分风行，以致巴黎市长不得不下令禁止工人在工作日斗牌及从事其他某些游戏。1404年伦格里宗教会议决议禁止教士斗牌。1423年，圣伯纳德站在罗马圣彼得教堂的台阶上对公众发表了一篇著名的反对斗牌的演说，结果听众们纷纷把他们所有的纸牌拿到广场上付之一炬。这些情况都说明当时纸牌的流行程度。

在欧洲流行纸牌不久，就出了印刷纸牌的行业。15世纪初，印刷纸牌已经成为一项重要的工业产业。在奥格斯堡和纽伦堡的市府记录中，1418—1438年之间曾经5次提到纸牌制造人，他们大概也就是印制纸牌的人。大约与此同时，在德国乌尔姆城的记录中，有把纸牌装在桶内用船运往西西里和意大利的情况。而威尼斯则是当时欧洲印刷纸牌的中心之一。

纸牌是欧洲最早的雕版印刷品。那么，印制纸牌的出现也就意味着欧洲雕版印刷业出现。据此可以说，在14世纪末15世纪初，欧洲的雕版印刷业已经发展起来了。实际的情况也是这样。几乎在纸牌大量流行的同时，也出现了其他雕版印刷品。现存最早的欧洲雕版印刷品是印制于1423年的圣克利斯道夫像。那个时候留存到现在的图像印刷品有几百幅，但绝大多数都没有注明年代。所以这幅圣克利斯道夫像并不一定是最早的，只是因为它在注明年代的少数作品中是最早的。很可能在此之前雕版印刷已经流行了一个时期。这些雕版最初印于德国南部和威尼斯。1400—1450年之间逐步普及于中欧大部分地区。它们都以宗教为主题，都是些圣徒画像和《圣经》故事。拉丁文字说明则刻印在画像之下，或者刻成回旋卷状从画面上主要人物的口中发出。后来则由印制宗教画像发展到印刷书籍。在15世纪中叶的时候，威尼斯就已经成为欧洲印刷业的中心。自1481—1500年间新设立的印刷所，如雨后春笋，约达100多处，出版书籍最多，质量也很不错。据有关文献记载，1485—1499年在威尼斯从事印刷的帕格尼尼神父曾出版过一本阿拉伯文的《古兰经》，这是欧洲最早的阿拉伯文印刷物。后来，意大利、德国、荷兰也先后成为欧洲雕版印刷的早期基地。

欧洲早期的雕版书籍与中国的雕版书籍很相似，所用的印刷方法和制作工艺也基本相同。据美国印刷史家特文尼的研究，欧洲人也是先将文稿或画稿用笔写绘在纸上，将纸上的墨迹用米浆固定在木板上形成反体。刻工顺着板材纹理持刀向自己方向刻之，每块木版刻出两页，版心有中缝。刻好后，将纸铺在涂有墨汁的版面上，以刷子擦拭，单面印刷。最后将印纸沿中缝对折，使有字的一面朝外，成为书口。将各纸折边对齐，在另一边穿孔，以线装订成册。这些与中国的雕版印刷方法几乎没有什么不同。可见，欧洲早期木刻本在版面形制、刻版、上墨、刷印及装订等各工序操作上，完全是按照中国技术方法进行的，因而具有元代线装书的面孔，只是文字横行，而不是直行。由此可以看出中国与欧洲在印刷技术上的前后相承的关系。在欧洲雕版印刷的肇端中，中国的影响实为最后的决定因素。

三、欧洲的活字印刷技术

中国发明的雕版印刷术大约在 14 世纪末 15 世纪初传到欧洲，并在意大利、德国、尚兰等地得到推广和应用，印制了纸牌、雕版画、印本书籍等雕版印刷品。但是，由于欧洲各国使用的都是拼音文字，与雕版印刷并不适合，所以欧洲的雕版印刷事业并没有像在中国和东亚各国那样获得充分的发展，构成印刷史上一个有独立意义的阶段。相反，欧洲人一般只把活字印刷的发明，算作印刷术的开始时期，而把雕版印刷只作为准备期间的一个重要步骤而已。在他们看来，活字印刷的发明才是印刷术的发明。这种看法肯定是片面的、偏颇的，不仅不符合雕版印刷曾在世界文明史上发挥了巨大作用的历史事实，也不符合欧洲印刷技术发展史的基本史实。但是，从另一方面来看，这种看法也说明了（尽管是片面地说明）活字印刷对于西方文明发展的影响，更具有特别重要的意义。另外，产生这种看法还有一个原因，就是雕版印刷在欧洲历史上独立存在的时间并不长。在雕版印刷术传入欧洲半个多世纪以后，欧洲人就开始应用活字印刷了。

卢浮宫皇家印刷工场

　　欧洲早期的活字印刷大约出现于 15 世纪上半期。有一位生于威尼斯西北的费尔特雷镇的叫帕姆菲洛·卡斯塔尔迪的意大利雕刻家，据说他在看过马可·波罗带回的中国书籍（一说是几块印刷汉文书籍的木版）后曾经从事过活字印刷。他于 1426 年在威尼斯印过一些折页，据说还保存在费尔特雷镇的档案中。伦巴第地区在 1868 年塑造了一座雕像，纪念卡斯塔尔迪把活字印刷术介绍引入欧洲。有人认为卡斯塔尔迪所见到的书籍或木版，不是马可·波罗自己带回的，而是在马可·波罗回国半个世纪以后回到意大利的许多无名旅行者之一从中国带回来的。

　　荷兰人劳伦斯·柯斯特·封·哈尔兰姆于 1430 年用活字印刷过一本宗教手册，但字迹不很清晰。当时可能还有一些人进行过活字印刷的试验。荷兰阿勒姆城医生阿德里安·尤尼乌斯曾经介绍说，本城人劳伦斯·杨松曾以大号木活字印过《拉丁文法》和《幼学启蒙》等书。据说杨松在制木活字的同时，还曾以铅、锡试验过活字。因而，荷兰也自称是欧洲最早发展活字印刷的国家。

德国出生的银匠普罗科普·瓦尔德福格尔也曾在活字印刷方面进行过尝试。他在布拉格居住期间，已经获得了有关东方铸字印书的技术信息。因为布拉格是中国丝绸运到欧洲的一个主要终点，有许多到过东方的商人行旅在此逗留，东方的印书技术的消息在这里已有传播。后来有关金属活字的技术信息又从布拉格传到纽伦堡、斯特拉斯堡和美因茨等地。瓦尔德福格尔后来迁居阿维尼翁，他在1441—1444年发展了一种生产书籍的"假写技术"。所谓"假写技术"，就是指不用手写，而以字块拼合，印出像手写的文字。他用的材料有铁字、钢字、锡字和木字，亦即是进行活字印刷。

对于欧洲印刷史有重大意义的是德国人古腾堡的活字印刷技术。古腾堡早年从事过雕版印刷工作。他的活字印刷是在1450年发明的。1448年，他在美因茨向富商约翰·福斯特贷款，以所开发的技术和设备作为抵押，进行金属活字印刷实验。他以铅、锑、锡合金制成欧洲拼音文字的活字，并制造了活字印刷机。1450年，他铸出大号金属活字，印刷了《三十六行圣经》。1454年印刷了教皇尼古拉五世颁发的赎罪券。1455年，印刷了小号字拉丁文《四十二行圣经》，即著名的"古腾堡圣经"。这是古腾堡技术生涯的最大成就。这部《圣经》的版面为30.5厘米×40.6厘米，每版面两页，双面印刷，共1289页，分2册装订。每版四边有木版刻成的花草图案，木版版框内植字，为集木版与活字版为一体的珍本。1455年，古腾堡与福斯特的合同期满，古腾堡无力还债，福斯特于是收回了印刷厂，继续雇用原有的技师和工人经营，出版了不少书，还对活字字体、版面设计以及铸字进行了改进。1459年，古腾堡在美因茨一位城市法律顾问的资助下，备齐了新的印刷设施，印出了《圣经》释义辞典。

在古腾堡活字印刷术及其印刷机在欧洲问世后不久，15世纪中期直至15世纪末，在意大利、法国、荷兰、匈牙利、西班牙、英国、丹麦、瑞典等国都先后出现了德国的印刷者按照古腾堡技术创建的印刷所，全欧洲共有250家之多。有的印刷所在古腾堡的印刷技术基础上作了创新和改进。这种新的印刷技术受到了广泛的欢迎，出版书籍很快成为每一个大城市的光荣和有利的生意。比如在法国，印刷术之所以在文化史中占据重要地位，主要是由于这一技术的推广。自1470年巴黎人纪尧姆·菲谢安装使用第一台印刷机至16世纪初，社会发生了惊人的变化。在四十几座城市中，每座城市至少拥有一家印刷作坊。它们的数量比地理分布更有意义，因为，至少在该世纪最初的二十几年里，小印刷工场可以根据市场需求，比如修道院、主教或文人等的订单随时迁往各地。那个时期，大大小小的印刷厂继续发展着，同时，另一个趋势日益明朗化：以几家初具工业化规模、依托于商业资本的大企业为龙头的印刷业中心已经基本形成。1739年，墨西哥城创建了美洲第一家印刷厂，1854年秘鲁也兴办了印刷厂。在18世纪近代机器印刷时代到来以前，欧美各国印刷实际上是古腾堡技术的延伸和改进，并未脱离原来工艺模式。

到16世纪时，活字印刷术得到进一步的发展和广泛的应用。16世纪初，学者阿尔都斯·马努提乌斯在威尼斯经营了一个有名的阿尔丁印刷所，那里印刷的希腊和拉丁古典文学名著的精美版本到现在还被认为是印刷艺术上的杰作。实际上，马努提乌斯在发展人文主义文化方面起了很大的作用。在文艺复兴时代那些很有影响的古希腊哲学和科学著作，包括亚里士多德等人的作品，都是在他的印刷所里首先印制的。当时许多著名的人文主义者都是他的朋友，经常在他的印刷所聚会，提出印刷出版那些古典著作的建议。在那个时代，"印刷术使人文主义欧洲化"。印刷工场和书店也是人文主义运动的中心，这既因为那里是图书（包括他们的知识产品）出版和发行的地方，也因为那里是交流的场所。

意大利著名人文主义思想家埃拉斯谟，把活字印刷术说成是世界上一切伟大发明中最伟大的发明。那么，在古腾堡发明活字印刷术与中国的印刷术之间有没有什么联系呢？西方学者一般对欧洲的雕版印刷术来源于中国都持肯定的结论，但对活字印刷术与中国的关系，却

欧洲早期的活字印刷工场

有不同的说法。有的人认为，欧洲的活字印刷术是一种独立的发明，与中国没有必然的联系。还有的人主张，现在还没有发现充足的证据来证实中国的活字印刷与欧洲的活字印刷有直接的关系，但也不能就断然否定两者的关系，最好的办法是暂时不做结论。但是也有一些人曾肯定地认为中国活字印刷对古腾堡发明的直接影响。例如前引奥斯丁会修士门多萨关于中国的著作，就指出古腾堡曾受到过从阿拉伯来的商人带来的中国书籍的影响，并以此作为他的发明的最初基础。另有一则传说，说古腾堡的妻子出身于威尼斯的孔塔里尼家族，因此古腾堡也和卡斯塔尔迪一样，见到过某些旅行者带回威尼斯的中国印刷雕版，这使他受到启发，才发明了活字印刷。16世纪瑞士神学家奥多尔·布赫曼认为，欧洲活字最初是以木制成。他说："在欧洲，最初人们将文字刻在全页大的木板上。但用这种方法相当费工，而且制作费用较高。于是人们便做出木活字，将其逐个拼连起来。"

20 世纪初的法国学者格斯曼对于解释中国活字印刷的向外传播，又提出了两种可能性：一是活字印刷术通过俄罗斯传入欧洲，据说是古腾堡在他留住布拉格期间学会了这种方法；二是由一群亚美尼亚人传入欧洲，据说他们以前曾和中国人有过接触，以后曾住在荷兰，当时正是哈尔兰姆进行活字印刷尝试的时候。如前所述，中国的活字印刷术在很早的时候就传到了西北边疆，在敦煌曾经发现过元代维吾尔文的木活字。也许古维吾尔文的木刻单字对欧洲活字印刷的起源曾有过启发作用。传播这种木活字的或者是那些往来于欧亚之间的传教士、商人和旅行家。他们将这些木活字带到欧洲，从而启发了欧洲人对活字印刷的实验。

至于间接的影响，中国的作用则是确凿的和显而易见的。任何新的发明都需要一定的技术前提和条件。那么，中国发明的纸，是印刷发明的基础；而由中国传入欧洲的纸牌、雕版画以及大量的中国印本书，还有当时关于中国印刷方法的各种报道，无疑都对欧洲人使用活字印刷术起到推动刺激的作用。

总之，中国发明的印刷术，包括雕版印刷和活字印刷，通过艰苦的努力，完成了西传的漫长历程。它的西传，直接启发和促进了欧洲印刷业的产生和发展；而印刷技术在欧洲的推广和应用，则在近代文明的进程中发挥了巨大的作用。

四、印刷术对近代西方文明的影响

印刷术在欧洲出现不久，便受到社会各界的普遍欢迎和高度重视。由于最初的印刷品都是宗教宣传品，所以宗教界对印刷术的推广和应用十分欢迎，因为他们感觉到这种发明对于宗教信仰的传播是十分有益的。1476 年，共生会修士们在罗斯托克城发表宣言，称活字印刷术是"一切学识共同之母"，"教会之辅佐人"。他们自称是"天主的司铎",说教时"不用口说之语言,而用手写之语言"。16 世纪初,古典学者维姆弗林曾用略带夸张的口气说:"神圣艺术之门人,则在一切地域宣传,其书籍如同福音之使者,真理与科学之传播人。"

印刷术在欧洲的迅速发展和广泛应用,也反映了时代对这种新发明的需要。在经过中世纪的黑暗时代之后,欧洲正处在文艺复兴那个理性主义精神觉醒的新时期。这个时期也显然是传播知识、发展贸易的时期。在那种复杂的情况下,在传播公开的、可接受的、地方的经验和知识方面,印刷术是一种主要的媒介。印刷术具有人文主义和公开性,在商业上颇有活力,能够开拓人们的眼界,帮助人们认识世界和改造世界,因而得到了广泛应用。

印刷术的发明根本上改变了图书的流通方式和人们的阅读方式,使阅读不再是少数人的特权,而变成了一种可以大众共享的文化形态。对于文明的发展史来说,这是一个具有重大意义的变化。由于活字印刷术从根本上改变了图书生产的条件及图书的物质形态,同样也改变了其适应环境。印刷术发明最基本的影响在于它带来了书价的降低和书的相对平凡化。

在纸和印刷术发明之前,中国使用的书写材料竹简和锦帛,欧洲人使用的羊皮纸,价格都十分昂贵,即使在纸发明以后,书籍的复制主要是靠人工的手抄,不仅费时费工,费用高昂,而且还会出现不可避免的讹误。这些情况为书籍乃至文化的普及带来相当大的障碍。所以中国发明的造纸术和印刷术对于书史具有极大的意义。我们在世界各国文化的发展史上都看到,印刷术的推广和使用,彻底改变了书籍的存在形态,同时也就出现了一个书籍大发展的时期,因而也就出现了一个文化大繁荣、大进步的时期,比如在中国的唐宋时代、朝鲜的高丽时代,以及我们现在说的欧洲的文艺复兴时代。在 15 世纪 80 年代,由于印刷书的出现,手写书大多被弃之一旁;随后,在 16 世纪初,印刷书最终摆脱了手写书的具体形式的束缚。

印刷术发展了,书籍的成本低廉了,使用方便了,读书的人迅速地增加起来。有许多统计数字表明，在印刷术推广之后不久，欧洲各国出版的各类书籍，不仅仅是宗教方面的书籍，还包括科学技术、文学艺术的书籍，都成倍地迅速增长，印刷、出版以及书籍的销售成为一个新兴的大产业。据统计，在1450—1500年间，欧洲有27000余部作品印刷刊行。这表明出版与阅读的数量均急剧增长并趋于多样化，在两代人的时间内达到了空前的规模。

在印刷术的推动下，可供阅读的书籍越来越多，更多的读者得以选择自己想读的书，并私下按照自己的标准加以品评和阐释。而且，印刷术通过机械手段将同一作品不计其数地复制，可以使数百上千读者同时拥有同一部作品，书籍的内容成为公有领域，社会获取知识的途径因而由有限转变为无限。这是史无前例的人与书籍关系的急剧转变，并且因此导致文化传播的广度和深度也极大地提高了。

印刷术释放了书写文字的力量，成为现代文明发展的动力，加快了人类获取知识的步伐。由于印刷术的应用，把学术、教育从基督教修道院中解放出来，使学术中心由修道院转移到了各地的大学。学术文化不再由修道院所垄断，这促进了教育的大发展和知识的世俗化，由此出现了中世纪后期文化科技艺术发展的高潮，迎来了文艺复兴的新时代。而到了18世纪启蒙运动时代，文艺复兴时期人文主义著作印本再次引起人们的广泛兴趣，以至法国大革命将古腾堡褒奖为第一位在欧洲传播"启蒙之光"的匠人，而将印刷术当作各民族的"自由火炬"。许多研究者都注意到印刷品文化在启蒙时代的重要性。通过普及当时发行量仍不大的活版印刷，18世纪迎来了各种形式书籍统治的时代：从几大卷的百科全书到低级趣味不入流的书籍，从几十卷的大型丛书到批评宣传小册子，从小说到带插图的科学著作，"印刷自由"意义上的出版自由是18世纪的斗争之一。

印刷术的发明和广泛应用对于近代西方历史文化的影响是多方面的，甚至可以看作是近代西方历史的一个重要的转折点。印刷术的广泛应用促进了欧洲的现代化，对欧洲的政治、社会和文化等方面产生了激烈而深远的影响，使它成为一种社会变革的媒体和力量。1831年，法国作家雨果在《巴黎圣母院》中曾预言印刷术将在后世毁灭教会。他还指出："人的思维随着思维方式的转变，也将改变其外在表现形式；每一代人的主流思想将会用一种新的材质以新的形式来体现。石刻书，何等坚固，何等持久，即将让位于纸书。相比之下，这些纸却比石头更加坚固，更加持久。"许多人都和雨果一样，强调印刷术在促进人类思想解放方面的重要作用。

第六讲

火药与火器技术的世界传播

火药和火器制造技术，是中国古代科学技术发展的一项重要成果，李约瑟甚至把火药和火器的发明说成是"中古时期中国社会最伟大的成就之一"。中国的火药和火器制造技术发明之后，陆续传播到海外各国，对各国的文明和历史发展，乃至对于世界历史的演变和发展，都产生了重大影响。即使在现代社会生活中，它也发挥着十分重要的作用。现代战争中的常规武器，建筑工程中开山辟路的爆炸物，把各种飞行器乃至人类送上太空的运载火箭，都是以中国古代发明的火药和火器技术原理为基础的。火药和火器制造技术的发明，是中华民族的勇敢精神、创造精神和文化智慧的结晶，是中国人对世界文明的伟大贡献之一。

　　中国火药和火器技术的大规模外传，主要是从元代开始的。当时的蒙元军队东征西战，大规模对外用兵，大量地使用了当时已经发明的火药和各种火器。因此，他们也就把火药和火器以及相关的制作技术传到了他们征战过的地方。火药和火器技术外传的事例很好地说明了对人类文明可能造成很大破坏的战争，也同时可能成为文化传播的一个重要渠道，从而对人类文明的发展和进步起到不同程度的促进作用或影响。

一、火药与火器技术在朝鲜的传播

　　由于中朝两国历代的联系和交流都十分密切，所以火药和火器技术在中国发明不久，就传播到朝鲜境内，并且得到推广和应用。在中国失传的火器，有时可以在朝鲜的传世遗物中看到。如南宋时期的爆炸火器震天雷，就可以在朝鲜古物中见到其遗制和详细构造。

　　关于火药和火器技术传入朝鲜的具体年代尚不清楚，但从 12 世纪以来，在《高丽史》中可发现有关"发火"军、"火攻"、"炮击"、

"放铳筒"等记载。12 世纪初，在高丽军"始立别武班……凡有马者为神骑，无马者为神步、跳荡、梗弓、精弩、发火等军"。12 世纪30 年代，高丽军征伐妙清叛乱军，攻击西京（平壤）时采用"火攻"战术。据《高丽史》记载，1135 年，尹颜颐"与前军使陈淑通议定火攻，令判官安正修等作火具五百余石，越九日早晨以赵彦所制石炮投放，其焰如电，其大如轮。贼（妙清军）初亦从而灭之，至日暮火气大盛，贼不得救……悉皆焚尽"。同时，又有金富轼率部队进攻西京，"有倭人赵彦献计制炮机。置土山上，其制高大，飞石重数百斤，撞戌楼糜碎，继投火球焚之，贼（妙清军）不敢近土山"。由此可见，12 世纪前期，朝鲜已掌握了火药和火器制作技术并应用于军事活动。据《李朝实录》载，15 世纪的梁诚之曾说："火炮之制，自新罗而始，至高丽而备，及本朝而尽善。"概括了火器在朝鲜的历史发展线索。

13 世纪前期，蒙古军队曾侵入朝鲜，使用各种火器于战事。1231年九月至 1232 年正月，在龟州战役中，蒙军使用火炮攻城，锐不可当。另外，朝鲜人也在抗击蒙军侵略时使用火器作战。1254—1259年间，高丽押海人曾用"炮"击退车罗大率领的蒙古水军的进攻。

13 世纪 60 年代以后，元朝政府与高丽关系十分密切，曾调拨大批火药和火器装备高丽军队，为高丽士兵广泛掌握火药火器技术创造了有利条件。

明代元兴后，高丽与明朝保持着密切的往来。当时，为了清剿倭寇，高丽曾向明朝请求军事援助，要求赠给合用的器械、火药、硫黄、焰硝等物。据《木斋家塾汇纂高丽史》卷六记载，恭愍王二十二年（1373），"遣张子温如京师（南京），请赐火药。"《高丽史·恭愍王世家》记载，恭愍王二十二年，"十一月，是月移咨中书省，请赐火药。……今欲下海追捕，以绝民患。差官打造捕倭船只，其船上合用器械（指火器）、火药、硫黄、燃硝等物……议和申达朝廷颁降，以济用度"。在同一篇中还记载，次年，即 1374 年，明太祖有旨："高丽来关军器、火药、造船捕倭，我看了好生欢喜。却不似已前坐视民病，方才有救民之心。……早发文书去，教（高丽）那里扫得五十万斤硝，将得十万斤硫黄来。（中国）这里着上那别色（种）合用的药修合（配制）与他去。……"（中书）省（大都督府御史）台官即奏："恐彼无此物。"又奉钦旨："皆是同天共日，安得此有彼无。此等之物，处处有之，彼方（高丽）但不会修合（配制）耳。……"

　　明初朝廷对火药、火器控制极为严格，但这次却向高丽调拨焰硝50万斤、硫黄10万斤以及各种火器，可见当时双方关系十分密切。

　　从明初一直到万历年间，明朝军器局和兵仗局制造的各种火器不断运往朝鲜。日本学者有马成甫在《火炮的起源及其流传·向朝鲜的流传》中，共收录了4件碗口炮、2件威远炮、1件虎蹲炮，以及4件大型天字号、4件地字号、8件玄字号、4件黄字号等大中小各型火炮的实物资料，此外还有15件胜字号手铳和一些火箭、喷筒等实物资料。这些实物现都分别收藏在日本或韩国的一些博物馆里。另外，韩国学者赵仁福于1974年出版了《韩国古火器图鉴》一书，其中有：洪武十年手铳、永乐十九年手铳、胜字手铳、胜字双管铳、二连座铳、三眼铳、五连座（五管）铳、十连座（十管）铳等单管和多管手铳，碗口炮、手炮、飞礞炮、木架炮、虎蹲炮等轻型火炮，大将军炮、小将军炮、威远炮和天、地、玄、黄等大中型火炮的实物资料。这些实物现分别存于韩国的几处博物馆中。这些实物资料从一个侧面反映了明代火器向朝鲜流传的情况。

　　在中国火药和火器大量流传到朝鲜的同时，朝鲜人也积极开展火药和火器的研制。在朝鲜火药和火器技术发展史上，崔茂宣起到了相当重要的作用。据有关文献记载，崔茂宣"性巧慧，多方略，喜谈兵法"，他"尝患倭寇之陆梁难制，思水战火攻之策，求焰硝煎用之术"。他深知火器在战争中的威力，主张自行制造火药和火器。但当时高丽还找不到掌握火药和火器制造技术的人。崔茂宣认为，只有利用中朝两国民间贸易的机会，才能学会火药技术。因此，他经常到礼成江口，"每见客商自江南（中国）来者，便问火药之法"。

影响世界的中华文明十五讲

1373 年，他在礼成江口找到了"粗知"焰硝采取法经验的中国商人李元，崔茂宣对他"遇之甚厚"，特意请他到自己的家里，从李元那里学会了火药制作技术。其后，崔茂宣向高丽政府建议，要求进行试验，但"皆不信，至有欺诒"。他不得不在私下进行研究，"使家僮数人，私习其效"。经过艰苦努力，终于试验成功，并向政府多次建议制造火药和火器。1377 年，辛禑王牟尼奴同意采纳崔茂宣的建议，在中央政府设火㷁（即火铳）都监，任崔茂宣为提调官（或称"判事"），主持制造火药和火㷁等。这是朝鲜有明确记载的火药生产的开始。

崔茂宣在火㷁都监主事期间，不仅生产火药，而且还在研究过去的"炮机""铳筒"等武器的基础上制造了不少新"火器"。据《高丽史》和《李朝实录》等记载，高丽在 1373—1395 年间制造的"火器"有：火箭、火筒、火㷁、火炮、大将军、二将军、三将军、六花石炮、信炮、铁翎箭、皮翎箭、蒺藜炮、铁弹子、穿山五龙箭、流火、走火、触天火等，共计 17 种。它们的威力都很大，使"观者莫不惊叹"。其中"火炮"能把炮弹发射到远距离，而且是最有威力的武器；火㷁在装上火药喷射火焰的各种炮中可能是最小的，最适合于架在战舰上向敌射击。各种火器中生产最多的是火㷁。火㷁成为海上压倒倭寇的最有威力的武器。

崔茂宣不仅从事火药和火器的研制工作，而且亲自把火药和火器用于实战。1380 年，全罗道安抚使郑地、名将罗世和崔茂宣指挥配有火器的高丽舰队在全罗道与几百艘来犯倭船展开激战。由罗世任舰队元帅，崔茂宣任副帅。他们在镇浦港口的水战中一举燃毁全部敌船，取得大捷。事后，郑地慨叹道："予生平遇敌众矣，未若今日之快也。"顺便说一句，指挥这次抗倭水战的舰队主帅罗世是元代流亡到朝鲜的中国人。

崔茂宣为朝鲜火药和火器的发展做出了重大贡献。他在临终前，总结自己从事火药和火器研制的经验，编写了《火药修炼法》一书，委托其夫人留给后世，这是朝鲜历史上第一部有关火药和火器技术的专著。

李氏朝鲜时期，李朝政府也十分重视火药和火器的制造，并将火药和火器广泛用于军队装备。1415年，军器监造火㷁（铳）已至万余枝，但仍不敷用。1419年5月，世宗李祹曾率文武百官亲临江面观看演试火炮。1430年，有的地方虎狼为害，世宗亲自下令给"发火"50柄，以除民患。"发火"是一种由纸制火药筒制成的爆炸或纵火武器，其中包括火箭装置。1433年，世宗又至京城东郊观看演试火炮，其中有新制作的"火炮箭"，一发二箭或四箭。可见当时朝鲜的火器技术已经达到一定水平。在李朝发展火药火器技术的过程中，曾广泛学习和吸取中国的技术和经验。1434年7月，兵曹（相当于兵部）官员报告："今试唐焰硝（硝）煮取之法，所出倍于乡焰硝。今秋以唐焰硝例煮取。送焰硝匠于平安、咸吉、江原、黄海等道煮取之法，惮令教习。从之。"当时朝鲜按中国方法提硝合药，所得效果倍于当地产品，遂于1434年7月在各地推广这种方法。

二、日本"铁炮传来"事件

元代初年，忽必烈曾两次派兵跨海东征日本。由于元军不习水战，又遇海上飓风，所以两次东征都以失败告终。但在这两次东征中，元军都大量使用火药火器，使日本人受到很大震动，看到了火器在战争中的巨大威力。日本有许多史籍记载了元军用火器同日军作战的情况。其中《八幡愚童训》记载说，第一次元军登陆同日军作战时，元军"飞铁炮，火光闪闪，声震如雷，使人肝胆俱裂，眼昏耳聋，茫然不知所措"。《太平记》中也有元军使用铁火炮同日军作战的描写："击鼓之后，兵刃相接，抛射出球形铁炮，沿山坡而下，形如车轮，声震如霹雳，光闪似雷电，一次可发射两三个弹丸，日本兵被

《蒙古袭来绘词》局部，表现蒙古人使用火药武器场景，日本福冈市博物馆藏

烧被害者多人，城上仓库着火，本应扑灭，但无暇顾及。"当时日本有一位名叫竹崎季长的画家，曾参加"弘安之役"的作战，目睹了元军使用铁火炮进攻日军的情形。战后，他把当时在战场上目睹的情形绘制成《蒙古袭来绘词》，其中有一幅画的画面左侧，有一个正在爆炸的火光四射的球形铁火炮。日本有些史书说，日本人经过这两次战争，才知世上有铁火炮。

　　虽然元军两次东征日本都没有成功，但却使日本人了解到火器在战争中的巨大威力。所以，日本人多方设法想从朝鲜那里了解制造火药和火器制作的技术秘密。但是，朝鲜政府对此十分警惕，下令沿海各道，"严防将火药秘术教习倭人。自今沿海各官煮硝宜禁之"。所以，在很长一段时期内，日本人并不了解和掌握火药与火器技术，直到16世纪时才开始仿制从中国传入的火器。

　　据日本人南浦玄昌在《南浦文集》中的《铁炮记》一文中记载，天文十二年（1543）八月二十五日，"大明儒生五峰"，即当时活跃在中日之间的著名海商汪直，与西南蛮种贾胡（即葡萄牙商）以及其他100多人，乘一艘大海船遭遇风暴，被迫在九州南部的种子岛靠岸。船上携有火器。他们将所带"铁炮"（即鸟铳）卖给了岛上领主时尧

第六讲　火药与火器技术的世界传播

西桄，并传习火药和火器之法。这就是著名的"铁炮传来"事件。日本史家认为这一偶然事件，是火药和火器技术传入日本的最初交流活动，"开启了日本的火枪时代"。从此以后，火药和火器才在日本逐渐发展起来。

与火药火器有关的烟火技术，在日本发展得也比较晚。烟火在日语中叫"花火"。较早的记载是织田信长的《信长公记》卷十四，其中提到天正九年辛巳（1581）在幕府放爆竹的事。稍后，三浦净心在《北条五代记》卷八提到天正十三年（1608）八月在北条氏与佐竹作战后，于夜间点花火慰问将士。

德川幕府时期，中日交通和贸易往来比较频繁。庆长十八年（1613）有中国南方善造烟火者随商船到达日本，受到德川家康的接见。他们向德川家康献上中国铁炮两门和望远镜、烟火等，并一起观看中国人演放烟火。可见，日本的火药、火器和烟火制作技术，都得益于中国人的直接传播。

三、火药与火器技术在阿拉伯的传播

阿拉伯世界在中国火药和火器技术的西传过程中起到了桥梁作用。阿拉伯是火药和火器西传的第一站，经过这一站而后才传到欧洲。

火药和火器传入阿拉伯世界主要经由两条路线。一条路线是在南宋时期从中国东南沿海经过海路直接传入埃及，一条路线是在蒙古时期蒙古军队西征时经过陆路传入阿拉伯国家。

南宋时，中国与阿拉伯的海路交通十分发达，来往商船不断。当时通往阿拉伯的中国商船都备有自卫武器，船上有弓箭手、盾手和发射火箭的射手多人。据有关史料记载，船上武器在贸易结束后须呈请官库保管，下次开航时再予发放。阿拉伯人很有可能从南宋以来通过海上贸易渠道得知中国火药和火器的知识。另外，当时也有许多阿拉伯人到中国经商旅行或侨居，他们也可能在中国看到过节日焰火，接触过火药和火器，并把这些见闻传播回去。例如有许多埃及人和摩洛哥人就在中国亲眼看到过临安城里风行的"流星"或"花火"。再例如，1161年，宋金采石战役中宋军使用"霹雳炮"时，据说就有在场的阿拉伯水手所目睹。

13世纪时，蒙古军队发动了三次大规模西征，直接在阿拉伯境内战场上使用各种火器。据波斯史学家拉施特记载，1258年2月，蒙古军在郭侃率领下攻占阿拔斯王朝首都巴格达时，曾使用了"将火药筒绑在枪头上的武器"，即火箭。从1234年蒙古灭金后，开封府等地库存火药、火器及守军中的火箭手、工匠等，尽为蒙古军所有，并立即编入蒙古军之中。后来西征时，这些火箭手也随大军西进，并在阿拉伯地区驻扎。1258年伊儿汗国建立以后，中西交通通达顺畅，往来人员络绎不绝，那里的不少阿拉伯人懂得火药和火器技术，有的还被派到中国内地在军队中服役。阿拉伯人早在南宋已于中国看到火药在和平和战场方面的应用场面。元代船队上护航人员配备火器停泊在波斯湾各港口，当地阿拉伯人也能看到，尤其元代中国硝石、硫黄的出口成为传播火药术的标志。蒙古军队13世纪的西征和伊儿汗国建立后，更为这种传播创造机会。因伊儿汗国内驻军所需要的火药、火器由当地火药作坊补充，而且征召阿拉伯人从军，也使他们掌握了火药知识。因此，以阿拉伯文写的前述兵书，正是这种传播的直接后果。

阿拉伯文献中最早提到中国火药知识的是药物学家伊本·白塔尔于1240年著的《医方汇编》。白塔尔曾在埃及、希腊和小亚细亚一带旅行，对阿拉伯、波斯、印度和东方药物比较熟悉。在这部书的"巴鲁得"条目下说："这是埃及老医生所称的中国雪，西方（马格里布和安达卢西）普通人和医生都叫'巴鲁得'，称作'焰硝花'。"这里的"巴鲁得"一词的含义在当时就是指硝。阿拉伯人把硝称作"巴鲁得""中国雪"或"焰硝花"。硝石是宋元时中国对外贸易的出口商品之一。阿拉伯人因为硝石来自中国，所以又取名称之为"中国雪"，而"焰硝"则是汉语"焰硝"的音译。当时侨居在中国的阿拉伯人对中国的烟火感到十分新奇，他们将中国这一发明称为"焰硝花"。

另一位生于伊拉克的阿拉伯学者库图比将白塔尔的《医方汇编》加以缩编，改称《行医须知》，在其中对硝石有较白塔尔更详细的记述："巴鲁得是马格里布使用的亚洲石华之名，在伊拉克人通行语言中名为'墙盐'。此盐甚剧烈，比一般食盐强烈，能伤肠子。……他们用此盐制造起火和走火以增加其亮度及可燃性。"

在13世纪下半叶阿拉伯有一部著名的兵书，是阿拉伯军事家哈桑在1285—1295年间所著的《马术和军械》。这部著作详述了各种火器、烟火、火药配方和硝石提纯技术等方面的问题，书中广泛引用了中国资料。关于硝石的提纯，哈桑指出用草木灰溶液处理（使溶解的钙盐和镁盐沉淀析出），再对硝石母液用再结晶的方法使之纯化。他写道："取干柳木烧之，并按化灰方将其灰放入水中。复取三份重硝石及三分之一份仔细粉碎的木灰，将混合物放入一坛中——用黄铜制坛更佳。复加入水并加热，直至木灰与硝石不再粘在一起为止。防止发火。"哈桑在书中还叙述了火箭、火毬、烟火等，药料成分中包括硝石、硫黄和木炭，还有树脂、亚麻子油及某些金属装填物。书中还列举了一些火药配方。

这个配方中说的"契丹花"，是通常所说的"花火"，《武林旧事》中的"流星"，元明人的"起火"；"中国铁"是金代"飞火枪"中的铁滓末；"鸡豆"也叫"山离豆""山红豆"，在"花火"中就有；"契丹火枪"和《武林旧事》中的"起轮"是一样的。这些火药配方和《武经总要》中的毒药烟球火药法、蒺藜火球火药法、火炮火药法都很相似。哈桑还在书中提到了一种火罐，为陶质，或以玻璃、纸或金属制成，内实以火药，外覆以硫黄、沥青、蜡、焦油、石脑油等。将火罐抛出，能起到炸弹的作用，类似中国宋金时使用的震天雷。

从以上介绍的古代阿拉伯文献的有关记载可以得知，早在 12 世纪下半叶阿拉伯人就已经接触到中国的烟火、火药和火器的有关知识或信息。13 世纪，随着蒙古大军的西进，阿拉伯人已经掌握了制造火药和火器的有关技术。

如前所述，硝石是宋元时期的中国出口商品，其中包括对阿拉伯国家的出口。硝在阿拉伯国家起初用于医药和炼丹术，以后也被应用于玻璃制造业。据赵汝适的《诸番志》卷下记载："琉璃（玻璃）出大食诸国，烧炼之法与中国同。其法用铅、硝、石膏烧成，大食则添入南硼砂。故滋润不裂，最耐寒暑，宿水不坏，以此贵重于中国。"大约在 13 世纪初，硝开始用来制造火药。在西班牙人米海尔·卡西利在 1760—1770 年主编的《阿拉伯西班牙遗书》中，根据 1249 年的一种阿拉伯文抄本 Shebah bin Fadhl，叙述埃及艾优卜朝国务大臣奥姆莱亲自主持了初次使用火药的试验。他们使用的火药方子可能就是半个世纪后哈桑在《马术和军械》中列举的"契丹花"的配方。这是一个地道的中国配方。由此可知埃及和阿拉伯的火药技术与中国的渊源关系。

大概在阿拉伯人研制火药之后不久，便将其应用于作战。如前所述，在第七次十字军战争期间（1248—1254）阿拉伯人使用了含硝的"烟火剂"，用带长尾羽翼的箭，射向敌阵，其威力远大于不含硝的"希腊火"，只见飞行的箭如火龙经空，似闪电疾飞，火光照耀，变黑夜为白昼，欧洲十字军终于被击退。火箭史学家布劳恩在引述这段史实后指出：这种有趣的装置是把火药筒固定在杆上，还装有尾翼，火焰从小孔中喷出。他认为这是欧洲第一次遭遇到这种火箭的袭击。

14 世纪的阿拉伯人伊本·卡尔顿在 1354 年著的《奇物录》中记载，北非的苏丹阿卜·优素福在 1274 年的锡尔马萨战役中，使用了具有爆炸性的火器，内装火药，火药的成分中还有铁滓。由于火药火器在战争中的巨大威力，促使阿拉伯人把这种火器大量用于军事装备，取代了传统的火攻武器"希腊火"。

在哈桑的《马术和军械》一书中介绍了一种"契丹火枪"，枪头叫"契丹火箭"。这是采用金人的飞火枪，用火箭作为燃烧体。14 世纪初的另一部佚名阿拉伯兵书《为阿拉而战》也载有陆战时用的火枪和水战时用的火箭，都叫"契丹火箭"。这是在一根长形的契丹火箭上，"安上长而尖的头，以备水战"。在交战中，箭发敌船，"箭头嵌入船板，便延烧以致无法扑救"。这两种"契丹火箭"，前一种是陆战时交手中的火枪，后一种是水战时由管形火器中发射的火箭，由于是从管形火器中发射，所以这种火箭已类似突火枪中的子窠。

大约在 13 世纪末至 14 世纪初，统治中东地区的马木鲁克人将蒙古人传去的火筒和突火枪加以改制，发展成为一种叫作"马达法"的管形射击火器。"马达法"一词在现代阿拉伯语通称"火器"。关于"马达法"的形制，在 14 世纪初希姆·埃丁·穆罕默德的兵书上有所记载，主要有两种：一种是用一个木制短筒，装置火药，在筒口安上石球，点燃火药就冲击石球。另一种筒身较长，先装火药，然后安上铁栓，再在筒口装箭，火药点燃后，由铁栓推动铁箭射击。日本火器史研究者有马成甫指出：阿拉伯人的火器"马达法"，同中国金军所用的飞火枪，南宋创制的突火枪，同属管形火器系列。"马达法"是二者的发展——飞火枪用纸筒、突火枪用竹筒作枪筒，"马达法"用木筒作枪筒。

大约在 14 世纪初"马达法"已用于战事。据 15 世纪伊本·叶海亚的《贝鲁特编年史》记载，1342 年席赫布苏丹被围于坎拉克时，用五座抛石机和许多"马达法"守御。据 16 世纪伊本·伊亚斯说，1352 年大马士革总督曾以一种马达法加强城防。另外，乌玛里在 1340 年完成的一部著作中提到一种使用弹药的焰硝炮，这种火器有使用火药的子弹，和宋人突火枪发射子窠相似。

14 世纪 70 年代埃及已经铸造出金属管形火器。百科全书家奎尔盖希迪在亚历山大里亚见到过这种筒形火炮。他说："阿希拉夫·夏本苏丹（1365—1376）的前任总督伊本·阿拉姆在任时，我在亚历山大里亚跑马场上亲见一尊用铁链牵制的铜炮，发射一枚大炮弹，炮弹落在 bāb al-bahr 以外的 bahr as-silsila，其间距离极远。”马木鲁克苏丹纳赛尔·阿布·萨达特·穆罕默德（1495—1498）时使用的黑奴，也装备了火炮和火枪。而马木鲁克最后被使用新式长程火器的奥斯曼土耳其人所战败。奥斯曼苏丹赛里姆一世（1512—1520）征服马木鲁克时，士兵装备有火铳和火炮。

四、火药与火器技术在欧洲的传播和应用

火药和火器及其有关的技术和知识，最初是通过阿拉伯这座沟通中西的“桥”从中国传到欧洲的。

古代欧洲文献中最早的火药知识全都来自阿拉伯国家。13 世纪下半叶，欧洲人将一种有关火攻战术的书《制敌燃烧火攻书》译成拉丁文。这本书长期被托名为希腊人马可所作，直到 19 世纪才揭示出原著是 13 世纪中叶的一位匿名阿拉伯人所作。这是流传到欧洲的最早一本讲火攻法的书。据说在 1804 年，拿破仑曾下令将这本书付印，发给法国的部队将领。这本书中收集了历来用于火攻的 35 个方子，其中包括有关“希腊火”配制成分的记载。在这 35 个火攻方子中，有 5 个涉及火药和火器。

《制敌燃烧火攻书》所记载的有关火药和火器的配方及制作技术，反映了当时阿拉伯人的知识水平，而这些知识和技术都直接与中国有关，是从中国传过去的。不仅如此，这部著作的意义还在于，它大概是欧洲人最早接触到的有关火药和火器的技术资料。另外还有一本名为《八十八自然实验法》的阿拉伯文写本，记载了许多与《制敌燃烧火攻书》相同的方子，也由欧洲人译成拉丁文。

欧洲人不仅从阿拉伯的文献中获得有关火药和火器的知识，而

且在与阿拉伯人的战争冲突中认识到火药火器的威力和在战争中的重要性。在 13 世纪中期的第七次十字军战争中，阿拉伯人曾使用了含硝的"烟火剂"来抗击欧洲十字军，而在 1270 年的欧洲十字军第八次东征时也使用了这种含硝的"烟火剂"。14 世纪时，火药和各种火器，包括管形射击火器，已广泛用于阿拉伯军事装备，并在同欧洲人的战事中多次使用。1290 年的阿卡战役中，马木鲁克人使用 92 座抛石机不停地攻击阿卡城，抛石机不但抛投巨石，也发射火球、火瓶和火罐，终于使法兰克人不得不从这座亚洲大陆的最后堡垒撤走，宣告了十字军的彻底失败。1325 年，西班牙卡斯提尔反抗阿拉伯人的统治，阿拉伯人用抛石机发射火球攻击巴沙城，显示了巨大的威力。1342 年，摩洛哥人用大炮保卫阿耳黑西拉斯，抗拒葡王阿方索十世的侵略，使葡萄牙人遭受重大伤亡。欧洲与阿拉伯的这些军事冲突中，促进了欧洲人学习和掌握使用、制造火药和火器。

阿拉伯是中国火药火器技术的西传之"桥"，但也不排除从中国直接传播到

欧洲野战炮，采自大约 1450 年的日耳曼烟火书

欧洲的可能性。因为蒙古军队的几次西征，直抵欧洲腹地，在作战中广泛使用了火药和火器。例如在蒙古军队第二次西征时，1237年攻占莫斯科，蒙古军队使用了火炮。1241年，在波兰境内莱格尼查附近的华尔斯达脱平原上，蒙古军队与德国、波兰联军大会战，蒙古军队使用了"中国龙喷火筒"，结果大获全胜。15世纪波兰史学家德鲁果茨在《波兰史》中记述了1241年莱格尼查战役中蒙古军队使用"火龙"的情景。蒙古军队在欧洲战场上使用这些神奇的火器，必定给欧洲人以深刻的印象。另外，元代时中西交通畅通，有不少欧洲人到过中国，也有中国人到过欧洲，他们也可能成为火药火器技术西传的媒介。

李约瑟对中国的火药和火器传入欧洲的途径，做了大量深入的研究。他认为，火器传到西方世界肯定是在13世纪后半叶的某个时候，即蒙古人西征的时候。李约瑟还指出，有三种人可能直接将中国的火药火器知识传入了欧洲：第一，来中国传教的方济各会传教士，他们将中国的火药、火器直接传入了欧洲；第二，巴琐马及其友人到欧洲的游历，将中国的火药和火器直接传入到欧洲；第三，马可·波罗等一批旅游商人将中国的火药和火器直接传入到欧洲。

英国经院哲学家和科学家罗吉尔·培根是一位百科全书式的学者，对他那个时代东方和西方的文化和科学有着广泛的了解和知识。他在巴黎游学时，与出使中国归来的传教士鲁布鲁克相识，从鲁布鲁克那里获知许多有关中国的知识和消息。鲁布鲁克是在马可·波罗时期前后到过蒙古访问的少数几位欧洲人之一。培根也有可能从鲁布鲁克那里了解到有关中国使用火药和火器的情况。

罗吉尔·培根在他的《大著作》和《书信集》等著作中多次提到硝石、火药和火药爆炸的情况。在罗吉尔·培根所生活的那个时代，中国的烟火、爆仗已作为娱乐品输入到西方一些地方。如前引李约瑟的推测，培根本人手里就有这种从中国来的火药制品。培根曾把他获得的关于硝石、火药和爆仗之类的知识反复写进他的著作里。例如在他写的《炼金术和人工嬗变中矿物的性质简述》一文中还提到硝石提纯技术。他说，硝石生长在某种石头上，如遇木炭则立即起火。提纯硝石时，将其溶于水中，并通过过滤，形成白色光亮的长针状结晶。他还说，硝石能从土器中渗透出，"因为我从实验中看到。"罗吉尔·培根提到的这种用再结晶法提纯硝石的技术，与中国古代的方法是一致的。

与罗吉尔·培根同时代的另一位著名经院哲学家、德国的大阿尔伯特也曾谈到过火药。他在《世界奇妙事物》中写道："飞火。取 1 磅硫黄、2 磅柳炭和 6 磅硝石，将此三物在大理石上仔细粉碎。然后按你所需之量放入纸筒中，以制飞火或响雷。制飞火的筒应长而细，装满药。制响雷的筒应短而粗，装一半的药。"

大阿尔伯特的上述记载实际上直接取自阿拉伯兵书《制敌燃烧火攻书》的第 13 方。他在《世界奇妙事物》中还转录了这部兵书的其他段落。可见大阿尔伯特对这部兵书是很熟悉的，他的有关火药的知识也直接来源于阿拉伯文献。而前文已经提到过，阿拉伯人的有关火药和火器的知识则直接来源于中国。

另外，在阿拉伯语和欧洲语的早期词汇中，"火药"这一名称也与中国有关。火药的基本成分硝石、硫黄等在中国一直是作为药物而载入历代本草书的，"火药"一词就由此得知。在阿拉伯语中，火药最初是"dawā"，也有"药"的意思。早期的拉丁语将火药称为"pulvis"，与中世纪英语中的"powder"和法语中的"poudre"都有"药"或"药粉"的含义。后来为了与一般药粉相区别，英语用"gunpowder"（枪药）、法语用"poudre à conon"（炮药）来专指此火药。因此，从词源上说，西方的"火药"名称也直接受到中国的影响。李约瑟指出，在日耳曼语言中，表示"草药"的单词，有"kraut"（德语）、"krud"（丹麦语）、"kruyt"（弗兰芒语）等。他说："最早的欧洲枪炮手（1325 年以后）竟会使用一个表示植物或草药的词，似乎是非常奇怪的巧合，除非它直接译'自药'。或许可以把这看作是由陆路传播而不是经由阿拉伯人传播的一条理由。"

关于火药和火器的发明与中国的关系，西班牙人门多萨在《中华大帝国史》中，有一小节的标题是《中国先于欧洲许多年就发明并使用了火炮》。他在其中强调，中国"自古就有了火炮，火炮是中国发明的"。意大利传教士利玛窦也曾以自己的亲身体会介绍过中国的火药。他说，硝石这种东西在中国很多，但并不广泛用于制备黑色火药，因为中国人并不精于使用枪炮，很少用之于作战。利玛窦说，他曾在南京目睹了为庆祝元月而举行的焰火会，他估计在这种场合消耗的火药足够维持一场相当规模的战争达数年之久。

到了 18 世纪，由于中国与欧洲的往来更多了，到过中国的人，特别是那些传教士，在中国居住的时间比较长，与各方面的中国人有比较广泛的接触，对中国文化各方面有了更多的和更深入的了解。比如在火药和火器的发明和使用，他们知道的就更全面和准确一些了。18 世纪来华的耶稣会传教士宋君荣、冯秉正和钱德明等人，都曾强调过中国是火药和火器的发源地。钱德明曾于 1772 年发表了《中国兵法论》一书，其中较全面地介绍了中国火器史上的重要著作《武备志》的内容。钱德明指出，火药和火器是中国人"在欧洲应用它们以前很久就已知道了"。他介绍了中国各种火药，包括火箭火药、火炮火药和五色火药的配制方法。钱德明还介绍了逆风火药，认为"这对我们（法国）军队来说是有用的"。在火器中，他谈到喷火筒、天火球、地雷、无敌竹将军，还有单飞火箭、一窝蜂火箭和神机箭等，并转载了《武备志》中的各种火器的插图。

火药和火器的知识和技术经阿拉伯人的媒介传入欧洲后，迅速得到推广和应用。大约在 14 世纪上半期，欧洲就已经开始制造并在实战中应用火器了。现存欧洲最早的火器图形，是在牛津礼拜堂发现的一张 1326 年的瓶形火炮图画，瓶口插一支箭，后有武士正点引线。这份档案是 1326 年伦敦主教为英国国王爱德华三世加冕时的加冕辞，关于火炮的图画画在加冕辞的下方。在霍开姆发现的一份 1326 年的档案中，也有一幅类似的瓶形火炮的图画。这类瓶型火炮与中国宋金时期铁火炮的形状十分相似。意大利一处中古时期的教堂有1345年和1364年的壁画，1345年画的是水战中用手铳射击，1364年画的是堡垒内外的战士都用手铳，堡垒外有一尊竹节形火铳，尾部无竹节，火门在尾部，铳口安有石球；有人正在点燃药线。形制和英国的"提拉尔"一样，尾部没有竹节，说明它出于和手铳同源的"马达法"。

意大利是欧洲最早制造和使用火器的国家。1326年，意大利人便掌握了火器的技术秘密，佛罗伦萨下令制造铁炮和炮弹，欧洲开始造出了第一批金属管形火器。18世纪意大利史学家穆拉托里根据意大利古史资料提出，1379—1380年热那亚人和威尼斯人为争夺海上贸易而发生战争，他们在基奥贾岛上的要塞附近发生了一场激烈的争夺战，在这次战役中发射了火箭。西方火器史家都认为基奥贾战役中使用的火箭是西方制造火箭的可靠的早期记载。

与火器相关的烟火制造技术，在欧洲也是首先出现于意大利。佛罗伦萨人和锡纳亚人都善于制造烟火。意大利许多地方都定期表演大型烟火。16世纪毕林古乔所著的《炉火术》一书反映了意大利的烟火技术。此书有一卷专门讲述烟火制造，包括火药、火炮、火箭和各种娱乐烟火。例如，毕林古乔描述了能送出六七个"火蛇"或其他火箭的武器，有些类似中国的"七筒箭"。

另外还有两部古代著作反映了意大利人的火药火器知识和技术。一个是15世纪军事工程师方丹纳所著的《兵器录》，其中提到了阿拉伯、波斯和马木鲁克人的武器，以及火箭在水战中的应用。还介绍了"人造鸟"内装纵火剂，张开两翼飞向敌方，类似中国古代兵书中介绍的"神火飞鸦"。方丹纳还谈到喷射车，借反作用原理将四轮车推向前方。另一个是15世纪的军事工程师瓦尔图里奥的《兵书十二卷》。这部书中谈到了硝石的提纯以及火药、炸弹、烟火和飞火等，也是关于火药和火器的早期著作之一。

英国也是比较早使用和制造火炮的欧洲国家。1342年，英国的德比伯爵和索尔兹伯里伯爵参加了阿耳黑西拉斯战役，向摩洛哥学会使用大炮。1345 年，英法克莱西之战，英国使用了铁炮 24 尊，火药 60 磅，炮手雷尔门·拉西埃曾接到土劳斯国王送来的两尊铁炮，8 磅火药，200 枚铅弹。1345 年，英国又制造 100 件莱巴杜火器，已粗具三眼铳或四眼铳的雏形。两年之后，1347 年，英国又仿造"马达法"，制造了一种提拉尔火炮。

16 世纪后半期，由火药制成的烟火在英国盛行起来。1572 年，英国女王伊丽莎白一世巡视沃里克附近的坦普尔场，沃里克伯爵兼炮兵总监，用烟火、爆仗欢迎女王。从这以后，英国文献多次提到用火箭庆祝重要事件。1635 年，约翰·白宾顿在《烟火术》一书中描述了火箭制造技术，并附以插图。1647 年，奈森尼尔·尼出版了《炮术》一书，有一节题为

"论军用和娱乐用烟火"，专门叙述如何制造各种烟火装置，列举了许多同时代的火箭图，并介绍了使用火箭的方法。

法国大约也是在 14 世纪时开始使用火器。据拉克邦《论火药及 14 世纪传入法国考》中说，在法国中世纪的一份档案里记载着这样一件事：1338 年 7 月英法交战，一位叫 Guillallme du Moulin 法国将军从另一位 Thomas Fougues 将军手里得到了一个"铁罐子"、一磅硝和半磅

中世纪欧洲人检验火药燃烧后的情况

"活硫黄"。文中对"铁罐子"的描述，与中国1221年金人攻打南宋蕲州的铁火炮（震天雷）十分相似，两者当时同一种武器。

法国编年史家弗卢瓦萨在写于1360年的《法、英、苏格兰和西班牙编年史》中提到了管式发火火箭。据有关文献记载，法国在1429年将火箭用于保卫奥尔良的战役。1449年，又在蓬安德默战役中再次使用火箭。

1561年巴黎出版了《论火炮和烟火》一书，其中提到如何制造3.5英尺和4英尺长的大火箭。在巴夫鲁特1597年写的《法国火炮简述》和汉兹莱特·洛林1630年写的《烟火术》中也有类似的记载。另外，汉兹莱特·洛林还写过《军事器械和军用与娱乐用烟火大全》一书，其中谈到水战用的火球、毒药火球、火枪、纵火箭和火箭。

18世纪初，弗里采尔写作《娱乐表演用烟火大全》，描写了各种彩色烟火、水中燃烧的烟火，尤其详细叙述了各种火箭装置，包括重复飞行的火箭。此书在推动法国烟火制造方面起过不少作用。

17世纪欧洲使用火器的战争中挖掘地壕工事图

德国也在 14 世纪上半期开始制造火器。1348 年，法兰克福财政账上已有可以发射箭镞的长形红铜铳。1849 年，考古工作者在坦奈堡遗址发掘出一支大约制作于 14 世纪 80 年代的小型手持枪，它的口径长 1.7 厘米，全长 33 厘米，膛长 27 厘米，重 1.24 公斤。它同明代凤阳府在洪武十年（1377）制造的手铳极其相似。两者相比，除大小稍有差异外，其基本结构完全相同。有人认为这两种火铳是同一母型的双生铳。坦奈堡手持枪或者是对中国元明时代铜手铳的仿制，或是对阿拉伯"马达法"的仿制和改进。

在文献方面，最早带有插图的手稿大约在 1395 年，内载一份火药配方，有制作、提纯和测试硝石的方法，并带有粗陋的彩色枪炮插图。约在 1405 年的德国军事工程师康拉德·凯泽尔的《战争防御》一书，也谈到了火箭、枪炮和一些奇异的火药配方，反映了当时德国人对火药火器知识和技术的认识水平。这本书中谈到纵火箭、烟火、火箭、炸弹、火枪等。书中的火药配方引自《制敌燃烧火攻书》，火药成分除硝、硫、炭外，还有砒霜、雄黄和石灰，与中国的火药方相同。他提到的"飞龙"是用绳子绑在火药筒上，"飞龙"药料成分中也含有油质物。书中介绍的"飞鸟"则类似中国的"神火飞鸦"。凯泽尔还指出，装有较多火药的火箭，必须在火药筒下留一孔，以便迅速燃烧。他还知道火箭的发射是由于喷出气体。火药筒是由羊皮做的，因为当时德国还没有生产足够的纸。

德国的"慕尼黑手稿 197"也有关于火器的记载。手稿包括一位军事工程师、匿名的胡斯派信徒用德文写的笔记，和一位意大利人塔柯拉用拉丁文写的笔记。手稿中涉及一些日期，如 1427 年、1438 年、1441 年，载有火药的配方，并结合插图描述了一些枪炮。德国还有一部 16 世纪关于火箭的重要手稿，是一位叫康拉德·哈斯的人所作。哈斯曾于 1529—1569 年间担任锡比乌炮兵兵工厂的厂长，这部手稿就是在这期间完成的。其中描述了他和当地工匠制造火箭的情况，有多幅插图，有的火箭在形制上与中国火箭很相似。另外，哈斯手稿中还描述了多级火箭，包括二级和三级火箭，体现了当时德国火箭技术的最新成就。

五、火药与火器对西方历史进程的影响

大约在 14 世纪上半期，中国发明的火药和火器技术已经在欧洲广泛传播，并很快得到推广，应用于军队装备和各种战事。当时，欧洲正处于历史大变革的前夜。火药和火器的传入，对于这场历史大变革起到了重要的推动作用，从而对世界历史进程起到了重要的推动作用。

18 世纪法国启蒙思想家孔多塞指出，火药和火器的发明，改变了作战方式，使战争这种"艺术"发生了一场革命。火药和火器的意义，不仅仅是在军事装备上的改进和作战方式的改变，而且深入到社会文化的层次，着重指出了它对于经济进步的意义，推动了社会生产

绘于 1545 年的英王亨利八世的一艘战舰"玛丽·罗斯号"，它装载了大量的大炮

力的发展，同时也成为引起社会变革的一个契机。军事的变化，经济的发展，以及社会政治关系的变革，都是在这一时代的欧洲具有重大历史意义的事变。从中国传去的火药和火器对摧毁欧洲封建制度起到了重要作用，从而给欧洲历史和文明的发展进程以极大的推动。

另一方面，在资本原始积累过程中，西欧殖民势力向各地进行殖民侵略，也把火器带到非洲沿海地区和三大洋其他地区。15世纪起，葡萄牙的管形射击火器有了很快的发展，并且广泛用于军队装备。在资本主义殖民扩张过程中，火器也成了一种得力的工具。

以上我们主要是从战争使用的火器的角度来论述火药发明的重大意义。确实，火药发明的重大意义和直接影响主要表现在战争方面。这一点与我们在论述造纸术的发明的情况有些相似。造纸术的发明，纸张的广泛应用，取代了原来使用的书写材料，改变了人们的书写方式，这是造纸术的根本性作用。当时，纸的用途不仅仅在这一方面，它在人们的日常生活的许多方面都有其使用价值。火药的情况也是这样，火药的用途不仅仅是用于火器的制造和战场上的应用。火药的发明和应用，对于近代科学的进步与发展，也有着重要的意义。比如对火药爆炸现象的分析和研究，导致人类发现了氧，并由此为全部现代化学奠定了一个新的起点。炮弹在空中的运动（弹道学）促进了动力学的新研究。爆炸本身所具有的力，和炮弹从炮膛里的排出，证明了有一些天然力，特别是火，其力量是可供使用的，而这一点激励了蒸汽发动机的发展。在蒸汽机处于全盛期之前，惠更斯和帕潘在17世纪晚期曾试图制出火药发动机。虽然他们从未能使其运转，但这却使他们获得了用水即可冷凝蒸汽的灵感。

第七讲

指南针与航海罗盘的传播和应用

指南针是中国古代"四大发明"之一。指南针是依据磁铁的指极性原理制作的辨别方向的工具。指南针的发明为人类的实践活动提供了极大的便利。特别是磁针罗盘在航海事业上的应用，提高了航路的准确性，为远洋航行提供了很大的便利，从而推动了世界航海事业的巨大变革和发展。在15世纪前后的欧洲大航海时代，罗盘发挥了重要作用。正是由于罗盘的使用，才使达·伽马发现印度新航路、哥伦布发现美洲大陆和麦哲伦的环海航行成为可能，并由此促进了欧洲商业贸易的扩大和工场手工业的发展，为资本主义的产生和发展提供了必不可少的前提。指南针和造纸术、印刷术、火药等中国的伟大发明一样，对世界文明的发展历史产生了重要的影响。

一、罗盘在阿拉伯人航海中的应用

从应用的角度看，指南针发明的最重要的意义在于它在航海事业上的应用。在指南针未发明以前，中国古代航海主要是凭地文定位技术和天文定向技术来导航。具有相当水平的地文和天文航海术，使海船得以在晴空下越洋远航。但是，在漫长的航行中，不可能总是晴空万里，视野清晰。因此，随着航海事业的发展，亟待有一种全天候的恒向导航仪器。正是由于指南针的应用，使人们获得了全天候航行的能力，人类才第一次得到了在茫茫大海上航行的自由。从此，陆续开辟了许多新航线，缩短了航程，加速了航运，促进了各国之间的文化交流与贸易往来。

指南针一经发明，很快就被应用于航海事业。在这方面中国也是领世界之先的。北宋时期，中国在世界上最早使用指南针导航。明确记载相关史事的，有下列四种宋代载籍，即朱彧的《萍洲可谈》、徐兢的《宣和奉使高丽图经》、赵汝适的《诸蕃志》和吴自牧的《梦粱录》。

宋元时代，我国的航海事业十分发达。中国的商船不但往来于中国沿海商埠与朝鲜、日本以及南洋诸岛之间，而且远航到印度洋和波斯湾沿岸诸国。中国发明的指南针也随着中国航海家的踪迹传播出去，成为各国航海家使用的导航仪器。

大约在 12 世纪后期和 13 世纪初，指南针就传到了阿拉伯人手中。因为当时中国商船是波斯湾和南海之间海上贸易最活跃的参加者，与阿拉伯航海家多有接触。有一些中国船还雇用波斯的船员和船长，因此中国船的一些先进的装备很容易被阿拉伯船采用。宋代开始使用的平衡舵，大约在 10 世纪已被用于红海的阿拉伯船。使用航海罗盘这样先进的航海技术导航，也很快被阿拉伯航海家所掌握。据法国学者雷诺和谟里的研究，阿拉伯海员确切使用罗盘的时间是在 13 世纪初年。在阿拉伯和红海地区，海员使用的罗盘被称为"针圆"或"针房"；海湾地区的伊朗人则称之为"吉卜赖·纳玛"。阿拉伯和波斯船上的罗盘都按中国罗盘形式采用四十八分向法。波斯语、阿拉伯语中表示罗经方位的"khann"，就是闽南话中罗针的"针"字。

在阿拉伯文献中，最早记载罗盘的是 13 世纪初的《地理志》。在 1230 年编纂的波斯轶闻集《故事大全》中，有类似中国的指南鱼寻求航路的故事。其中有一则故事说，一位乘客乘船在海上航行时，看到船长用一块凹形的鱼状铁片放在水盆中，此浮鱼头部便指向南方。船长解释说，以磁石摩擦铁片，铁片就自然具有磁性。阿拉伯船长所使用的这种海上导航仪器，与北宋曾公亮 1044 年在《武经总要》中记载的陆上行军时使用的指南鱼是一样的。阿拉伯人显然是用中国技术制造了水浮式指南针。

1281 年，阿拉伯矿物学家贝伊拉克·卡巴扎吉在《商人辨识珍宝手鉴》一书中说，当他乘船航行于叙利亚海上从特里波利前往亚历山大里亚城的时候，海员使用借助木片或苇箔托浮在水面上的磁针辨别方向。"海员们说，航行在印度洋上的船长们不用这种木片托浮的指南针，而用中空的磁铁制作一种磁鱼，磁鱼投入水中之后浮在水面，头尾分别指示北方和南方。"

阿拉伯航海用指南针基本上用的是水浮式磁针，这与中国的传统是一致的。大部分阿拉伯文献都强调这种仪器指南比指北更重要。波斯文称磁罗盘为指南，与中国名有相同的意思。中国人和阿拉伯人都以南的方位为尊，这与欧洲人是不同的。

二、欧洲人的磁石与罗盘知识

和中国许多的伟大发明一样，指南针也是通过阿拉伯人的中介传播到欧洲的。

但是，李约瑟提出了另外一种看法，认为它可能不是通过阿拉伯的航海者，而是通过陆路传播的，可能是 12 世纪时经过西辽政权，直接传到俄罗斯公国。无论是哪种情况，指南针传播到欧洲也可能是很早的。大约在 12 世纪末，欧洲的文献中就有了有关的记载。大概首次提到磁罗盘的是英国人尼坎姆。他在 12 世纪末所写的《论自然的性质》中说，这是一根放在支轴上的针，当让它自行停息的时候，它就给航海者指出航行的方向。尼坎姆还写道：

> 航海者在海上，当白天云雾遮日，或夜晚在黑暗中，不知道自己是向世界的哪一部分驶行的时候，就用磁石触引一根针，这针就旋转起来，到它转动停止时，针尖就会指向北方。

在尼坎姆的记载之后，还有各种关于磁针帮助航行的文献记载。法国犹太人纳克丹也谈过指南针。大约在 1195 年他编写的《石头的力量》书中介绍了 73 种石头的性能，其中包括磁石和指南针。法国人德·普洛文在 1205 年左右提到过磁石和指南针。他在这年写作的长篇语体讽刺诗中写道，航海水手用磁针以铁在磁石上摩擦而成，导航效能胜过北极星。诗中写道：

……

水手现有奇妙术，

取来吸铁黑磁石，

与针摩擦显神通。

磁针穿在麦秆上，

置于水面浮动，

它就对准北极星。

以此导航不会错，

水手信心更坚定。

海上一片昏暗时，

不见月又不见星，

水手随即掌灯。

细看针的方位，

避免在迷途航行。

……

从这首诗中可以看到，在12—13世纪的欧洲早期航海罗盘，就是中国早就用过的水罗盘。其制造方法与中国是一样的，就是将经过磁石感应的铁针横穿在植物光滑的茎秆中，再漂浮在刻有方位的罗盘中间的圆形水槽内。当磁针停止转动时，期两端便分别指向南北。这首诗中描述的方法，与北宋曾公亮、沈括等人所说的是一致的。其微小的差异是刻度方位格数的多少，而且，欧洲人强调指北，中国人强调指南。

法国编年史家德·维特利大约在1219年完成的《东方史》也说到过东方的这种富有实用价值的新发明。苏格兰占星家米切尔·司各特在《局部论》中说，有两种磁石，一种指南，一种指北。

弗兰德人托马斯写的通俗百科全书《自然的性质》，分 20 个门类的知识，其中石类部分叙述了航海用的水罗盘。从这些记载中可能得知，当指南针第一次带到欧洲的时候，大概已经是用来驶航的一种装置了。李约瑟所说的皮里格里努斯是 13 世纪时的意大利人，他曾在西西里国王安茹的查尔斯的军队服役，可能担任过军队的工程师。现在保存下来的有一封他写于 1269 年《从理论及应用上论磁石之信札》，使欧洲进入对磁现象做科学探讨和对磁罗盘作技术改进的新阶段。这封信中包括对天然磁石及其特征的描述，对磁体指北属性定义，还有"磁极"概念的首次使用。他还指出，一块磁铁断裂后会变成两块磁铁。他还提到利用磁力产生永久运动的尝试，并且提到了磁偏角的存在，即磁体指向的是磁极北向，而不是地理北向。

1851 年，英国人罗伯特·诺曼出版了《一种新的新引力》一书，其中包括"关于磁体或天然磁石的尖端论述"，以及关于磁体行为的"新发现的秘密"，一种被称作"倾斜角"的现象。英国医生吉尔伯特对磁性进行过相当深入的研究，他于 1600 年出版了《磁体》一书。

三、罗盘的应用与大航海时代

13 世纪时，欧洲的航海者中似乎已经广泛地知道了指南针。意大利商船首先采用了罗盘，并很快推广到印度洋、地中海航运界，引起了欧洲航海技术巨大的变革和发展。欧洲在使用中国罗盘以后，加以改进，采用支轴装置罗经，用一个支轴的尖端顶在磁针中部，使磁针水平旋转，在航海上使用较水针方便，称为"旱针"。14 世纪初，意大利人阿马尔费塔尼发明了一种"罗盘卡"，即字盘装在磁针上，盘随针转的旱罗盘。

13 世纪下半叶，欧洲的航海家得到中国航海家绘制的印度洋航海图。这种航海图为远洋航行提供了进一步的便利。据记载，法国国王路易九世在 1270 年乘意大利热那亚船从法国南部港口艾格莫特启程，跨地中海赴北非的突尼斯。船沿意大利西海岸南行 6 天后，乘客们仍没有看到撒丁海岸。国王有些担心，这时船上的官员向他出示地图，指出船现在所处的位置，并说明他们正在

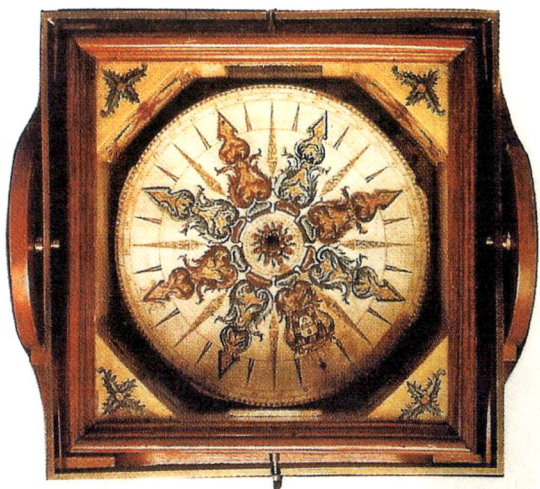

欧洲罗盘

靠近意大利南部的卡利亚里港。这是欧洲第一次提到在海上航行时使用海图。因为图上标有各地针位和观星数据，因而又被称为"针图"。

航海图绘制源于我国晋代地图学家裴秀用经纬线表示地理方位的"分率制图法"。裴秀作《禹贡地域图》，开创了中国古代地图绘制学。李约瑟称他为"中国科学制图学之父"，是与欧洲古希腊托勒密齐名的世界古代地图学史上东西辉映的两颗灿烂明星。裴秀的"分率制图法"后来传到波斯和阿拉伯世界。14 世纪初意大利人受阿拉伯人这种绘制航海图方法的启发，开始结合罗盘的方位线用分率制图法绘制航海图。无论是商船还是军舰远航都需要备有线路图、航海图和指南针，这三项成果被称为中世纪航海业的"三项技术革命"。

1300 年前后，实用航海图如雨后春笋般地在欧洲问世，打破了欧洲制图界传统的 T—O 寰宇图的体系。现存最早的这类航海图在 1280 年左右就已出现，至今尚存且有年份可考的是 1311 年维斯康特所绘的航海图，图上有交叉的罗盘方位线、矩形网格和带刻度的边缘。不过出现在欧洲的网格航海图并不是对一向使用网格绘制、具有针路的中国航海图的简单模仿。意大利和西班牙的航海家不仅认识到

第七讲　指南针与航海罗盘的传播和应用

西班牙大帆船

罗盘在航海上的作用，而且将已经中断了 1000 多年的希腊人的定量制图学再度引入航海图的绘制中。正是由于罗盘的实际使用，促使欧洲的航海家重新注意到托勒密的坐标系统。这种使用罗盘方位线或叙驶线的航海地图，使得航海家能够精确地探索海岸的走向，绘制精密的地图。15 世纪的欧洲航海图已经重新确立了托勒密的制图原则，到了杰拉尔德·麦卡托使用圆柱正形投影法绘制世界大地图时，便奠定了现代地图科学的基础。麦卡托是法兰提斯出身的地理学家、地图学家。他于 1569 年发表长 202 厘米、宽 124 厘米的世界地图。他在以投影法绘制的地图上，经纬线于任何位置皆垂直相交，使世界地图可以绘制在一个长方形上。由于可显示任两点间的正确方位，航海用途的海图、航路图大都以此方式绘制。而这些成就，正是由于受到中国航海家们传给欧洲的罗盘和航海图的启发而实现的。

指南针传入欧洲，在欧洲的大航海时代起到了重要作用。由于指南针表明方向的结果，地图精确起来，并且地图的绘制也有了普遍性。这导致了达·伽马发现印度新航路、哥伦布发现美洲大陆和麦哲伦的环球航行，并由此促进了欧洲商业贸易的扩大和工场手工

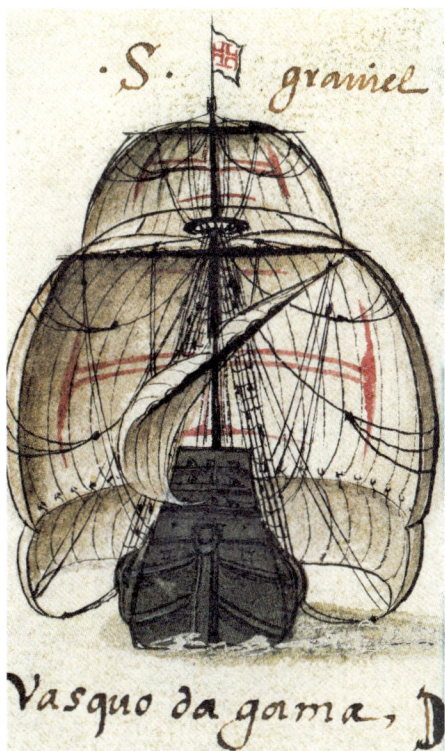

·S· gramel

Vasquo da gama,

达·伽马的卡拉维尔帆船

业的发展，为资本主义的产生和发展提供了必不可少的前提。西班牙人和葡萄牙人能进行大航海活动的原因之一，即地理知识的进步和指南针以及星盘的传入使得航海家们有勇气出海去冒险。在早期葡萄牙亨利王子培训航海家队伍时，帮助舵手掌舵的有"星相家"，这是一些精通领航业务的专家，他们会看罗盘，能算出罗盘偏差并在地图上标出子午线。在麦哲伦作环球航海时所使用的船只上，备有不可缺少的罗盘，必需的航海仪器也有大量储备，包括罗盘、罗盘针、沙漏计时器、星盘、比重秤和星座一览表等。

第八讲

中医药学的世界传播

中医是我们中华民族自己的医学。中医承载着中国古代人民同疾病作斗争的经验和理论知识，通过长期医疗实践，逐步形成并发展成一脉相承的医学理论体系。中医具有唯一的价值，是一种不能被任何其他文化形态替代的医药学术，是一种与现代医学截然不同的知识体系。中医中药在中国古老的大地上已经运用了几千年的历史，经过几千年的临床实践，证实了中国的中医中药无论是在治病上、在防病上，还是在养生上，都是行之有效的医学体系。

一、中医药学的传播与"东医"自立

在朝鲜三国时期，中国与朝鲜半岛之间就有了医药文化方面的交流。后来，葛洪的《肘后方》、陶弘景的《本草经集注》也相继传去，朝鲜人把中国养生法及炼丹、炼金术称为"仙道术"。南朝陈文帝天嘉二年（561），吴人知聪携内外典《本草经》《明堂图》等164卷医药书赴日，途中路经高句丽，在高句丽传授汉医学，进一步促进了朝鲜医学的发展。在医事制度方面，百济按照中国南北朝时期将医者与药者分工成为太医丞和药藏丞的做法，设置了医博士和采药师。693年，新罗仿照中国医学教育制度，置医学博士二人，以中国医书《本草经》《甲乙经》《素问》《针经》《脉经》《明堂经》《难经》等作为科目教授学生，后又增加《新修本草》课程。中医学典籍如《伤寒论》《诸病源候论》《千金方》和《外台秘要》等也陆续传入新罗。796年，唐政府颁行《广利方》，令各州府县抄写流传。新罗当局得知，即遣使向唐政府请求该书。

到了高丽时期，更是大量引进中医中药学，引进中国的医药典籍和人才，使朝鲜半岛医药事业有了大规模的发展。

宋代向朝鲜赠送的药材品种很多，数量较大。南方热带产药材如天竺黄、安息香等亦经宋商人传入高丽。神宗元丰二年（1279）派出的医疗团为高丽文宗治病，赠送100种药品。在宋与高丽的民间贸易中，药材也属大宗货物之一。通过贸易的渠道，有大量中药流入高丽。

高丽引进中医中药学的一个重要措施，是从中国延请医学人才，为高丽王族治病和传授医术。宋朝对于高丽振兴医学，曾给予种种协助。据史书记载，宋朝曾8次共116人赴朝从医或教医，其中绝大多数是朝廷遣派的医官。高丽除请中国医生来教授传播医学外，也曾派学生入华学医。

除宋朝派医官赴高丽外，在当时寓居高丽的中国移民中，也有精通医术者。如

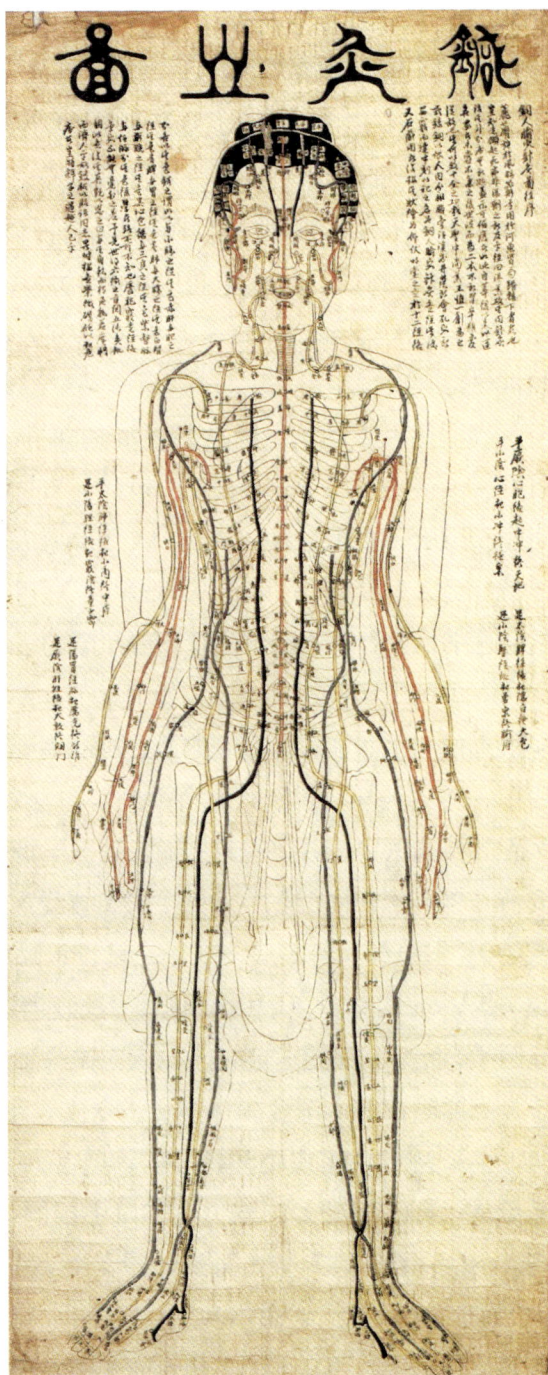

朝鲜《经穴图》

1058 年，医士江朝东与泉州商人肖宗明等来高丽，由于高丽文宗的挽留，江、肖等遂在高丽定居。移居高丽的北宋进士慎修及其子慎安之，都精于医术。他们于中医药学在朝鲜半岛的传播，也有所贡献。

宋朝重视医学，刊印了许多医书。通过官方赠送和民间私携，有不少中国医书流入高丽。宋真宗曾两次将新撰刊刻的《太平圣惠方》1000 卷赠送高丽。宋徽宗建中靖国元年（1101），高丽使者任懿、白可信回国时，徽宗赠送《太平圣惠方》1000 卷和《神医普救方》1100 卷。

高丽还大量翻刻中国医书。如 1058 年，忠州牧翻刻的中国医书就有《黄帝内径八十一难》；1059 年，安西都护府使都官及外郎异善贞也新雕版《肘后方》《伤寒论》《张仲景五脏论》《本草括要》《小儿巢氏病源》《小儿药证病源》《疑狱集》《川玉集》等，并诏置秘阁。这些医书的刊行，直接促进了朝鲜医学的进一步发展。

在中医中药学大规模传入的情况下，高丽医学发展很快，并达到了很高的水平。在医事制度方面，高丽朝廷仿照唐制设置机构，授予职衔，实施医学教育和医业科举制度。设太医局、尚药局、太医监、医正、侍御医等，并于三京十道设置医学博士教授医学，学习科目主要有《素问》《甲乙经》《明堂经》《脉经》《针经》《刘涓子方》《痈疽论》《本草经》等。后仿宋制，增设惠民局、大悲院（类宋之悲田院）等，《图经本草》《和剂局方》等增入学习科目。还有西京学校兼置医学，十二牧各遣医学博士一人教谕医生。

高丽时代有名医金永锡撰《济众立效方》，为高丽人第一部自撰医书。枢密相公崔宗峻雅好医药，见宫内茶房所集药方甚佳，遂增益编成《御医撮要》二卷，此书以中国的《本草经》《千金方》《素问》《太平圣惠方》相《圣济总录》为基础，刊于高丽高宗十三年（1226）。这两部医书的出现，说明高丽人学习、引进中国医学，进而消化和应用，为本土医学的形成和发展奠定了基础，促进了朝鲜医学理论体系的形成。

李朝时期，中医中药学在朝鲜有了更广泛的传播，推动朝鲜医学的进步与发展，并最终促使朝鲜医学自立体系。

中国医药学的广泛传播，促进了朝鲜医学事业的发展。李朝重视中国医书的整理研究和中国药"乡药化"的事业。李朝前期，出现了《乡药集成方》《医方类聚》和《东医宝鉴》等朝鲜三大医学巨著，标志着朝鲜医学在广泛接受中医中药学影响的基础上开始自立体系，独立发展。

李朝初有《乡药济生集成方》《本朝经验方》等刊行。这些医药书为《乡药集成方》的完成奠定了基础。《乡药集成方》是奉李朝国王世宗之命，集贤殿直提俞孝通、典医监正芦重礼、典医监副正朴允德等撰成于1433年。《乡药集成方》共85卷，"以中国医书为经，以朝鲜传统医籍为纬"，理论部分悉依《太平圣惠方》（引用1240条），并引《圣济总录》（399条）、《千金方》（325条）、《肘后方》（152条）、《妇人大全良方》（251条）等中国医书或非医书212种。所引朝鲜本土医书《济众立效方》《三和子乡药方》等9种214条。总共引证医书222种，其中有佚书100余种。《乡药集成方》的内容分病源、乡药本草、针灸法三部分，包括内、外、妇、儿、传染、眼、耳鼻喉、牙各科，共分931条病症、10706条医方和1479条针灸方。乡药本草部分

朝鲜青铜经穴人体像

主要依据《大观本草》，共 10 类 694 种，朝鲜产者注有乡药名，然后说明性味、功用、采集时间、炮制法等，援引诸本草文献作解。《乡药集成方》广引中国医籍，并以中国医学的理论、方药为主体，但同时也将本土乡药经验融于其间，在朝鲜医学的发展史上占有重要地位。

1445 年，朝鲜编辑完成了《医方类聚》一书，历时 3 年，达 365 卷。《医方类聚》体例仿《太平圣惠方》，收方 5 万余，共约 950 万字，别为 95 门，先论后方，并具出处，依年代先后排列。其中引《太平圣惠方》221 处，《千金方》209 处，《剿氏病源》162 处，《世医得效方》150 处，《永类钤方》147 处，《三因方》126 处，《圣济总录》86 处。《医方类聚》将中国唐、宋、元历朝和明初刊行的 153 种医书，对原文不加修订而系统地按疾病门类进行类聚。因此，只靠这本书就能够了解唐、宋、元和明初的医学发展水平。它被誉为东方医学的集大成者、东方医学的宝库。

1596 年，李朝宣宗诏命太医许浚、杨礼寿、金应铎、李命源、郑礼男及儒医郑碏等设局撰集《东医宝鉴》，后因战事而延搁，战后宣宗又命许浚"独为撰成"，至 1613 年刊行。《东医宝鉴》共 25 卷，分内景、外形、杂病、妇人、小儿、汤液、针灸共 23 篇 108 门，辑录中国医书 83 种、朝鲜医书 3 种，上迄《内经》，下迄金元四家及明医王纶、李梴、龚信、龚廷贤等人的著作。所引医论方药均注明出处，民间单验方并收，选方丰富实用，故此书被誉为朝鲜最佳医籍，素负盛名。许浚也因此在朝鲜被称为"古今第一名医"。"东医"之称，盖由此书而起，标志着朝鲜医学脱离中医学的依存关系而自立体系。

不过，东医学的建立并不意味着朝鲜医学与中国医学脱离了关联。相反，在中国医学滋养和影响下成长起来的东医学，更加主动地吸收中医中药学的最新成果。

二、中医药学的传播与日本“汉方医学”

秦代中国的医药文化已传到日本。当年秦始皇派方士徐福寻不死药，徐福到达日本，并在那里安居。据说徐福通医术，尤精于采药和炼丹，被日本人尊为“司药神”。有文字记载的中国医学与日本的最早接触，是在允恭天皇三年（414）。据传，这一年新罗国王派名医金武赴日为天皇治病。后来，雄略天皇、钦明天皇也曾先后向新罗求医，有的是因为皇室成员或天皇本人患病，有的是时疫病流行。新罗曾应请分别派出医家赴日，以“韩医方”开展治疗，而当时之韩医方即是中药为主的医疗体系。

据有关文献记载，南北朝时，梁元帝赠给日本人《针经》一套。南朝陈文帝天嘉二年（562），吴人知聪携带《明堂图》和其他医书160卷东渡日本，开始了中日医学的直接交流。

608年，日本政府派小野妹子等来中国，其中有药师难波惠日、倭汉直福音等前来学医，可谓是日本最早派来我国学医的留学生。小野妹子得《四海类聚方》300卷以归，惠日等在我国居住有十余年之久，于623年回国，携带有《诸病源候论》等书。惠日回国后在日本传播中国医学7年，又于630年和654年第二次、三次来中国深造。以后，来华学医的日本学者，较著名的还有管原清、管原捄成等。管原梶成学成归国后，任针博士和御医，是日本医学史上一位颇具声望的医学家。

753年，鉴真和尚率领弟子法进、昙静、智首以及潘仙童等35人，带上大量药物和香料，乘日本遣唐使船只渡海成功，东抵日本九州。鉴真在佛学外，兼明医学，初到日本后，因治愈了光明皇太后的疾病，皇室把备前国水田一百町赐给了鉴真。天平胜宝八年（756），圣武天皇七七忌时，光明皇太后将天皇遗物献给东大寺卢舍那佛，同

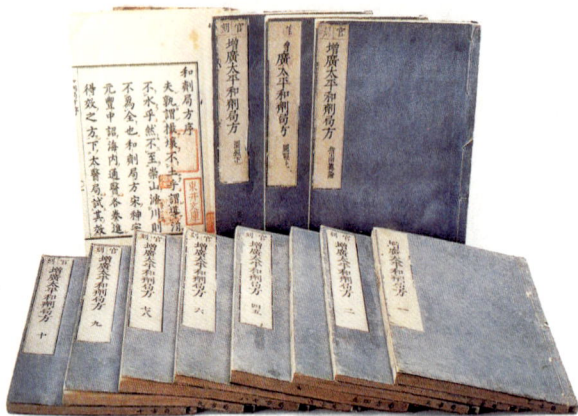

1732年日刻本《增广太平和剂局方》十卷

时献上60余种药材，分装在21个柜橱中，绝大部分是鉴真携来的，其中包括麝香、犀角、人参、大黄、龙骨、肉桂、甘草等。鉴真在营建唐招提寺时，还开出一大块田地为药园，栽培中草药。当时日本寺院也置有敬田、悲田、疗病、施经四院，隋唐年间，虽中国医药知识及医药典籍相继传入日本，但日本人民对于鉴别药物品种的真伪、规格、好坏尚缺乏经验。鉴真虽已双目失明，但在药物鉴别方面，鼻之嗅气，口之尝味，耳之闻声，手之扪捏，竟能鉴别无误。鉴真抵日后，除了讲律授戒外，还从事民间医疗活动。今天已失传的"鉴真上人秘方"，据说就是他处方的记录。其他如"奇效丸""万病药""丰心丹"等良药处方，相传都是鉴真所创制的，从此日本"医道益辟"。至14世纪以前，日本医药界都视鉴真为始祖。鉴真的弟子法进、法荣也都是中医药学的传人，他们又将医术传给新的弟子。也正是由于鉴真在传播佛学的同时，把中国医药学传到了日本，使日本医学得到进一步发展。

此外尚有传到日本的药物。正仓院现仍珍藏着犀角、人参、麝香、胡椒、白及、龙骨、巴豆、远志、大黄、蜜蜡等唐代40余种中药和不同规格的陶制药碗、药壶、药瓶、药罐。唐及以后的中日贸易中，中药一直是输往日本货物的大宗。

代表唐代中国医学先进水平的各种医药书籍也多有传入日本，如《素问》《张仲景方》《黄帝针经》《神农本草》《诸病源候论》《古今

影响世界的中华文明十五讲

录验方》《备急千金要方》《新修本草》等，为日本医学界所推崇。孙思邈所著《备急千金要方》（简称《千金方》）30卷，是中国医学史上最早的一部巨大的综合性医学著作。对隋末唐初药物基础理论和内科、外科、妇科、儿科、针灸、按摩等，做了详尽的总结。日本汉医们高度评价它是一部"绳尺百世之巨著""天壤间绝无仅有之秘籍"。《新修本草》是世界上第一部以政府的名义和力量编写并颁行的国家药典，刊布于唐显庆四年（659）。此书颁行后不久即传入日本。不久日本亦仿唐以《新修本草》为法定药典。《延喜式部式》规定，凡医生皆读《新修本草》。自此，医生都以把它作为最权威的药典而加以采用。

日本大宝年以后，更加全面地模仿唐代的文化，中国的医事制度也为日本所效法。701年8月，日本文武天皇颁布"大宝令"，其中的医事制度、医学教育、医官等设置，完全采纳唐制。该法令为日本最早的医事制度。《疾医令》规定于中务省设正、佑、令使、侍医、药生等官职，宫内省设医师、医博士、医生；针师、针博士、针生；按摩师、按摩博士、按摩生；咒禁博士、咒禁生；药园士、药园生等职务，规定医生、针生分科习业，医生必修《甲乙经》《脉经》《小品方》《集验方》。针生则必修《素问》《针经》《明堂》《脉诀》《流注经》《偃侧图》《赤乌神针经》等。学习年限：体疗、产科、针科均为7年；创肿、少小为5年；五官科4年；按摩、咒禁3年，上述这些明显具有唐代中国医学的特点。

中国医药传入日本以后，得到日本朝野重视，在日本出现了许多以研究中国医学而著称的学者，撰写了不少研究中国医学的巨著。如公元808年日本平城天皇的侍医出云广真等编成《大同类聚方》100卷，就是参考传入日本的中国医籍《黄帝内经》《针经》《脉经》《甲乙经》《小品方》《新修本草》等书而成的。据藤原佐世所编《日本国见在书目录》（891）所载，当时日本官方所存中医药书籍已达163部，1309卷。

此后，日本的医学发展很快，出现了一些著名的医家和医著，如808年出云广贞受命编纂的《大同类聚方》100卷，参考传入日本的《黄帝内经》《针经》《脉经》《甲乙经》《小品方》等而成，是为最早的日本汉医方，深江辅仁有《掌中要方》《本草和名》等，也都较有影响，其他医家还有和气广世、小野根藏等，也都是有名的汉方医家。

10世纪，丹波康赖撰述的《医心方》是日本医学史上一部极为重要的著作。《医心方》计本草及用药各1卷、俞穴及针灸疗法1卷、内科9卷、外科及皮肤病6卷、五官科1卷、妇产科4卷、小儿科1卷、服石2卷、养生3卷、食疗2卷，引用晋唐医书约150种，共7000余条，尤以《诸病源候论》《千金方》《葛氏方》等为大宗，体例亦仿之，为唐代传日医学与日本医生本土经验综成之作。

宋元以后的中日医药交流更加频繁，促进了中日医药理论、技术等方面的发展，为后世医学和文化的发展提供了良好的氛围和基础。1014年，宋僧惠清到日本，定居镇西行医，同年又奉藤原清贤之命赍砂金十两赴宋求治眼方。荣西所著的《吃茶养生记》记述了饮茶的事情，同时也是教导养生之术的医书。此外，随道元入宋的木下道正曾学得解毒丸的制法回国。宋医朗元房侨居镰仓30余年，得到北条时赖和北条时宗的知遇，担任他们的侍医，对日本医学的发展亦有所贡献。又有王鼗南，入日留京师行医。

在此期间，日本国内有名医木尾原性全于嘉元元年（1303）撰《顿医抄》50卷，系撰者参照隋巢元方《诸病源候论》的目次分部，广泛征引了汉、魏、唐、宋的数十部医书，同时采撷日本民间俗方、僧侣和阴阳师的咒术疗法，附以己见，参合而成。它不仅反映了日本镰仓时期的医学特色，代表了同期日本医学的最高水平，而且以其丰富多彩的内容和切实可靠的临床疗效，堪与平安时期的《医心方》相媲美，历来深受汉医学者的重视。正和四年（1315）又撰《覆载万安》62卷，内容与《医心方》相近，内容大抵引述宋以前中国医籍，而新奇疾病名目有所增加，病理主探五运六气学说。僧有邻于贞治年间（1362—1367）撰《褐田方》12卷，集合汉医著100余部，亦蔚为大观。

到了明清时期，有大量的中国医药书籍经过贸易渠道输入日本，对于日本医药事业的发展和汉方医学的形成产生了重大的影响，并形成了日本汉方医学的几大派别。江户中期，汉方医学得到迅速发展，理论上以《伤寒论》为基本框架，并高度简单化，在临床上注重方证与"方证对应"，在诊断上强调复诊的重要性，在方药上以方剂为单位，实现了中国医学日本化的过程，从而诞生了名副其实的日本传统医学——"汉方医学"或称"东洋医学"。

江户时代，日本的本草学也发展起来。1709年，著名哲学家贝源益轩的《大和本草》16卷问世，收药物1366种，为日本本草学开了一个新纪元。该书除了一部分取材于《本草纲目》外，还有许多《本草纲目》未载的新材料，其中有其自己的观察认识，是一部有相当创造性的著作。稻生若水编《庶物类纂》1000卷，不仅辨别药物的良毒，而且广泛地研究动植物的效用来历，于是日本本草学开始带上物产学的性质。1803年，小野兰山著《本草纲目启蒙》40卷，集本草学之大成，记载品种1800余种。凡中国历代诸书所载的异名，日本的称呼，羽毛、鳞介、根叶、茎花的形色，产地的异同，莫不旁征博引，搜罗无遗。至此，本草学已经发展成为博物学了。

三、中医药学在阿拉伯的传播

在医药学方面，中国和阿拉伯之间也多有交流。活跃于9世纪阿拉伯的著名医生阿里·泰伯里曾担任过哈里发的御医。他在850年著成的《智慧的乐园》是用阿拉伯语写成的最古的一本医药学著作。这部著作中引证了不少中国的史料。

中医体系中的脉学，大约在唐代传入阿拉伯。被阿拉伯人称为"学术界的领袖和王子"的著名学者阿维森纳所著的《医典》，是阿拉伯的医学经典著作，其中记载有脉学，所记48种脉象，有35种与中国医学所述相同，多采自中国晋代名医王叔和的《脉经》中的描述。关于糖尿病的症状和病因，隋巢元方的《诸病源候论》已有记述，以后孙思邈进一步总结了该病发病过程以及药物、食治等方法，又规定了饮食、起居的某些禁忌，对此在阿维森纳的《医典》中都有记载。阿维森纳描述高热病人有循衣摸床的征象，说重病患者"病人频动手指，好像从身上拿去东西，这是死的征象"。此与《诸病源候论》卷一"中风"所记甚相似。另外，对于麻疹的预后和用水蛭吸毒以至中国药物等医药知识，在《医典》中都有反映。

中医学的许多药物也传到阿拉伯世界。宋代经市舶司由大食商人外运的中国药材近60种，包括人参、茯苓、川芎、附子、肉桂等47种植物药及朱砂、雄黄等矿物药。这些药材除被转运至欧洲等地外，也有一部分输布至阿拉伯地区。波斯人阿布·曼苏尔·穆瓦法克约于975年所著的《医药概要》一书中，记述了肉桂、土茯苓、黄连、大黄、生姜等中国药物。阿维森纳的《医典》中载药800余种，其中不少为中国所产。在阿拉伯的

13世纪伊拉克手稿中描绘医生为病人治疗的场景

早期文献中，大黄明确载述为功用广大之良药，并肯定是从中国传栽移植的。12 世纪的杰出医生伊本·贾米曾著有《大黄考》一书，论述中国大黄的药效。他将西方的四体液学说应用大黄，使之治疗作用更为广泛，大大扩大了它的使用价值。中医视大黄药性峻猛，但在西方，大黄既作为观赏植物，又作为日常食用之品，收获时要"尝新"，在布丁、奶酪中则常配入，以为美味。这种转化，是中药大黄传入阿拉伯后发生的某种药性认定上的变异。这种文化传播过程中发生的变异现象，实际上是经常会遇到的。

麝香是阿拉伯商人贩运的中国重要药物之一，他们对麝香的特点、使用方法和贮存、运送等问题都很熟悉。阿拉伯和波斯医生认为麝香口服可以增进内部器官活力，外涂可以强健外部器官功能，大抵与唐《新修本草》和孙思邈的《千金翼方》所记相同。产于中国的樟脑也广泛应用于阿拉伯的制药业和香料业。樟脑在波斯语中的意思就是"中国木"。波斯语中的"达秦尼"即肉桂，被认为是治疗大部分胃寒病人之良药。此外，传入阿拉伯的中国药物还有"中国根"（即土茯苓）、"中国土"，等等。

四、传教士对中医药学的研究

明清之际，有大批欧洲传教士来华，他们对中国的医药学给予了特别的注意。

在对中医的研究方面，波兰耶稣会传教士卜弥格是最早并且是最有成就的人之一。卜弥格的父亲原是波兰王室的御医，卜弥格虽然最后选择了神学专业，但对欧洲的医学也一直很感兴趣，他读过不少医学的重要著作，对欧洲的医学史也很熟悉。1643 年卜弥格来到中国后，便开始注意到中国的医学，并展开了相关的研究。他在手稿《中国事务概述》中，就对有关脉诊治病方法的具体问题进行了研究。他

卜弥格《中国植物志》插图：太黄

说，中国有许多欧洲不知道的能治病的植物、药品和治病的方法。他认为，脉诊治病的方法在中国，许多世纪以前不仅能够了解病情，而且能够准确无误地预示它的发展。他还提到中国医生还亲自给病人煎熬他所开出的药物。

卜弥格还写过一部《医学的钥匙》。1686 年，在德国汉学家门采尔的帮助下，这部著作在纽伦堡科学年鉴上发表。这部著作共分四卷，第一卷是翻译王叔和的《脉经》；第二卷介绍了一些中药，包括王叔和用过的配方和这些配方的主要成分；第三卷是一篇论脉搏的文章，关于诊脉治病的介绍和辅助的图表，还有展示人体上的针灸穴位的解剖图表；第四卷有37 幅插图，论述舌诊的方法。

卜弥格还有另外一部关于中医的著作《中医处方大全》，以"四味和五气的理论"对中药进行论述，介绍了一些药物的一般属性。这是中国的中草药第一次大规模地介绍到欧洲。《中医处方大全》中列举了将近 400 种中国动植物和矿物的名字，这在当时出版的任何一部关于中国的著作中都是没有的。

卜弥格的《医学的钥匙》和《中医处方大全》传到欧洲之后，在欧洲产生了很大影响。17 世纪末，英国医生弗洛伊尔将卜弥格关于中医脉学的译述转译成英文，连同他自己的著述合为《医生诊脉表》一书，于 1707 年在伦敦出版。他运用欧洲医学的术语，对卜弥格著作中的中国医学的术语作了阐释。弗洛伊尔是欧洲最早发明脉搏计数器者，他在书中谈到，中医脉学的论述，对他的发明曾起到一定的启发作用。

弗洛伊尔不仅对卜弥格的中医理论进行了深入的研究和阐述，而且致力于中药的应用和推广。他使用当时在欧洲已是众所周知的中国药，并且根据"四种味道和四种性质"把它们分类。他认为，卜弥格介绍的中国药，至少有一些中国的草药、动物药和矿物药，欧洲的医生是可以用的。他建议欧洲的医生吸取中国医生用药柜的经验，称之为"英国医生的小药柜"，也就是小药房。这种小药房里很大一部分药都是从中国进口的，其中有大黄、人参根、茯苓和茶叶等药材配制的药。

弗洛伊尔对于推广卜弥格对中医药学的研究成果发挥了很大的作用，也对中医药学在欧洲的应用发挥了重要影响。

在来华传教士们中，除了卜弥格这样的专业研究之外，还有许多人对中国的医药学很感兴趣。他们的研究涉及望舌苔、脉学、性病、法医、传染病、药物、外科、养生、神功、磁力、针灸等诸领域。

在许多传教士的书信和著作中，都提到人参，而且对人参的功效都有比较详细的论述，看来他们十分重视这种中药材。杜德美神父在一封信中详细地描述了人参的形态、药性、生长环境、分布区域以及功效等，他还服用过人参，认为很有疗效。杜德美曾在长白山一带朝鲜边境附近的一个村子里见到过人参，他说村子里有一个人去山里挖了4株完整的人参，放在篮子里给他们看。杜德美依照原样画下了它的形状图。他还考察了人参的生长环境，认为它位于北纬39度与47度之间、东经10度与20度之间。他由此推断，中国可能不一定是人参的唯一产地，和长白山地理纬度相近、环境相似的加拿大魁北克一带可能也出产人参。事隔4年，这一推断竟然得到了证实，而且西洋参的发现地正好在魁北克，发现者 J.F. 拉菲托是在读了杜德美的信后受到启发的。因此，杜德美在发现西洋参方面起了非常重要的作用。

在传教士来华活动时期，中国针灸学也被介绍到欧洲，很可能与传教士有直接关系。卜弥格在《医学的钥匙》中曾介绍了中国的针灸疗法，钱德明也曾提到过针灸。李明在《中国近事报道》中讲述了火针疗法。巴多明在几次通信中都曾提到针灸疗法，介绍了磁铁、银针在医疗上的应用。1676 年，德国和英国分别有关于灸术的书出版。此后中国的针灸术又流传到意大利、西班牙、瑞典和比利时等国。

传教士们对于中医药学的介绍，在欧洲引起人们的关注。19 世纪的科学家达尔文在《人类的由来》一书中，就引用了耶稣会士们翻译的《本草纲目》中的部分内容，他用金鱼颜色形成的资料来说明动物有人工选择的问题。在《动物与植物在家养下的变异》一书中，提到上一世纪耶稣会士出版的那部主要是辑自中国古代百科全书的伟大著作，即是指《本草纲目》。据统计，在达尔文的著作中，提到中国医学和植物学的资料多达 104 处。

五、种痘术的西传

天花是一种古老而极为凶险的传染病，据说，17 世纪仅仅在欧洲，就有 4000 万人被天花病毒夺去了生命。仅在 1719 年的一次流行中，巴黎就死亡 14000 人。天花病在公元 1 世纪左右传入中国，因战争中由俘虏带来，故名"虏疮"。15 世纪以后，由于中西之间人员往来频繁，天花在中国广泛流行。明清之际，中国发明了人痘接种术，开创了人类预防天花的新纪元。

人痘接种术的发明开创了人类预防天花的新纪元。种痘法很快远传海外，1688 年，俄罗斯遣人来中国学痘医；1744 年，杭州李仁山将种痘法传到日本。

人痘接种术传到英国更具有特殊意义，成为牛痘产生的基础。英国皇家学会的档案资料显示，1700 年英国的医学家就对中国的人痘接种术有所了解。

当时英国驻土耳其大使蒙塔古的夫人在君士坦丁堡看到当地人为孩子种痘以预防天花，效果很好，颇为感动。由于她的兄弟死于天花，她自己也曾感染此病，因此，她决定给她的儿子接种人痘。1717年在大使馆外科医生的照顾下，她的儿子接种了人痘。事后，她把成功的消息写信回国告诉了她的朋友。

1718年6月，蒙塔古夫人返英后，又大力提倡种痘。她试图劝说她的好友威尔士王妃效仿她的做法，给皇室的孩子们接种。王室先找了7个罪犯和6名孤儿接种，然后暴露在普通天花感染的环境中。他们都显示出免疫力，最终，在1722年，年轻的公主王子们都被接种了。

从此，人痘接种术在英国流传起来。当时这种做法被称为"人痘接种"，迅速传遍了全英国，到处都建立了人痘接种中心。

来华传教士也注意到中国的种痘术。比如在法国传教士殷宏绪对中国医药学的介绍中，最引人瞩目的是他关于"种痘术"的介绍。

1726年5月，殷宏绪从北京给巴黎的杜赫德神父写了一封长信，此时正是种痘法刚刚传入欧洲不久。他在信中注意到欧洲流行的种痘法与中国的联系，他说，从君士坦丁堡传到英国的种痘法在中国已经流行一个世纪了。他在信中详细地介绍了种痘法的三种处方，以及每种处方的实施方法以及注意事项。殷宏绪介绍的中国种痘法在欧洲很引人注意。

除了殷宏绪之外，传教士钱德明、韩国英、巴多明等人都涉及过中国的天花人痘接种技术。另外，中国青年教徒杨德望和高类思在给法国大臣贝尔丹寄的材料中，也有关于这方面的内容。1772年10月30日，贝尔丹在给他们的信中提道："使我惊奇的是，天花接种中国在10世纪就出现了。这种病在中国造成的危害比在欧洲还严重。"

殷宏绪等人对中国种痘术的介绍，在欧洲引起人们的高度重视。因为天花的流行曾夺取了千千万万人的生命，防治天花是当时医学上的一大难题。

随后，这种方法从英国传到了欧洲大陆。1749 年，日内瓦医生特龙首先进行了尝试接种，欧洲各国和印度也试行接种人痘。

种痘术在欧洲的传播，是 18 世纪欧洲人的一个热点话题。伏尔泰就曾对中国的种痘法倍加赞扬，尽全力对它进行宣传。他在《哲学通信》中专门有一封《谈种痘》的信，他写道："倘若我们在法国曾经实行种痘，或许会挽救千千万万人的生命。"

18 世纪初叶，非洲北部突尼斯也开始推行此法。18 世纪中期人痘接种术还传到美洲大陆。

英国乡村医生爱德华·琴纳可能从古代中国的做法中得到启发，成为牛痘的发明者。牛痘接种的成功，使严重危害人类的恶疫之一的天花开始迅速减弱，天花的流行也变得比从前少见了。20 世纪 50 年代初，每年估计仍有 5000 万个病例，到 1967 年，患天花的人数已经降低到 1000 多万，同年世界卫生组织发起了推广接种、消灭天花的运动。从 1977 年 10 月 26 日以后的两年中，再没有发现一个新的天花病人。于是，1979 年 10 月 25 日便被定为"人类天花绝迹日"了。

第九讲

孔子思想的世界传播

孔子的儒学是古代中国精神文化的核心。儒学的精神底蕴体现了中华传统文化的内在规定性，集中表达了中国传统社会的文化主题，在中华传统文化中居主体地位。儒学很早便传到东亚国家，儒家思想极大地影响并规定了这些国家的思想内涵及发展进程。儒学在这些国家中曾是长期居于统治地位的意识形态，成为国家治理的指导方针以及社会生活的行为准则，受到官方的推崇和支持。

一、东亚国家与儒学传统

东亚地区，包括中国、朝鲜、日本和越南。朝鲜和越南与中国本土接壤，陆路交通方便，而日本与朝鲜仅有一海峡之隔，与中国大陆隔海相望，号称"一衣带水"。这就为这些国家相互的交往、文化交流提供了便利的地理条件。东亚地区的朝鲜、日本和越南三国都曾长期沿用汉字汉文。至迟在5世纪时，东亚诸国的贵族阶层已能熟练地使用汉字。在古代，汉字是东亚地区唯一的通用国际文字，各国之间的外交文书都是用汉文书写的。汉字不仅是外交文书的通用文字，而且是各国国内唯一的通用文字。在这些国家中，汉文不仅是贵族阶层应有的素养，而且一般人也认为是有教养的象征。随着汉字的普及推广，这些国家都发展起各自的汉文文学，其史籍也多是用汉字撰写的。同时，学习和使用汉文汉字，使这些国家获得了学习中华文化的便利条件，从而大量引进中国汉文典籍，包括历史、哲学、文学作品和佛教经籍等等，并能在社会上广为流传。汉字是维系东亚文化圈的纽带。

不仅如此，儒学在中国本土的发展演变，也都会在东亚诸国引起反应。此外，后世的阳明学、实学等，也很快传播过去，并产生了不小的影响。这些国家哲学思想的发展，直到近代以前，都是在中国学术思想的影响下，始终没有脱离儒学的传统。

另外，儒家思想传播到各东亚国家后，这些国家的学者又根据本国家、本地区的民族文化传统，对儒学的内容进行适当地选择、剪裁和吸收，并与本民族固有的思想文化相融合，作出进一步的发挥，形成了儒学的"民族化"和"本土化"，形成了自己的学术派别。这些学术派别都是广义的儒家思想文化的一部分。就是说，他们都为儒家思想文化的丰富和发展作出了贡献。

中国的社会制度是在儒家思想指导下形成和完善的，是儒家思想礼治秩序思想的体现。东亚各国都以中国为蓝本创建本国的文教制度和典章制度。例如今天日本政府的"省"和朝鲜地方行政区划名的"道"，都源自唐代。日本在645年实行大化改新，即以"中华化"为最高理想。新政推行的班田制和租庸调制以及中央集权的政治制度，都是以唐制为蓝本的。朝鲜亦以唐制为立国轨范，在中央职官制度、地方行政制度等方面仿唐而设。越南立国后，其典章制度亦仿效中国。朝鲜和越南都实行科举制度，并将其作为朝廷选拔官吏的主要手段。在法律方面，中国的律、令、格、式法律体系到唐朝时已较完备，是国家统治体制在法方面的主要依据。朝、日、越三国的法律制度也多仿照中国律令。

二、孔子儒学的传播

汉代，孔子的儒家学说开始传入朝鲜半岛。汉武帝的时候，汉朝将朝鲜半岛北部地区改为直属政区，设置乐浪、玄菟、真番、临屯四郡，历史上称其为"汉四郡"。从那时起，儒家学说在朝鲜逐渐传播、扎根，并日益朝鲜化，形成具有民族特色的朝鲜儒学，成为朝鲜民族传统文化的主流。在一定意义上说，朝鲜思想文化史也就是朝鲜儒家文化的发展史。

现有殿阁内附着设置方式

现有殿阁内附着设置方式

外部空间附着设置方式　　　　　外部空间附着设置方式

朝鲜《华城圣庙殿拜图》(局部)

影响世界的中华文明十五讲

儒家学说在朝鲜半岛的传播，对于朝鲜民族文化的发展发挥了巨大的作用。据说，早在公元1世纪初，就有一些朝鲜人能背诵《诗经》《书经》和《春秋》等。可见当时儒学经书已经传入朝鲜。汉朝在朝鲜半岛置郡400余年，当时中国政府已确立了儒家思想的统治地位，朝鲜四郡官府也以汉朝的统治思想为治理地方的指导思想。

朝鲜三国时代，儒家思想在朝鲜半岛的传播有了进一步的发展。儒家思想的传播对高句丽社会文化的发展产生了重大影响。高句丽以《周礼》为依据，仿效中国法制，制定各种律令，建立社会统治体制。在中国史书中多有关于高句丽用儒学经典教育子弟的记载。百济受儒学"五经"思想的影响也是很早的。百济也和高句丽、新罗一样，派遣贵族子弟入唐留学。百济很早就有"博士"的称谓，他们是一批精通儒学"五经"的"博士"。据日本《古事记》等史书记载，日本最早接触到中国思想文化是通过百济的王仁博士。由此可见儒学在百济时代的兴盛情况。新罗是三国中接受儒学最晚的国家，但影响至深。及至新罗统一三国前后，新罗的学术文化和教育事业已有了很大发展，出现了不少精通儒学经典和汉学的著名儒学家。

由于政府的大力提倡，儒学在朝鲜三国都有比较广泛的传播，学习儒学经典成为一时风气，儒家思想也产生了比较普遍的社会影响，并被奉为治国之本，成为社会意识形态的主流。自此历代，社会上下都流行崇儒之风。新罗王朝把儒家思想作为治国理念。新罗朝廷对传播儒家思想、推广儒学教育十分重视，甚至国王也时常到"国学"听讲。为倡导对儒学的效仿，入唐宿卫、新罗王子金守忠归国时，曾携回文宣王、十哲、七十二弟子图，置于"国学"奉供。高丽朝廷模仿唐宋制度，设立御前经筵，定期讲述儒家经典。一次经筵讲解儒经的一两个篇目，讲完后还要进行讨论。所以，一次经筵就相当于朝廷的一次高级儒学研讨会。

高丽政府采取多种措施推广儒学，提高孔子和儒学的地位。992年建国子监时，在其中特建文庙以祀孔。1091年在国子监里挂起七十二贤人的画像，之后，还将孔子像由新罗时期的画像改为塑像，并仿中国尊孔子为"文宣王"，加谥"玄圣""至圣""大成"。高丽文宗亲临国子监，称孔子为"百王之师"。1267年又将颜渊、曾子、子思、孟子的画像改为塑像，供奉于文庙。同时，民间也开始了祀孔活动。历代国王多有亲临国子监听讲儒学。

李朝以儒学立国。在李氏朝鲜时期，儒家思想在朝鲜达到鼎盛，被宣布为国家的正统思想。李朝五百年间，儒家思想在社会思想领域里占据着统治地位，孔子被称为"素王"，儒学无异于"国教"，儒家思想得到空前的普及。因此，李氏朝鲜有"儒教王朝"之称。李朝特别注重用儒家伦理和礼仪对人们进行礼俗教育。进行这种教育，不仅是为了培养掌握儒家治术的官吏，也是使社会上出现更多的忠臣孝子、义夫节妇，从而以儒家思想来移风易俗，以维护社会稳定。

自汉代以来，中国官方的教育制度是以传承孔子儒家思想为宗旨的，教育机构的设立和课程的安排，都是以儒家经典为中心。朝鲜半岛对儒学的接受，也突出表现在模仿中国的教育制度，作为传授儒学思想的主要措施。高句丽于小兽林王二年（372）正式设立儒学的最高学府——"太学"。这是朝鲜模仿中国制度建立国立大学的开始。太学是培养贵族子弟、使其成为国家官吏的教育机关，太学中的教学内容，主要是"五经""三史"。据说高句丽学者几乎无人不通"五经"。"三史"一般指《史记》《汉书》和东汉刘珍等撰写的《东观汉记》。《后汉书》撰成并流行后，始取代《东观汉记》而成为"三史"之一。太学之外，高句丽在城镇又设有"扃堂"，为训练、教育平民子弟的机关。"扃堂"中的教科内容为经学、史学、文学，以学习汉字与汉文。因此，不管是在太学或"扃堂"，皆以教授儒学经典为主。

百济和新罗也建立了儒学教育制度。新罗统一时代，仿唐建置，移植中国的教育制度，在中央立国学，推广以儒家经典为主要内容的教育。国学中学习的内容主要是儒家经典，包括儒家经籍、史学、文学、医学、数学、律令学等，其中尤以《论语》《孝经》为基本。在中国，科举制度是儒学传承的重要制度安排。科举制度是封建国家选人用人的重要措施，而科举考试的内容都是以儒家经典为标准。新罗时期，仿唐科举考试制度，制定了"读书三品出身法"，依学生结业成绩上、中、下三等录为各品官吏。"读书三品出身法"以法律形式固定了以学习儒学经典和汉学来选拔人才的新制度，不仅提高了"国学"的地位，而且为大规模吸收和推广盛唐文化开辟了道路。

高丽时期，朝廷视儒学为"齐家治国"之学，大力倡导和推广。作为推广儒学的一项根本性措施，就是加强儒学教育。高丽王朝的官学，从办学宗旨、教育内容、课程设置、教材选定到师资的选拔和晋升，处处都体现了崇尚儒学的特征。历代高丽国王都把儒学教育放

影响世界的中华文明十五讲

在首位，并多次下诏强调儒学教育的重要性。高丽实行科举制，其科举科目、策试内容、命题教材等，多"拟诸中华"，仿效宋朝，主要"以诗、赋、颂及时务策，取进士，兼取明经、医、卜等业"。科举考试科目主要包括进士科、明经科、杂科。进士科试以诗、赋、颂等，以文章选才；明经科试以儒学经典，按其理解程度取士；杂科则设有律令、医、卜等考试科目，选拔具有特殊技能的人才。

高丽实行以儒学为主要内容的教育制度和科举制度，儒学与仕途相结合，使儒学具有特殊的地位，从而吸引众多学子埋头攻读。当时朝野上下，直至卒伍童稚，都在学习儒家经典。

李朝的学校教育也以儒学为主。李朝的学校教育体系是：中央有成均馆，成均馆原则上是招收生员和进士的大学，分设"四书五经"斋、"大学"斋、"论语"斋、"中庸"斋、"礼记"斋、"春秋诗书易"斋。六斋即为六级，生徒读完一斋升一级到另一斋，从"四书五经"斋直至"春秋诗书易"斋结业。在地方，每个道和邑都设有一所乡校。除乡校外，各地还有一些教育平民子弟的书堂。李朝整顿了高丽末期科举制度的混乱状态，制定了相应的规范，把科举制度作为选拔和任用官吏的主要制度。实行以儒学典籍为主要考试内容的科举制度，对于推动形成学习儒学的社会风气起到了很大作用。

孔子儒家思想最初是通过朝鲜半岛传播到日本的。应神天皇十五年（284）八月，百济国王派遣阿直岐出使日本。阿直岐能读中国经典，日本皇太子菟道稚郎子便拜他为师。应神天皇问阿直岐："还有没有比你高明的博士？"阿直岐答："有个叫王仁的，很高明。"应神天皇随即派人去百济邀请王仁。应神天皇十六年（285）二月，王仁来日，太子菟道稚郎子又拜王仁为师，学习中国典籍。

王仁对于汉籍和儒家思想东传日本，有首导之功。这位王仁博士，从他的姓名和学识可以推知，他可能是一位生活在朝鲜半岛的汉族移民，或者是一位汉族移民的后裔。王仁把《论语》传入日本。自此，《论语》在日本被尊为至高无上的圣典。与王仁同时的还有辰孙王，他们二人与阿直岐一起被日本人誉为"国初三儒"。在日本的文化思想史上，王仁、阿直岐和辰孙王，特别是王仁是有着重大影响的人物，一直受到人们的推崇和纪念。在东京上野公园建有王仁博士纪念碑。

至6世纪初，中国儒家思想经过百济人在日本的传播，有了进一步的扩大和深入。继体天皇七年（513），百济国王派遣"五经"博士段杨尔来日本，之后3年，百济又派"五经"博士汉高安茂，替换回博士段杨尔。这位高安茂的名字前加一个"汉"字，无疑是移居百济的中国人或其后裔。以后，百济似乎继续以轮换的办法派遣"五经"博士常住日本。由此可知，日本知识阶层对"五经"讲义的追求，以及儒家思想的渗透和汉籍大量流入的情况。这些从百济来的"五经"博士，虽然只是以个人传授的方式对少数皇室成员和贵族讲解中国儒家思想，传播的范围也比较有限，但他们作为中国儒学东传的先驱者，做出了不可磨灭的贡献。

到了唐代，日本多次派遣遣唐使和留学生，到中国唐朝学习，开启了大规模的文化交流。在这个文化交流的高潮中，孔子的儒家思想也进一步广泛传播到日本。遣唐使团实际上是一个大型的观摩学习团，他们承担的主要是一种文化使命。所以，他们一到唐都长安，便如饥似渴地拜求名师，与各界人士广泛接触交游，并经常参列宫廷的各种仪式，游览参观，耳濡目染，深深体验到大唐文化的灿烂辉煌。而留学生进的是国子监，即唐朝的最高教育机关。他们在这里接受系统的儒学教育。这些留学生往

15世纪日刻本《四经白文》

往在中国学习多年。此外，遣唐使和留学生在回国时，还带大批中国典籍（包括儒家经典）回到日本。

孔子儒学思想的传播，对当时日本文化的各个领域都有一定影响。例如对日本历史有重大影响的"推古朝改革"和"大化改新"，就是以儒学为改革的指导思想，并以中国的政治机构为蓝本建立官僚制度，确立了以儒学为基调的律令政治。在大化改新期间，日本朝廷推行的改革措施和制定的律令，都是以唐朝为样板的，在改革的指导思想上，也是依据中国的儒家和法家思想及政治文化。

日本政府非常重视儒学思想的传播和推广。天平宝字元年（757），天皇曾下达一道敕令：百行以孝为先，全国家家户户都要置备《孝经》一本，精读勤诵。另外，日本从大宝元年（701）开始在每年的二月和八月月初的丁日举行祭祀孔子的释奠典礼。留学生吉备真备由唐回国时，携回弘文馆的孔子画像，并令画师加以临摹，安置于大学寮，并效唐制整顿礼节，释奠规模更大，仪礼也较为正规。释奠礼在大学寮举行，当时，以上卿为首的诸道博士和学生参加；如天皇出席，王卿也来参加。进入庙堂后，按先后顺序礼拜孔子及颜回、闵子骞、冉伯牛、冉仲弓、宰子我、端木子贡、冉子有、仲子路、言子游、卜子夏等孔门十哲的画像。祭坛上供酒和牲币，在乐曲声中举行献酬仪式。整个释奠仪礼十分隆重。后来，日本还仿效唐朝的做法，"敕号"孔子为"文宣王"。

日本还移植了唐朝的教育制度，建立了以大学寮为主体、以学习儒家经典为主要内容的教育体制。和在朝鲜半岛的情况一样，这样的教育制度是儒教思想文化传播、推广的制度保证。大学寮明经道的教科书都是儒家经典，而且必须使用规定的注释。依"学令"规定，教科书有"九经"，即《周易》《尚书》《周礼》《仪礼》《礼记》《毛诗》《春秋左氏传》《孝经》《论语》。"九经"之中，又以《孝经》和《论语》为必修，另可选修其他两三种或五种经典。

除中央的教育机构外，在地方也设有称为"国学"的学校。另外，日本民间还有一些由著名学者开办的私塾。从中央到地方的教育机构以及民间教育，都以儒学典籍为主要学习内容。所以，这一时期日本的学校教育体系，实际上就是早期日本儒学的传播体系。在这几百年间，有数以万计的日本青年在各类学校中诵读《论语》《孝经》以及其他儒学经典。当时的日本上层社会一般视中国儒学为统治阶级必备的一种文化修养。这就使儒学知识从宫廷传播到更多官宦之家，扩大了儒学文化在日本传播和影响的范围。

中国儒学很早就传入日本，并且长期以来成为日本贵族和知识分子在文化教养方面不可或缺的因素，对日本的思想文化产生了重大影响。不过，在中世纪以前，儒学是作为伦理和政治理想而被日本人接受的，而在世界观乃至哲学思想的范围内差不多主要由佛教支配。直到江户时代，日本儒学才获得了独立的发展。

所谓日本儒学的独立发展，主要有两层含义。一层含义是指从对佛教的从属地位、从作为僧侣的一种文化教养的地位独立出来的意识形态和思想学派发展起来。另一层含义是从对中国学术的依附下独立出来，即按照日本人的社会生活方式和文化观念来理解和阐释儒学思想，也就是儒学的"日本化"。这一方面对日本的思想文化和学术文化极为重要。日本化的儒学不再是一种从异域引进的外来文化，而是成为日本文化的一部分。

日本儒学在江户时代获得独立发展，与德川幕府推行礼教文化政治有很大关系。儒学不但被定为正统的官学，有些幕府将军甚至亲自主持刊行汉文书籍，以此作为政治统治及对庶民进行教化的标准。幕府统治者推行了一系列鼓励儒学、实行礼教文化政治的措施。例如，德川纲吉不但亲自做忠孝的模范，还在全国的布告牌上贴出五道布告，让人们都知道忠孝、仁恕、节俭、勤勉等道理，对孝子、节妇的善行一一进行表彰。同时，在这样的条件下兴起的日本儒学，也自觉地担当起维护封建制意识形态的功能。因此，在江户时代，儒家思想是占主流地位的意识形态。儒家思想具有绝对的权威性，儒教被奉为普遍适宜的"圣教"，一切从儒教的价值标准来考虑问题的思维模式，风靡于知识分子阶层。

江户时代逐渐发展起来的教育机构也在加强着儒家思想的意识形态功能。江户时代的日本教育机构有幕府的直辖学校、藩学和民众教育所三等。著名的幕府直辖学校有昌平坂学问所、和学讲习所、开成所和医学所等。这些教育机构也是推广、传播儒家思想文化的中心。昌平坂学问所是最主要的儒学教育中心，在昌平坂设有祭祀孔子的圣堂。昌平坂学问所除在本所传授儒学外，还为设在长崎的明伦堂、甲府的徽典馆、横滨的修文馆等幕府直辖学校派遣儒学教官。藩学一般设在大名的领地上，以教育各藩武士为主，部分藩学也准许平民子弟入学。设在日本全国的藩学有300余所，教育内容以汉籍为主，也习武艺。民众教育包括乡学、私塾、寺子屋、心学与实学讲习所等各种类型的学校。这些教育机构都把传播儒学作为主要工作，传播儒学成为幕府礼教文化政策的一部分。

在明治维新时期西化潮流的冲击下，日本传统儒学受到严重打击，失去了在社会意识形态中的主导地位。但是，这也并不意味着日本儒学的全面崩溃。维新派势力为发动倒幕维新，引进了近代西方的思想文化观念，对抗幕府以儒学为中心的本位文化。但是，当明治政府和天皇体制得到巩固后，又采取了一系列的"反拨"性措施，以引导近代思想文化持续健康发展。明治十二年（1879），以天皇名义颁发了由著名儒学家元田永孚执笔的《教学大旨》。这是自明治近代文化运动发生以来，第一次以天皇的名义重新提出以"仁义忠孝"为国民道德才艺的核心，公开将加强皇权作为思想文化的发展方向。《教学大旨》中提出治学以孔子为主，儒学的仁义忠孝成为国民道德的方针。《教学大旨》的起草者元田永孚倡明"天理人伦，修己治人的实学"，认为西洋之发明，其理具在孔子之言中。井上哲次郎通过解释《教育敕语》而提倡的"以伦理代宗教"主张，其"伦理运动的精神与孔子之道非常近似，伦理运动也是为建立德教的运动"，故而呼吁

日本江户时代《汤岛圣堂图》，最高处建筑为大圣殿

"以孔子的人格作为教育家的典范"。后来孔子之教逐渐被视为涵养国民道德、复兴日本精神的基础。

依据《教学大旨》的敕令，1880 年颁布了《改正教育令》，重新确定了以讲授儒学道德为内容的"修身科"必须置于中心学科的位置，强调教育的目的在于养成国民的"尊皇爱国之心"。明治二十三年（1890），明治天皇再次颁布《教育敕语》，其中心思想是：孝于父母，友于兄弟，夫妇相和，朋友相信，恭俭持己，博爱及众，修学习业，以启发智能，成就德器，进广公益，开世务，常重国宪，遵国法，一旦缓急，义勇奉公，以扶翼天壤无穷之皇运。旨在以儒学的道德观为基础，从精神方面加强皇权主义。《教育敕语》的颁布，对于日本近代思想文化运动有着重要影响。而随着明治时代中后期皇权力量的加强，日本儒学也开始重新活跃起来。

19世纪90年代以后，儒学复兴成为日本社会思想文化的主流思潮之一。从1881年起，日本还开始恢复荒废许久的"孔子祭"。这年，关东足利学校仿当地古俗，举行了自明治维新以来日本第一次孔子祭典活动。其后，从1907年起，东京汤岛圣堂便每年举行一次"孔子祭典"。

三、传教士对儒家典籍的翻译

17世纪以后陆续来中国的欧洲传教士，在中国发现了孔子，发现了孔子创建的儒家思想。他们把他们的发现传播回欧洲，使孔子及其思想进入欧洲思想文化界的视野，为欧洲的思想文化提供了新的资源。孔子走向了西方，走向世界，成为世界思想史上的宝贵精神财富。

最早来华的耶稣会传教士利玛窦首先注意到孔子。利玛窦在中国生活多年，熟练地掌握了中国语言，有着广博的中华文化知识，尤其是在与中国文人士大夫的交往中，他深入地认识了中华文化，也深入地了解了孔子儒家思想的内涵及其在中华文化中的重要地位。同时，这也促使他勤勉地学习中华文化，学习儒家经典。利玛窦认为，为了在中国顺利地传播基督教，必须得到中国士大夫阶层的合作，也必须考虑如何与孔子的儒家思想相契合。为此，他在自己的传教活动和著述中灵活地援引儒家思想观点。可以说，利玛窦是西方第一位系统地认识和了解孔子及其儒家思想的学者，也是最早向欧洲介绍孔子及其儒家思想的学者。直至暮年，利玛窦与欧洲的通信仍持续不断。在这些书信中，利玛窦未曾掩饰他对儒家思想的好感，他将孔子与古罗马哲学家塞内卡并提，甚至认为孔子大大超过了欧洲的古代贤哲。

在西方人中，利玛窦最早认识到了孔子的重要地位。利玛窦把孔子和"四书""五经"介绍给欧洲人，认为"四书""五经"是为着国家未来的美好和发展而集道德教诫之大成。他说，中国有学问的人对孔子都非常尊敬，以致不敢对他说的任何一句话稍有异议。在这个国家有一条从古传下来并为习俗所肯定的法律，规定凡希望成为或被认为是学者的人，都必须从孔子的几部书中导引出自己的基本学说。利玛窦还注意到，不仅是知识阶层，就是统治者也给予孔子最高敬意，他们感激地承认他们都受益于孔子的学说。

利玛窦指出，中国唯一较高深的哲理科学就是道德哲学，儒学是一种主张理性的学说，在维持社会稳定与和谐方面起了很大作用。

利玛窦把孔子的儒家学说看作一种宗教。利玛窦说，中国人以儒教治国，有着大量的文献，远比其他教派更为著名。不过，利玛窦不承认儒教是正式的宗教。他以为儒教不过是一个学术团体，其目的是恰当地治理国家。所以他认为中国人可以同时是儒教成员和基督教教徒。他说，从开始我们的信仰就受到儒家的保护，原来儒家的道理没有任何与天主教相冲突的地方。这一结论既有助利玛窦向士大夫、平民百姓传教，而不妨碍其生活方式和思想观念，亦成为其调和儒学与基督教的前提。为了进一步揭示天、儒相通，利玛窦还高度评价儒家的伦理观，说这是中国人对先祖父辈的孝敬。

利玛窦和其他耶稣会的传教士们认识到，儒家思想在中国具有深厚的历史基础和巨大的神圣权威。为了在中国成功地传播基督教义，必不能与儒家思想发生正面冲突。他们以"合儒"的面目出现，用儒家经典来附会、论证基督教义，宣称儒家经典的"上帝"和"天"即基督教的"天主"；主张基督教的敬天爱人即同于儒家忠孝廉节，基督教的"爱"即儒家的"仁"。同时，传教士们还身着儒服，头戴儒冠，在服饰上模仿当时的中国士大夫阶层。通过一系列"合儒"的方式，逐渐破除在文化上和心理上的传教障碍，逐渐争取中国人对他们的好感和信任。

在中西文化交流史上，利玛窦首先向欧洲较为详细地介绍了中国的儒家思想学说。从利玛窦开始，传教士们大都把中国的儒家典籍和学术思想作为向欧洲介绍中华文化的一个主要方面，使儒家学说在欧洲思想界得以传播。

利玛窦不但自己研究孔子的儒学经典，还要求以后来华的传教士都把读儒家经典作为必修课。

1594年，利玛窦将"四书"译成拉丁文，并略加注释。利玛窦说，他翻译"四书"是为了给日后的传教士所用，因为在他看来，传教士来华若不精通儒家经典，绝不会有什么收获。同时，他也希望"四书"受到欧洲人的重视。利玛窦是将"四书"翻译成欧洲文字的第一人。他的这个译本，成为来华传教士必须研习的读本，也成为后来传教士翻译的蓝本。

利玛窦开启了天主教在中国的传教事业。在他之后，陆续有传教士来华，一直到清代康乾时期，持续200多年，先后有千余人抵达中国。这些传教士来自欧洲许多国家，包括意大利、葡萄牙、西班牙、法国、德国、捷克等。其中不少人和利玛窦一样，都是学有专长的专家学者，是那个时代的饱学之士。这些来华的传教士都和利玛窦一样，努力学习中华传统文化，特别是研读儒家经典，对中国的传统礼俗、儒家思想都有比较深入的了解，深受中华文化的熏染。中华文化的博大精深，中国典籍的智慧灵气，中国民情的奇异风采，都给他们留下了深刻的印象。正是这些来华的传教士，在中国发现了孔子，认识到孔子的儒学思想在中国学术思想史上的重要地位以及在中华文化中的重要地位，他们是第一批向欧洲介绍孔子及其思想的人。

从利玛窦开始，入华耶稣会士都把刻苦研习中国儒家文化、学习儒家古典文献"四书""五经"作为重要任务。传教士们注意到孔子和儒家思想在中国的重要地位，热心于对中国典籍的翻译和对儒家思想的研究，并取得了很大的成就，在欧洲思想界产生了深远影响。

传教士们不仅热情地向欧洲介绍孔子的儒家学说，还积极将儒家的经典翻译成欧洲文字，直接介绍给欧洲读者。

在来华传教士中，最早将儒家经典译为拉丁文的，是与利玛窦一起来到中国的罗明坚。最初，他开始翻译"四书"，是为了教授新的来华传教士学习中文。这些课本教材是一字一句地翻译的，其中有中文原文、拉丁文对照，还有中文拼音来告诉西方人怎么发音。1588年，他奉命自澳门回欧洲向罗马教皇汇报期间，将"四书"中《大学》的部分内容翻译为拉丁文，编入1593年出版的百科全书《历史、科学、救世研究丛书选编》中。

1626年，金尼阁将"五经"译为拉丁文，在杭州刊印，书名为《中国第一部神圣之书》，是中国经籍最早刊印的西文本，也是初来华传教士的读本。

在来华传教士中，有许多人热衷于翻译儒家经典。而在当时由传教士翻译的中国典籍中，柏应理的《中国哲学家孔子》是影响最大的。

柏应理在中国生活了20多年，与江南文人交往甚密，对中国古典经籍多有领悟和研究。1682年柏应理回欧洲，向教皇献上400余卷由传教士们编纂的中国文献。柏应理在欧洲期间，为中华文化的西传做了大量的工作。

1687年，柏应理在巴黎出版了《中国哲学家孔子》的拉丁文本，中文标题为《西文四书直解》。据考证，从此书序言原稿上的修改痕迹看，耶稣会在华教团早在20年前就已经准备出版这部著作了。

清初天主教受到打击和迫害，在各地的23位传教士被集中到广州。在此期间，他们召开了"广州会议"。这是来华的各个天主教修会讨论关于中国礼仪的会议。会议期间，耶稣会士恩理格、鲁日满和柏应理开始在对原先"四书"简单直译的基础上，重新进行校对和注释。这项工作大概在1670—1672年完成。作为书中一部分的《中庸》，即殷铎泽的《中国政治道德学说》，是在此之前完成的。柏应理回欧洲时，又在书稿中加上自己写的序言和《中国年表》，在巴黎出版。

《中国哲学家孔子》是耶稣会士提供的第一部论述中国人思想的专著，是欧洲 17 世纪对孔子形象及其著述介绍得较为完备的书籍。该书给《论语》所译的拉丁文标题为"Ratiocinantium Sermones"（富有理性者的谈话），书中将孔子描绘成了基督教先知式的人物。他们认为《大学》全书"表现出崇尚理性的精神"，"当欧洲和亚洲还处在迷信状态的时候，中国人中间已经形成了完美的道德。他们的居室和国王的宫廷已经成为道德的圣殿"。

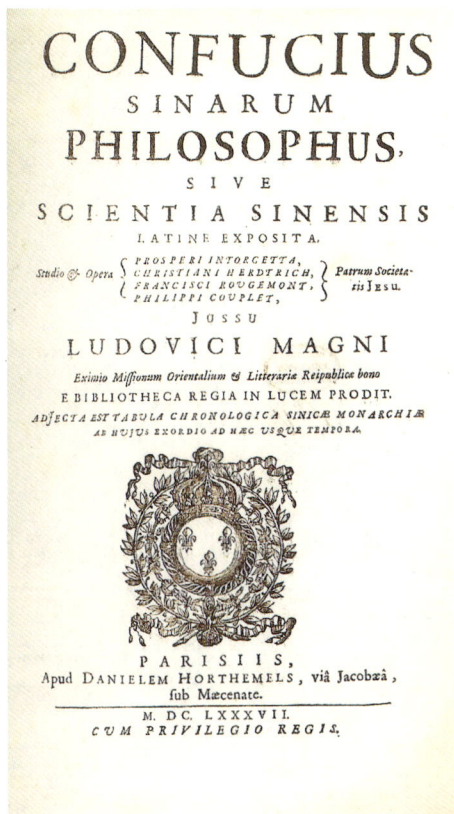

《中国哲学家孔子》，法国巴黎 1687 年出版

《中国哲学家孔子》对中国文化的西传具有启蒙意义和先驱作用。它第一次把中国、孔子、政治道德三个名词联在一起，孔子在欧洲因此被称为道德与政治哲学上最伟大的学者与预言家。欧洲的学者们欢呼这位被拉丁化了的孔子是人类最伟大的英雄人物之一，是中国的苏格拉底。由此，孔子的伦理观风靡欧洲社会。

《中国哲学家孔子》一经出版，立即在欧洲思想界引起轰动和反响，各种译本纷纷问世，各家杂志纷纷撰写文章加以介绍。《中国哲学家孔子》由于原文是拉丁文，不能满足公众的需求，于是在第二年就有一些改写本、节译本问世。

在《中国哲学家孔子》中，孔子被描绘成为一个贤明学者的形象。这一形象在当时的欧洲广为流传，代表了17—18世纪欧洲对中国的积极印象

《中国哲学家孔子》是17世纪对耶稣会士研究中国的学术成就公开传播的一个高潮。这部译作被欧洲人广泛阅读。耶稣会士对孔子富有赞赏性的描述产生了深远的影响，给欧洲思想界带来巨大的冲击，对启蒙时代产生了直接影响。法国启蒙思想家也大都读过《中国哲学家孔子》，如伏尔泰在《风俗论》中介绍孔子学说时，就提到了柏应理的这本书。孟德斯鸠怀着巨大的兴趣，认真阅读了这部用艰涩的拉丁文撰写的书，并作了详细的笔记。在笔记中，他写下了一些自己的观点，并将书中的许多段落译成法文。

四、理雅各与"中国经典"

19世纪以后，大批新教传教士来到中国。他们中的一些人致力于翻译介绍中国的经籍。传教士们对儒家思想的翻译、研究和介绍，

成为中国孔子儒家文化西传的一条重要途径。

在研究儒家思想，翻译介绍儒家经典方面，英国传教士理雅各成绩最为显著。他与法国传教士顾赛芬、德国传教士卫礼贤并称汉籍欧译"三大师"，也是法国儒莲汉学翻译奖的第一位获得者。

1839年，理雅各受伦敦会的派遣来马六甲传教，1843年到香港主持下英华书院。理雅各是一位学者型的传教士，他在办学和从事传教活动的同时，十分注意研究中国传统文化，特别是注重研究孔子的儒家思想。他认为中国文明虽与西方文明有很大区别，但绝非野蛮文明，因为几千年来，中国人民在那块土地上生活、繁荣，不断生长、壮大；当诸多的优秀文明经历了兴旺、鼎盛和衰亡后，中国仍然存在，所以中华民族必定有些颇具力量的美德和社会规范。在他看来，这种原则在很大程度上可以归结为世界上罕见的"对学问的高度尊重"。"他们拥有宝贵的文化遗产"，"他们是一个有学问的、或者更恰当地说是善于阅读的民族。"他把铸造了中华民族精神特性和思想文化根基的儒家经典，作为自己开启中华民族思想文化的钥匙。他告诫在华活动的外国传教士："只有透彻地掌握中国人的经书，亲自考察中国圣贤所建立的道德、社会和政治生活基础的整个思想领域，才能被认为与自己所处的地位和承担的职责相称。"理雅各认为，基督教与儒家思想有许多共同点，可以在某些方面作出妥协。他强调说，儒教关于人的道德责任的教义是很有价值的，从"它所津津乐道的

里雅各和他的学生

四样东西——学问、伦理、忠诚、真实的后三样来看，与基督教中的摩西法律及福音书的论点完全是一致的，这些信条影响下的世界必将会是一个美好的世界"。

理雅各很推崇孔子，说孔子是"一个真正的伟人"，因为"对他的品格和观点研究得越深入，我就越尊重他"。

理雅各在中西文化交流上的主要贡献在于翻译中国古代典籍。从1861年起，他的翻译著作陆续在香港出版，总名为《中国经典》。

《中国经典》的第一卷为《论语》《大学》《中庸》；第二卷为《孟子》；第三卷为《书经》；第四卷为《诗经》；第五卷为《春秋》。各自附以原文、注释及长篇绪论。当时由一些传教士如湛约翰、麦高温、史超活、合信、谢扶利和华人黄胜等人参加了助译工作。1873年理雅各回国后，他继续翻译了《易经》《礼记》等。1882年出版了《易经》，为《中国经典》的第六卷；1885年出版了《礼记》，为《中国经典》的第七卷。此外，他还翻译了《孝经》《道德经》《庄子》等名著，翻译了法显的《佛国记》。去世前他翻译出版了屈原的《离骚》。去世前夕他还在翻译《楚辞》的其他篇章。

理雅各翻译中国典籍的工作得到中国学者王韬的很大帮助。王韬具有深厚的传统学术文化的造诣，是晚清著名思想家。1848年，他受到麦都思邀请，到墨海书馆工作。1862年，王韬化名黄畹上书太平军，从战略上为太平军献策，不料他的陈条落入清军手中。李鸿章知道黄畹就是王韬，以"通贼"罪下令通缉，王韬不得已出逃到香港。经麦都思介绍，王韬作理雅各译书工作的助手。

王韬与理雅各早在上海时即已相识，对理雅各的学问文章和孜孜翻译中国名著的精神，深表钦敬。理雅各则对王韬在沪佐麦都思汉译《圣经·新约全书》十分赞赏。由于王韬经学功底深厚，并有10多年在墨海书馆与传教士合作译书的经验，所以与理雅各的合作非常顺利。王韬对于这项工作十分认真，他们每译一经，王韬都事先广搜博集，详加考订。然后集历代各家注疏之长，并加入自己的研究心得，

影响世界的中华文明十五讲

写成笔记，以供翻译之用。对理雅各弄不懂或有疑问的地方，还进行讨论讲解。由于王韬的具体帮助，给理雅各解释难懂之处，帮他写注释，使他英译《书经》《竹书纪年》《诗经》《春秋》《左传》《礼记》等书的工作得以顺利完成。

从 16 世纪末到 18 世纪初，西方来华的传教士对中国典籍也曾多有译述，但都只译片段，且因汉语不精，或对于儒学经义钻研不透，或请学养浅陋的华人合译，译文往往词句粗劣，语义欠通。《中国经典》的翻译是理雅各倾注几十年心血才得以完成一项宏大工程。他明确意识到，只有透彻地掌握中国人的经书，亲自考察中国圣贤所建立的道德、社会和政治生活基础的整个思想领域，才能被认为与自己所处的地位和承担的职责相称。在整个翻译过程中，理雅各始终贯彻着严谨的治学态度，十分注重旁征博引，力求持之有据，绝不主观臆断。在他以前别人用拉丁、英、法、意等语种译出的有关文字，凡能找到的，他都拿来仔细比较，认真参考，然后再反复斟酌，慎重落笔，甚至常常数易其稿。

18 世纪 90 年代，理雅各再次对他的系列译作《中国经典》进行修订，作为他在牛津的教学材料。修订后的《中国经典》于 1893 年至 1895 年在牛津大学克莱仁登出版社再版。理雅各的译本迄今已逾百年，仍被认为是中国经典的标准译本。

理雅各系统地翻译介绍中国儒家经典，对中西文化交流贡献很大，也使他获得很高的声誉。1870 年，阿伯丁大学授予他法学博士学位。1873 年，理雅各在最终离开香港、离开中国之前，踏上了中国北部的大地，进行了一次长途旅游。理雅各精心选择了自己的旅行路线：从香港出发，到上海、天津再到北京，参观天坛、长城、明十三陵；过山东济南到曲阜，参观孔庙、泰山、孟庙，过黄河到上海。在进行了这一次游览之后，他回到英国。

理雅各回国后，大力主张应加强对中国的研究，特别是对中国社会思想的支柱儒家思想和典籍的研究。1876 年，理雅各受聘为牛津大学第一位汉学讲座教授。他在这个讲座岗位上工作了 20 余年，直到 1897 年去世。他先后讲演中国历史、文学、人物、天文、社会和宗教等多方面的内容，广泛介绍中国文化，培养了不少新一代的中国学家。

此外，他还撰写了许多关于中国文化的著作，包括：《孔子——中国的圣贤》《孟子——中国的哲学家》《中国文学中的爱情故事与小说》《中国编年史》《帝国儒学讲稿四篇》《中国古代文明》《基督教与儒教之比较》《孔子生平及其学说》《孟子生平及其学说》等。

第十讲

神秘的老子和他的『道』

一、《道德经》的西译与研究

老子是春秋时代最著名的学者和思想家之一。老子的成就主要体现在《道德经》一书里。《道德经》和《易经》《论语》被认为是对中国人思想影响最深远的三部巨著。

老子道家思想和典籍大约在秦灭六国时，随部分移民传入朝鲜半岛的，并进一步传播到日本。在朝鲜三国时期，道家思想和道教文化已经在朝鲜半岛有了一定的传播和影响。据韩国史籍《三国史记》记载：3世纪时，老子的《道德经》、列子的《列子·天瑞》已在百济、新罗社会中传播。新罗还将道家典籍列为贵族弟子学习的必修内容，蔚为风尚。日本早在7世纪半的时候就开始了对《道德经》等道家著作的研究，目前可见各种版本的日文《道德经》典籍多达399种。但是，在古代朝鲜半岛和日本，占主流的是中国的儒家学说，老子的思想影响并不大。

在17—18世纪来华的耶稣会士中，也有人从事对老子思想的研究和《道德经》的翻译与介绍，但那时候他们更关注的是孔子的儒家学说。

19世纪以后，来华的传教士中有人更多地注意到老子及其思想，他们翻译老子的《道德经》，并对老子思想有一定的研究和介绍。到20世纪末，《道德经》的翻译文字已达28种语言之多，版本达1100余部，居外译汉籍之首。

法国传教士戴遂良著有《中国古代宗教信仰和哲学思想》《历史文献：儒释道》和1913年在巴黎出版的两卷本的《道教》，第一卷是当时最新《道藏》的总目，第二卷是《老子》《列子》《庄子》法汉对照本。据法国汉学家戴密微的《法国汉学研究史概述》说，戴遂良的"译文与原文相去甚远"。那三十几卷作品，既无所不包，又浅尝辄止。

研究和翻译老子《道德经》的主要是欧洲各国的汉学家。1816 年，法国汉学家雷慕沙出版了满语本《太上感应篇》的法文译本。1823 年在《亚洲丛刊》发表的《关于老子的一生及其作品的报告》中仅选择了《老子》的第一、第二十五、第四十一、第四十二各章，说"道"只能译成三种涵义：最高的存在（即上帝）、理性及体现，除此不可能有任何其他正确的

清丝织画《老子骑牛图》

译法。1825 年，他对《老子》作了进一步研究，称老子的思想与稍后的毕达哥拉斯学派和柏拉图学派所提出的"学说有无可争辩的共同之处"，甚至提出假设把《老子》第十四章中的"夷""希"和"微"与基督教的耶和华等同起来。

1842 年，法国汉学家儒莲出版了《道德经》全译法文本，书名为《关于道和德的书》。这是第一个准确把握老子思想的译本，对后期众多译本、注本的参考借鉴作用无疑是巨大的。据研究，这个译本至少利用了 7 种注本，不仅包括标准的河上公注本和王弼注本，正确

地表达了《道德经》的内容，因此，大多数汉学家把儒莲译本视为最佳译本。据李约瑟的考证，近代译本中，当以1842年儒莲的法文译本与1870年施特劳斯的德文译本最为有名。

法国汉学家伯希和也研究过老子，撰有《摩尼和化胡经》和《有关〈道德经〉梵语译文的问题》。马伯乐有《道教》遗稿两卷，第二卷收入《老子和庄子书里的圣人与神秘经验》一文。马伯乐的学生、奥地利汉学家康德谟任法国高等研究院第五部"中国讲座"负责人，从事道家与道教经典研究，不仅著述甚丰，而且还培养了不少道教研究人才。他的《老子和道教》从整体上论述了道家和道教，是诸多西译本中可读性较强的一种。

英国也是老子思想传播较早的国家，理雅各1882年为《大英百科全书》第九版第十四卷撰写《老子》词条。1891年在牛津出版了他的另一部译著《中国经典：道教经书》，这部译著被东方学家麦克斯·缪勒收入其主编的《东方圣书》。全书分为两部分，第一部分包括老子的《道德经》和庄子的作品；第二部分收入《太上感应篇》和庄子的作品。

《道德经》早期英译本有1898年保罗·卡鲁斯的《道与德的经典：中英对照本老子〈道德经〉》，还有海星格的《中国之光：〈道德经〉》，老沃尔特·高尔恩的《老童纯道》，麦独斯特的《道德经：比较宗教浅析》，翟林奈的《老子语录》，密尔斯的《道德经》等。亚瑟·韦利于1934年在伦敦出版了王弼《老子注》译本，题为《道与德：〈道德经〉及其在中国思想中的地位研究》，这个译本在英语地区影响较大，至1968年已经再版8次。20世纪40年代后出版的译著有初大告的《道德经》、吴经熊的《老子〈道德经〉》、宾纳的《老子论生命之道》、林语堂的《老子的智慧》、布拉肯纳的《老子：生活之道》、霍姆斯·韦尔奇的《道之分离：老子和道教运动》、Archie J. Bahm 的《老子〈道德经〉：自然与才智》、泰戈尔的《道德经》、陈荣捷的《老子之道》及与鲁姆堡合著的《王弼〈老子注〉》等。

湖南长沙马王堆帛书出土以后，很快引起海外学者的普遍关注，相继出现了十几种"马王堆"《道德经》英译本。

德国汉学界很重视对老子和道教的研究，《道德经》翻译研究一直占德国汉学研究之先，被称为是"汉学中的汉学"。1870年，施特劳斯将《道德经》译成德文在苏黎世出版，这个译本的解释文长达400余页，到1987年止，共出版8次，在德语地区的知识界得到了广泛的传播。施特劳斯凭着作家的文学功底，把《道德经》变读者熟悉的、富有基督教情调的民族语言，受到了民众的喜爱。德国哲学家卡尔·雅斯贝尔斯认为他的译本简洁含蓄，最富于表现力，并时常带有玄奥哲学味道。20世纪初，有乌拉尔的《老子之道》问世。1911年，卫礼贤出版了《道德经》德译本；1925年又发表《老子及道家》。

荷兰汉学家在研究老子和道家哲学方面也颇有成就。在20世纪前期，包雷曾广泛研究中国宗教和哲学，著有《中国的哲学家——老子》《无为：建立在老子思想基础上的幻想》《老子的道与无为》《老子〈道德经〉》。戴闻达在1942年将《道德经》译成荷兰文出版，题为《道德经：道与德之著》。

荷兰汉学家许理和对道教也有一定的研究。在1979年第三次国际道教研究会议上，他宣读过《从道教经典看佛教对道教的影响》，着重剖析了佛教对灵宝经的影响。1991年5月，在台湾汉学研究中心举办的"中国人的价值观国际讨论会"上，他宣读了题为《老子在东方和西方》的论文，他指出："在西方人眼中，《道德经》一书无论从任何西方的思想派别来看，都是中国最重要的哲学典籍，也最富于中国智慧。但其中许多研究并不完全是哲学性的，有的将老子的'道'与叔本华的'世界魂'或柏格森的'生命冲力'或印度的'大梵天'相比拟。虽看法各有不同，但都表示对老子《道德经》的重视。最初西方人推崇儒家思想，后转为重视道家。西方人对老子的理解，随着他们对于中国观点的变化而变化，而往往只是把老子作为他们的观点的一种外在见证罢了，每一个时代都能利用《老子》作为灵感的源泉。"

二、海德格尔译《道德经》

在西方学术界，有许多哲学家研究老子道家思想，从中引取古老的东方智慧。例如德国著名宗教哲学家马丁·布伯对以道家为代表的精神文化进行了细致的分析和深入的论断。英国当代哲学家克拉克2000年在其新书《西方之道——道家思想的西化》说："道家治疗性的哲学对西方人有关真理观、自我、性别认同等的反思有积极作用，对诊治西方虚无主义的顽症具有显著疗效，因而一般性地对西方反思启蒙的后现代计划有意义。"

海德格尔是德国存在主义哲学家，在20世纪西方思想史上占有重要地位。海德格尔对老子的道家学说有过一定的接触和了解。在20世纪二三十年代，海德格尔就比较系统读过老庄及禅宗的经典。在20年代，他就跟日本哲学界的重要人物田边元、西田几多郎、九鬼周造等交往。他也曾向来访者承认自己的思想与道家和禅宗传统之间的亲密关系。他曾向人表示，"虽然他很早与日本哲学家合作，但事实上他从中国思想中学到了更多的东西。"

在30年代，海德格尔就已经熟悉由马丁·布伯编选的《庄子》德译本。在1930年10月的一个讲座中，当与人辩论"人是否能将自己放到别人的立场上去看待问题"时，他当场向人索取德文版的《庄子》。海德格尔于是就跟与会者们读了《秋水》中庄子与惠施"濠梁观鱼"的著名辩论，让大家理解了他所要表达的思想。海德格尔一生中评论过许多哲学家和哲学思想，但他推崇的"诗性的思想"，只属于前苏格拉底的古希腊哲学家、德国哲学家和诗人荷尔德林，还有就是老子。《道德经》第十五章中的两句话，海德格尔让人用中文给自

影响世界的中华文明十五讲

己写下来，挂在他的工作室的墙上。这两句话是："孰能浊以止，静之徐清？孰能安以久，动之徐生？"可见他对老子的兴趣已达入迷之境。

北京大学教授熊伟在30年代时曾师从于海德格尔。据我国学者白波所写的《亲在的境界——纪念熊伟先生》文章中介绍：熊伟"特别强调老子与海德格尔的契合，认为上下2000年的时间和东西方空间并不能阻隔两者，并不妨碍两者思想的接通"。

日本哲学者西谷启治跟海德格尔有多次的交往。1938年当他把铃木大拙的《论禅宗》第一卷赠给海德格尔时，发现海德格尔已经读过此书，并特别热切地希望与他讨论这书。西谷回忆："关于形而上学，海德格尔试图深入一步来探询存在于其下的东西。显然，这种努力与东方的智慧，诸如《老子》《庄子》和禅宗，直接发生了关联。为此，海德格尔经常向我探问与禅宗有关的问题。"

在40年代后期，海德格尔还进行了《道德经》的研究和翻译工作。海德格尔不懂汉语，他的研究和翻译是与他的一位中国学生萧师毅合作来进行的。在这一合作中，可能是先由萧师毅用德语把老子著作的含义一句一句地说给海德格尔听，然后由海德格尔斟酌成正式的德语。他们共同翻译了《道德经》的8章。这个翻译的过程对海德格尔的思想发展影响深远。

海德格尔在1943年的一篇文章中探讨荷尔德林诗作的思想意义，文中引用了《老子》第十一章全文。他说："我们通过观看那不显眼的简朴，越来越原发地获得它，并且在它面前变得越来越羞怯，而学会这种注意。那些简朴事物的不显眼的简朴使我们靠近了那种状态，依循古老的思想习惯，我们就将这种状态称之为存在，并与存在者区别开来。老子在他的《道德经》的第十一首箴言诗中称道了在这个区别之中的存在。这首箴言诗曰：三十根辐条相遇于车毂（三十辐共一毂），但正是它们之间的空处提供了这辆车的存在（当其无，有车之用）。器皿出自陶土（埏埴以为器），但正是他们中间的空处提供了这器皿的存在（当其无，有器之用）。墙与门窗合成了屋室（凿户牖以为室），但正是它们之间的空处提供了这屋室的存在（当其无，有室之用）。存在者给出了可用性（故有之以为利）非存在者则提供了存在（无之以为用）。"20世纪五六十年代出版的海德格尔著作中的几处段落里直接言及"道"和老庄。

在《思想的根本原则》一文中，海德格尔引用了《老子》二十八章中"知其白，守其黑"。他说："《老子》讲：'那理解光明者将自己藏在他的黑暗之中'（知其白，守其黑）。这句话向我们揭示了这样一个人人都知道，但很少能真正理解的真理：有死之人的思想必须让自身没入深深泉源的黑暗中，以便在白天能看到星星。更困难的是将这思想的清澈性作为收拢来的光明去保持。此光亮只愿如此这般地发光而已。那只愿发光者却并不闪耀。"此外，海德格尔在一封致荣格的信中大量引用了《老子》四十七章的内容。

海德格尔熟悉道家和禅的思想。有学者指出，海德格尔"感觉到自己在被这个世界（东方世界）所吸引，而这个世界也很乐于接纳他"。

另外，在1964年9月与一位来自曼谷的佛教僧侣谈话时说他自己"经常听从老子的教诲"，然而他清楚他只能凭借诸如卫礼贤的德译作为中介。当这位僧人说到"空并不是'无'，而是完全的他者：圆满。无人能名之。不过，它作为既无亦有的东西——也是圆满成就的涅槃"时，海德格尔回答说："那正是我一生所言说的东西。"

三、老子、东方神秘主义与现代科学

当代西方学术界对中国古代科学技术史有浓厚的研究兴趣。这种研究不仅仅是出于对古代文化遗产的兴趣，而且是为了寻找古代中国科学思想与现代科学的契合之处，以便从中受到有益于发展现代科学的启迪。国外一些站在最前沿的第一流的科学家、思想家都高度重视中国古代科学思想的优秀成果。例如当代著名科学家、诺贝尔奖获得者、耗散结构理论的创始人普列高津认为："中国的思想对于那些想扩大西方科学的范围和意义的哲学家和科学家来说，始终是个启迪的源泉。"他还说："我们正朝着一种新的综合前进，朝着一种新的自然主义前进，为此要把西方的传统（带着它对实验和定量表述的强调）与中国的传统（带着它那自发的、自组织的世界观）结合起来。"另一位当代著名科学家、协同学的创始人哈肯也认为，当我们研究复杂系统时，中国传统科学思想中强调整体性的方法"变得至关重要"。

现代物理学是 20 世纪自然科学发展的最重要成就之一。量子理论和相对论打破了自牛顿以来经典物理学的机械世界观，提出了与经典物理学不同的物质概念和时间、空间、因果关系的观念。现代物理学不仅深化了人们对物质世界的认识，而且改变了认识世界的方法和观念。而在许多物理学家看来，现代物理学"几乎总是朝着这样一个方向，即趋向一种与东方神秘主义所持观点非常相似的世界观。现代物理学的概念与东方宗教哲学所表现出来的思想具有惊人的平行之处。"丹麦著名物理学家、量子理论奠基人 N. 玻尔在量子理论中提出了"互补性"概念。玻尔把粒子图像与波的图像看成是同一实体的互补性描述，其中每一种都只是部分地正确并有有限的应用范围。要对原子实在做出充分的描述，每一种图像都是需要的，但是应用范围都受到测不准原理的限制。这种互补性的概念已经成了物理学家思索世界方式的重要组成部分。玻尔常常主张，很可能在物理学领域之外这也是一个有用的概念。实际上，互补性的概念在 2500 年以前就已经被证明是极其有用的。它在中国思想中起着重要的作用。中国圣贤用阴和阳来表示对立面的互补性，并且把它们之间的相互作用看成是所有自然现象和人类情况的本质。玻尔充分认识到他的互补性概念与中国思想之间的平行性。当他在 1937 年访问中国时，他对量子理论的解释早已精细周到。古代中国关于对立两极的概念使他深受震惊，从此他对东方文化一直保持浓厚的兴趣。当他被封为爵士，需要选择一种盾形纹章的花纹时，他就选中了中国的太极图来表示阴阳的互补关系，同时还加上了"对立即互补"的铭文。玻尔承认，在古代东方智慧与现代西方科学之间有着深刻的协调性。1949年，当他被丹麦王室授以勋章时，他说，"我不是理论的创立者，我只是个得道者"，而且要求把太极图作为荣誉证书的背景图。他还说："我们在这里面临着人类地位所固有的和令人难忘的表现在中国古代哲学中的一些互补关系。"

日本物理学家、诺贝尔奖获得者汤川秀树很早就预见到东方思想对于科学观转向的重要性。在他获诺贝尔物理学奖的前一年，1948年，在京都大学人文研究所的一次演讲中，他以《东方的思考》为题，从直觉在科学创造中的重要作用，以及直觉和想象力自行发展的方式之一类比，谈到老庄思想的重要意义。他指出，17世纪以来的科学直到19世纪，抽象过程都还没有离开事实，可是到了20世纪，从物理学的高度抽象的理论中得来的那些数学关系，只有一小部分能够直接被检验。这种抽象过程意味着把事物排比成一种数学的、逻辑的形式。但是，他认为，单靠逻辑的力量是不够的，科学创造需要直觉，直觉可以把握整体，洞察到正确的东西。在他看来，在直觉思维方面东方人占优势，同直觉有关的想象力、类比等中国人很擅长。他认为"科学通过自己的努力来开辟自己的未来的时机已经到了"，像相对论这样的物理理论对整体和谐的强调很接近东方人的看法。后来，汤川秀树多次谈到老子道家思想的现代意义，认为老子是在2000多年前预见并批判今天人类文明缺陷的先知。

汤川秀树还多次谈到古代中国思想对他的影响，他说："我幼年时候读过《西游记》，后来读了《庄子》，读这些作品使我得到一个印象，即中国人是有高度想象力的"，"我特别喜欢庄子，他的作品充满了比喻和佯谬，而且其中最吸引人的是这些比喻和佯谬揭示在我面前的是个充满幻想的广阔世界。"他说："最近我又发现了庄子寓言的一种新的魅力。我通过把倏和忽看成某种类似基本粒子的东西而自得其乐。只要它们还在自由地乱窜，什么事情也不会发生，直到它们从南到北相遇于混沌之地，这时就会发生像基本粒子碰撞那样的一个事件。按照这一蕴涵着某种二元论的方式来看，就可以把混沌的无序状态看成把基本粒子包裹起来的时间和空间。在我看来，这样一种诠释是可能的。"汤川粒子物理学上的"混沌"说的产生，是受到《庄子·应帝王》中关于"混沌"的一则寓言的启发。汤川秀树进一步说明，他是在寻找基本粒子的过程中，转向混沌学说的。他说："我研究基本粒子已有多年，而且，至今已发现了 30 多种不同的基本粒子，每种基本粒子都带来某种谜一样的问题。当发生这种事情的时候，我们不得不深入一步考虑在这些粒子的背后到底有什么东西。我们想达到最基本的物理形式，但是，如果证明物质竟有 30 多种的不同形式，那就是很尴尬的；更可能的是万物中最基本的东西并没有固定的形式，而且和我们今天所知的任何基本粒子都不相应。""它可能是有着分化为一切种类基本粒子的可能性，但事实上还未分化的某种东西。用所惯用的话来说，这种东西也许就是一种'混沌'。正是当我按这样的思路思考问题时，我想起了庄子的寓言。"他说，古中国通过各种方式而在我心中占有地位。

美国物理学家卡普拉在其著名的《物理学之道》一书中，详细讨论了现代物理学与东方思想，特别是与道家、禅宗、《易经》等的"平行性"或联系。卡普拉从对佛教哲学的接触开始对现代科学和东方古典文化进行比较研究。他说："这本书的目的就是要探索现代物理学的概念与东方的哲学和宗教传统中的基本思想之间的联系。"他认为，"20 世纪物理学的基础——量子理论与相对论——迫使我们观察世界的方式与印度教、佛教或道教信徒观察世界的方式极为相似"，"东方世界观的基本要素和从现代物理学产生的世界观的基本要素是一样的。"它们表明东方思想"为当代科学提供了坚固、合适的哲学基础"。他说："我们越是深入微观世界就越体会到现代物理学与东方神秘主义者多么相似，他们把世界看成是由不可分割、相互作用、永远运动的各部分构成的系统，而人则是其中必要的组成部分。"

卡普拉从多方面对现代物理学与东方神秘主义思想进行了对比，力图揭示现代物理学的主要理论所导致的世界观与东方神秘主义有着内在的统一和完美的协调，试图通过引进东方思想建立一种新物理学。后来，他又把现代物理学与东方古代神秘主义平行的思想发展为东西方文化平衡的世界模式。他认为，现代系统论的观点表现了向古代中国人思想归复的特征，体现着老子的伟大的生态智慧。这意味着现代科学观同古代东方思想的平行。在这个意义上，未来的世界文化模式是一个东西方文化平衡的文化，是一个人文文化与科学文化平衡的文化模式。

四、老子与西方文学艺术

西方的一些文学家、艺术家从审美的角度来思考老子思想的意义和价值。例如美国评论家白璧德曾指出，中国道家早就提出"返回自然"的思想，他们主张取消行动，赞同完全的无为。"按照哈佛大学中文系梅光迪教授的观点：'道家反对仁、义、礼、智、信的文明原则，赞赏所有其他原始主义的东西：心、自然、本能、无为、恬静、无意识、自然的善，等等。他们试图依靠这些符咒重建他们失去的乐园。'必须承认，东方的原始主义者和西方的华兹华斯及其他'聪明的消极主义者'一样，创造了具有很高价值的文学艺术。"

美国教育家诺斯罗普深入进行了东西方文化比较研究。他认为东方文明在其思维形态上更多地依赖于直观表象，因而带有直觉特征；

而西方文明则更多依赖于假设性概念，因而显示出合规律的特征。他由此论述中国道家思想对于绘画艺术的影响，指出："由道教所引发的绘画，其本身所表现的重点并不是主观性、自我中心或过分的人情味。画家将自然作为他们的主体对象。而且，正如林语堂和蒋彝所强调的那样，这些画家是以一种和西方的风景画家极不相同的方式去看待自然的。在提起画笔施以丹青以前，他们走向自然，沉浸于自然并消融于自然之中，从而与自然一起构成了一个无所不包的连续统一体，这种无所不包的连续统一体就是在其审美当下性中的自然。……这样，中国画家所表现的东西，与其说是存在于某种臆想的、假设的广阔空间当中的、外在于观察者的外在事物，倒毋宁是其直接领悟的审美的复合体。由于道教引起了具有这种特点的审美意趣，因而有理由假定，道教从事物的本质中所提取出来的最为重要与真实的因素，必定在性质上是审美的。"

诺斯罗普认为，中国人是彻底的经验主义者，他们注意到的是，人们直接领悟的不仅是特定感觉材料的局部复合，而且是存在于无所不包的连续统一体或复合体当中的所有这一切东西。那么，在审美活动中，"道家所做的是对于这种无所不包的、直接经验的、审美生动的、情感动人的审美连续统一体的追求，以及这种审美统一体在直接领悟的自然客体之分化的感觉性质方面的种种表现。"

黎巴嫩作家米哈伊尔·努埃曼对老子充满崇敬，他在介绍老子时说："这位神奇的师尊，诞生在基督之前 6 个世纪。"他专门写了一篇《老子的面孔》的长文，对老子和老子的道家思想进行了阐释。他说老子：

> 在你的话语中那所描述的博爱是多么美妙！胸怀有多么宽广！
>
> 在你的话语中，你的谦逊是多么高尚！你的忍耐是多么高贵！

你说的话是多么有说服力！

你那关于有限的思考是多么深远，而你那关于无限的思想又是多么接近！

你注视芸芸众生的目光是多么真诚！你的话语中对他们是多么慈祥！

你说……你的心是多么安详，多么纯洁！

你的格言多么有智慧！

道家思想对努埃曼的影响还直接体现在他的小说创作中。一位埃及学者指出："努埃曼小说《米尔达德》主人公的故事在很大程度上就像这位中国的师尊、哲学家的故事。努埃曼构思小说《米尔达德》的源头无疑就是他（老子）的故事。努埃曼颂扬了老子的思想，并且与他进行了痴迷的、富有成效的对话。"

中国的道家思想对象征主义诗歌也有一定影响。象征主义是19世纪末20世纪初法国文学的一个流派和思潮。19世纪末20世纪初的法国象征主义诗人，包括马拉美、魏尔伦、克洛岱尔、瓦雷里和亨利·米修等，都对中国文化表现出浓厚兴趣，从道家的灵性、庄子的心灵哲学中受到启迪。有的研究者指出，法国象征诗人是双重的探索者：探索宇宙，以"返回到存在的本质层次"；探索自我，以"寻求处于生命的根底层次"。这两者都与中国文化有着千丝万缕的联系。虽然象征诗人洞观世界的方式彼此不尽相同，但在总体上与老庄有相通之处，表现在：一是坚持唯意志的本能的"直觉""直观"，这与老子的直觉美学相通；二是强调自我观照，着力于内心世界的探索，与庄子相似；三是观照世界要无我，象征诗人强调在观照客体时要消除偏执自我，要用"纯粹的我"去观照，应和宇宙万物，即达到"无我"境界，这与庄子"忘我"说相通。在艺术风格上，象征诗人那种"或朦胧迷离、或含蓄蕴藉、或空灵淡泊"，也都展露着道家思想的印痕。由于老庄对"道"的"恍兮惚兮"的神秘描述，这就不仅使象征诗人如马拉美、克洛岱尔等对"道"的接受带有多义性质和不确定性的神秘感，而且也可能是导致他们诗风趋于朦胧迷离的一种外来因素。而老子那种"大音希声，大象无形"的曲幽之美，更与象征诗作那种有形寓无形，有限表无限的蕴藉含蓄的意境相吻合。这种意境正是象征诗人们孜孜以求的。

第十一讲

汉文典籍飘万里

在中华文化发展进程中，创造了数量巨大的文献典籍。这些典籍，记录了中华文化的各方面成就，充分表现出中国人的智慧，是中国文化丰厚的遗产，也是中华文化得以世代传承的重要载体，是中华文化得以持续传承不衰的基本保证。

一、汉文典籍在朝鲜半岛的流布

以儒家典籍为主的汉文书籍传播于朝鲜半岛，是中朝文化交流史上的一项重要内容。自箕子朝鲜以来，朝鲜使行人员抵达中国后，总是想方设法搜求中国典籍。同时，朝鲜历代王朝总希图中国王朝官方赐书，这样经过朝廷赐书与使行购求两条途径，将中国许多典籍都传入了朝鲜半岛，成为他们学习中国文化的重要途径。在 2000 多年的历史长河中，朝鲜半岛一直以汉字为官方文字，科举考试也仿效中国王朝，以儒家经典为主要的考试范围，因而促进了朝鲜士人阅读中国典籍，也进而推动了中国典籍在朝鲜的传播与影响。

朝鲜三国时期，就有许多汉籍流传到朝鲜。据有关文献记载，当时，高句丽有"五经"、《史记》、《汉书》、《后汉书》、《三国志》、《玉篇》、《字经》、《字林》，"又有《文选》，尤爱重之。"百济"其书籍有'五经'、子、史，又表疏并依中华之法"。在新罗统一之前的648 年，唐太宗将新撰《晋书》送给新罗来使。

新罗统一王朝也把引进中国经籍作为吸收唐文化的一个重要措施。新罗常派使节入唐请索其所需文章典籍，唐王朝均热情接待并尽量满足要求。新罗所获唐朝书籍不在少数，甚至还是唐朝书籍流入日本的一个重要通道。新罗还给入唐留学生发放买书金，留学生在学期间所购书籍，在还归国时当一并带回，书籍的数量亦不在少数。

朝鲜 19 世纪手抄本《三国志》

　　新罗除了向唐朝请求书籍外，还派人购买唐人诗文。入唐的新罗商人也把采购中国文人的诗文作品作为一类大宗商品。他们不仅收购唐人诗作，还在唐朝境内以及唐、日本、新罗之间进行运输和贩卖。当时元稹、白居易的诗作在新罗很受推崇，新罗一位宰相甚至开出高价，以一两黄金换一篇诗文。

　　入宋以后，中国书籍向高丽、日本等国的输出，无论在数量和品种上都大大地超过了前代。所以在高丽时代汉籍东传更呈高潮之势。

　　高丽朝廷多次派使节入华，向宋、元王朝求书、购书，宋元两朝皇帝也往往以使节往来之便，向高丽赠赐书籍。在宋与高丽的贸易中，汉籍便是大宗货物之一，宋与高丽的船都参与贩运汉籍至高丽。此外，高丽使节、留学生和留学僧等入华人员，也多有自行购置书籍携带回国的。如僧义天回国时携回经籍千余卷，除佛典外，也有许多外典书。

高丽朝廷十分重视对汉文典籍的收藏。高丽王朝设置中央的清讌阁、西京的修书院等图书收藏机构，并设置了担任缮写、出版各种文书和书籍的秘书省。清讌阁藏有经、史、子、集四部，临川阁藏书数万卷。

高丽朝廷不仅向中国求书购书，同时也大量翻印汉籍。当时，中国的雕版印刷技术已经传到朝鲜半岛，高丽中央政府的秘书省以及安西都护府、京山府、南原府等重要的地方机关都用雕版印刷了儒家经典、文集和其他书籍。

高丽刊书、藏书事业都很发达，有不少被视为"好本"。中国自己的书籍或散佚或存本讹误，便可以从高丽求得所缺或善本，所以也有汉籍从高丽流回中国的情况。

李氏朝鲜与前朝高丽一样，通过多种渠道从中国输入汉文典籍。输入汉文典籍的一个主要渠道是中国皇帝的赐赠，由往来使节携至朝鲜。中国朝廷对海外各国使节赠予中国书籍，是一项非常重要的外交活动和文化传播活动。李朝世宗元年（1419），使臣李之崇自明回国，明帝赐《为善阴骘书》600本。世宗八年（1426），明帝通过李朝进献使赠送朝鲜"四书""五经"和《性理大全》一部120册，《通鉴纲目》一部14册。李朝百官举行贺礼，国王世宗亦为此欢宴百官。1712年，康熙帝赐给朝鲜使团《全唐诗》120卷、《渊鉴类函》140卷、《佩文韵府》95卷、《古文渊鉴》24卷；1723年，雍正帝赐给朝鲜使团《周易折中》《朱子全书》；1729年，他又赐《康熙字典》《性理大全》《诗经传说》《音韵阐微》等书给朝鲜使团。

每次朝鲜使者们来北京，皆"日出市中，各写书目，逢人遍问，不惜重金购归"。他们购买的书籍数量更为巨大，种类也更为广泛，通常为朝鲜王朝需要的天文、地理、历史、政典等方面的书籍。朝鲜朝廷和文人对中国的学术动态特别关注，从书籍到印书的方法都在朝鲜使臣的访问范畴之内，采购的范围十分广泛，只要是国内所无，有益学者，即可购买。

李朝除在中国采购或向中国朝廷求赠图书外，有时也自行刊印。李朝的印刷技术已很发达，它所刊印书籍，更有利于汉文典籍的流布传播。如1421年世宗命印《资治通鉴纲目》，并命令集贤殿正其谬误。1428年，世宗认为文章正宗《楚辞》是学者不可以不知道的，所以下令铸字印刷。1438年，世宗命集贤殿撰集《韩柳文注释》。李朝成宗二十四年（1493），曾刊印《酉阳杂俎》《唐宋诗话》《太平通载》《刘向说苑》《新序》等。正祖朝时建立奎章阁后，所印汉文典籍更多。当时，朝廷与民间的刻书热情一直很高，对中国的经、史、子、集以及《三国演义》等文学作品，无不大量翻印。《成宗实录》说当时朝鲜“诸子百家无不锓梓，广布于世”。

1776年，朝鲜正祖设立了庞大的王室图书馆“奎章阁”，收藏国内外的各种图书。主要是汉文典籍，按经、史、子、集四类进行分类整理。奎章阁藏书最多时达18万部，是当时朝鲜王朝的王室图书馆。

二、汉文典籍在日本的流布

中国书籍很早就有流传日本的，据说徐福东渡时就曾携带书籍到日本。另外，还有神功皇后从新罗带回汉籍于日本之说。《日本书纪》记载，神功皇后曾远征新罗，“遂入国中，封重宝库，收图籍文书。”还有王仁献书《论语》和《千字文》之说。

在唐代中日文化交流高潮中，更有大批中国书籍流传日本。最早来华的遣隋使小野妹子，就曾把搜寻中国书籍作为一件重要的事情来做。此后历次遣唐使都把求购中国书籍作为一项重要使命，跟随使节团赴唐的留学生和留学僧也把购求书籍作为主要目的之一。他们将本国朝廷和唐朝廷赐给的生活费用尽力节约，“所得锡赉，尽市文籍，泛海而还”，而且都是“上敷文教，虚至实归”。

遣唐使及留学生、学问僧等获得书籍的渠道，除了他们在唐购买的，还有唐政府的赐予。在唐政府对日本朝贡品进行回赐的物品中，包含有应遣唐使请求而赐给的书籍。此外，还有私人的馈赠。他们在唐朝交友广泛，许多友人都以书籍作为赠礼送给他们。如最澄、空海、园仁、园珍等均被唐人赠送很多书籍。

遣唐使购求书籍并不是特定个人或者群体的嗜好，而是体现日本朝廷即历代天皇意志的国家行为。他们寻求中国书籍，并不是顺手随便搜集，而是经过精心挑选，所以其中包括许多尚未传到日本的新译的经卷、优秀的著作、珍奇的诗集等。例如吉备真备在华学习十几年，后又作为遣唐使副使再度来华。他两次在中国，细觅穷搜经、史、子、集各类文献典籍。吉备真备把从中国带回的文献典籍，编著了专门的目录，名曰《将来目录》，书籍需编著成目，可见数量之巨。

日本江户时代《唐馆书房图》

日本政府正是依据携归书籍的质和量，对遣唐使论功行赏的。

日本学问僧携回日本的书籍以佛教经典为主，但也有学术文化典籍经他们传到日本。例如在圆仁、宗睿开列的带回国的书目中，都有一些史书、诗集等。宗睿还特地解释说，这些"杂书等虽非法门，然亦世者所要"。844年，日本学问僧惠萼在苏州南禅院手抄《白氏文集》33卷，并于847年携带归国。

由于中国文献典籍的传入，日本人开始抄写汉籍，从而使日本飞鸟奈良时代出现了当时在世界上罕见的抄书事业。当时，由政府设立的专门抄写汉籍的机构，称为"写经所"，由"写经生"专事抄录。

中国文献典籍在日本的传播，使日本的书籍逐渐丰富起来。据说在平安时代初期，和气广世一人所藏的书籍，已达数千卷，由此便可看出一斑。当时，中国梁朝编纂的《华林遍略》、北齐编纂的《修文殿御览》，以及唐朝编纂的《艺文类聚》《初学记》《北堂书钞》与《白氏六帖》等都已传入日本。在这些类书的启示下，823—833年日本醇和天皇时，朝臣参议兹野贞利用当时已经传入的汉籍文献，主编纂了一部大型汉籍类书《秘府略》，共 1000 卷。

9 世纪后期，当时主持教育的长官大学头藤原佐世奉敕编纂了《本朝见在书目录》，记录了 9 世纪后半期日本国家各公务机构，如图书寮、大学寮、弘文院、校书殿、太政官文殿等，以及天皇私人藏书处，如冷然院、御书所等实际收藏的汉籍目录，并逐一标明著者和卷数，从而全面反映了当时中国文化在日本传播的实际情况。《本朝见在书目录》记载的汉籍共 1568 种，合计 15516 卷。如果与《隋书·经籍志》和《旧唐书·经籍志》作比较，那么 9 世纪时在日本流传的汉籍，已分别为隋代的 50%、唐代的 51.2%，[1] 即当时中国文献典籍的一半已东传日本。这在世界文化史上也是十分罕见的。正是这时奠定的汉籍东传的基础，使日本成为中国本土以外保存汉籍最多的国家。

入宋以来，由于印刷术的发展和大批宋版书的雕刻印刷以及图书贸易的发展，汉籍在日本得到了更大规模的传播。在宋元时期，汉籍向日本的传播主要通过这样几种方式：一是官方和私人的赠予；二是来往僧人的携带；三是作为商品由往来的商船输送到日本。

自 14 世纪后期和 15 世纪，明朝向日本遣明使赠送中国典籍，似

---

[1]《隋书·经籍志》著录的文献典籍为 3127 种，《旧唐书·经籍志》著录的文献典籍为 3060 种。

成定规。遣明使及从僧先行拟出书单，提请明朝照单赠书。

宋元明时期来华的日本僧侣，大都把寻求中国典籍作为一项重要任务，或用钱购买，或由中国朋友赠送，从而把大量的中国诗文集、儒书、史书等典籍传入日本。《异制庭训往来》中载有劝学读书的书单，上列《毛诗》《尚书》《周易》《礼记》《左传》《周礼》《仪礼》《公羊传》《穀梁传》《论语》《孝经》《老子》《列子》《庄子》《史记》《前汉书》《后汉书》《扬子》《荀子》《墨子》《淮南子》《文中子》《吴子》《孙子》《吕氏春秋》《战国策》《山海经》《尔雅》《神仙传》《孝子传》《先贤传》《列女传》《太平御览》《太平广记》《群书治要》《玉篇》《广韵》等书。由此可见当时读书界的倾向以及当时典籍输入的情况。这些书籍在当时只能是从中国传入日本的。经过唐代以来陆续的汉籍东传，在室町时代形成了日本两大著名的藏书机构，一为足利学校；二为金泽文库。

至江户时代，汉籍流传日本的数量和品种都远远超过以往各代，形成汉籍东传的一次高潮。

江户时代汉籍东传主要是通过商业渠道，以商品的形式在中日两国商人中进行贸易买卖。江户时代赴日的中国商船，经常携带大批中国书籍到日本出售，成为对日贸易的一大宗货物。赴日商船带往日本的汉籍数量相当大，往往一艘船就有上百种甚至几百部之多，而且内容也很丰富，经史子集应有尽有，还有不少佛经、碑帖、地方志等等。日本把这些书称为"唐船持渡书"。纵观整个江户时代中国典籍输入的全景，最显著的特点就是书籍被作为商品纳入流通领域，汗牛充栋的中国典籍以前所未有的宏大规模源源不断地流入日本国土，许多普普通通的中国商人扬帆远航，劈波斩浪，在浩瀚的大海上架起了一座沟通中日文化交流的巨大桥梁，成为17、18世纪世界文化发展中一个奇特的人文景观。

日本还大量刊刻中国的文化典籍。这种汉文典籍被称为"和刻本"。和刻本汉籍始于前述奈良时代所刊印的《无垢净光经根本陀罗尼》，至南北朝时期形成规模，并陆续出现了如"春日版""高野版""五山版""正平版""博德版"等版本系统。江户时期更达到空前的繁荣。在版刻方式和装帧方式上，和刻本都有区别于中国刊本的特色。

三、汉文典籍在欧洲的流布

在近代中国与欧洲的文化交流中，中文书籍也流入到欧洲。

1575 年，西班牙传教士拉达曾到中国作过短暂停留。在福州期间，他购买了一批中国书籍。这些书后来由拉达带到菲律宾，交由寓居在当地的华人将这些典籍或整部或部分译成西班牙文。拉达在写作时曾利用过这些资料。拉达故世后，这些书籍辗转运回西班牙。拉达从中国获得的这些书籍，涉及的内容包括有历史、地理与方志、年表、航海志及庆典仪、刑法、医药、地质、天文、名人传记、游戏、音乐、数学、建筑、手相、书法、占卜及军事等方面。

拉达的这批中国图书，大概是欧洲各国搜集中国图书之肇始。此后，欧洲各国陆续有了一些中国图书的收藏。

16 世纪末开始，耶稣会传教士在中国搜集了许多文献典籍，分批运回欧洲。耶稣会最早到中国的传教士罗明坚于 1590 年返回欧洲时，带去了中国的书籍。1682 年柏应理和沈福宗到欧洲时，曾携带一批中国书籍到罗马。其中一些中国经典著作、传教士译著的中文书籍以及一些宗教书籍的中译本，如弥撒经、礼仪书、伦理神学纲要等，总共有将近 400 册。他们把这些中文图书赠给教皇，这批书籍后被藏入梵蒂冈图书馆，这些书成了梵蒂冈图书馆中国部分中最古老的收藏。方济各会传教士康和之神父 1700 年到中国传教，在北京教区工作了整整 32 年。他于 1734 年回到意大利，将许多中文书籍带到了罗马，其中多数是关于传教的书籍，还包括以"四书""五经"与《千字文》为代表的童蒙书、文公家礼等，这些中文书籍现保存在梵蒂冈图书馆内。

路易十四对收集中国书籍也特别积极，他曾在 1684 年写给葡萄牙大使的信中说：耶稣会士被派往中国的使命除了研究天文外，是为了"找寻最奇特的中国书籍"。法国国家图书馆的汉文图书入藏目录，最早是由路易十四的首相马札林收藏的汉文书册开始的。在他过世后的隔年，由大臣库尔柏把马札林收藏的汉文书籍转到国王图书馆（即法国国家图书馆前身）收藏。通过对这些图书的整理，统计出有 19 本汉文书籍。

1697 年，法国传教士白晋返回法国时，带回康熙皇帝赠送给法王路易十四的珍贵书籍，有 22 种书目，含 45 箱，312 册，分别为：《易经》《诗经》《书经》《春秋》《礼记》《孝经》《孔子家语》《性理大全》《圣谕》《大清律》《资治通鉴纲目》《广舆记》《武经》《算法统宗》《本草纲目》《类经》《说文》《字汇》《字汇补》等。在此之前，法国只有 23 册汉文书籍，因此白晋带回的这套汉文书籍让路易十四感到非常欢喜和惊奇。不过，有的学者研究认为，这些书并非康熙直接赠送的礼品，而是白晋自己搜集的，包装得看起来像是中国皇帝送的礼物。

康熙本人确实也向路易十四赠送过图书，这就是传教士洪若翰在 1699 年回国时携带的多册中国书籍，这些图书都是国王图书馆最初的藏本。1703 年洪若翰再次回国时，又赠给此馆 12 册的满文字典一套，大概是当时人们见到的第一部满语作品。

1708 年，法国海关的检察官向国王献上了 14 箱中文和满文书籍，这些箱子用蓝色缎子和黄色斜纹布捆着，箱内共有 113 套书籍。这批图书是 15 年前被法国皇家海关稽查员扣下的，之后一直没有物主来申报。

法国传教士马若瑟也曾广泛搜集中国书籍，陆续寄回法国。1715 年，法国著名学者傅尔蒙交给法国皇家图书馆的书籍中，有几千册中国书籍，即为马若瑟所赠。

1718 年，比尼昂教士担任了法国皇家图书馆馆长，他将所有馆藏中文图书，以及神学院为方便国外传教而收藏的 800 册中文书籍合在一起，将它们统一整理归类，单独收藏。流寓法国的中国人黄嘉略在帮助整理图书馆馆藏中文图书时，曾提出进一步采购的书单。比尼昂教士将这个书单寄往中国，请在华传教士帮助按单采购。1720 年底，傅圣泽回国途中在广州候船，这时这项采购任务还没有完成。当时负责采购的法国东印度公司经理利图请求傅圣泽协助。他们委派一位中国商人去南京采购，傅圣泽将所需图书的书名和数目告诉了这位中国商人。这批书共有 85 种 1764 册，装满了 7 个箱子，通过商船运回到巴黎，入藏到皇家图书馆。

另外，傅圣泽在中国 20 多年，收集了大批书籍，他回国时携带了 11 箱近 4000 册中国图书，在广州他临时请了一位名叫胡若望的中国教徒同行，请他帮助在途中整理这些图书。傅圣泽的这批图书几经周折，最后于 1723 年 1 月运抵巴黎。同年 4 月，傅圣泽去罗马，后来又在教廷传信部任主教之职。他在临行前想携带走这批图书，不料法国政府将它们扣留。后来，传信部通过教廷大使向法国政府施加压力，直到同年 11 月，傅圣泽的这批图书才运抵意大利，并入藏传信部图书馆。

傅圣泽自己的近 4000 册中文图书和他为法国皇家图书馆采购的近 2000 册图书，是来华传教士中的一个很著名事件，法国汉学家雷慕沙指出，傅圣泽的收藏是那个时代一位欧洲人完成的最大宗最上乘的收藏。1734 年，第一部《皇家图书馆古籍书目》出版，其中就专门列有馆中所藏中文古籍书目。

在德国，勃兰登堡选帝侯弗里德里希·威廉一世曾委托荷兰东印度公司购回一批中文图书，从 1665 年第一批中文书籍入藏王家图书馆，到 1702 年，共搜求得到 400 本。在 17 世纪末，德国柏林成为欧洲大陆最大的中文图书中心。柏林著名东方学家米勒担任了这个图书馆的第一任管理者，他曾为这批中文图书进行编目。在米勒的努力下，一些原来属于荷兰海军上将吉尔·冯·列尔和阿姆斯特丹市市长尼古拉斯·威特森的藏书也入藏到这家图书馆。

瑞典王后露维莎·欧瑞卡是著名普鲁士国王腓特烈大帝的妹妹，她是当时"中国热"的积极推动者之一，热心收集中国的物品，其中也收藏了一批中国图书。瑞典著名作家奥古斯特·斯特林年轻时曾在斯德哥尔摩的皇家图书馆整理过这批图书，他花了一年时间学习中文，为这批图书编目，这份目录共有 49 条。

流寓欧洲的中国人沈福宗在英国期间，曾协助牛津大学博德利安图书馆整理馆藏中文书籍，其中有不少中国医书。这批图书是 1600 年通过荷兰东印度公司直接在中国购买的。沈福宗在英国居住了近两年时间，其中大部分时间是在进行这些图书的整理工作，可见数量之多。

第十二讲

书画艺术的东方神韵

一、中国画风影响朝鲜绘画艺术

早在古朝鲜时期，中国的各种工艺品和艺术作品就曾大量传入朝鲜。到了朝鲜三国时期，文化交流的规模日益扩大，致使朝鲜的艺术创作浸染着浓厚的中国风格。

高句丽古墓壁画，无论是题材还是技法，都可见高句丽艺术与中华文化的联系。高句丽古墓壁画是现存东方最古老的壁画的一种，不仅以其艺术性，而且以其多样性和丰富的内容，受到很高的评价。壁画墓集中分布在集安、平壤、安岳三地，壁画题材大体可以分为三类：社会生活风俗画、图案画和神灵画。前两类多为 3 世纪中期至 5 世纪中期的作品，后一类多为 5 世纪末至 6 世纪中期的作品。壁画的神灵题材大多取材于中国的神话故事。如代表四方和整个宇宙的四神：青龙、白虎、朱雀、玄武。在中国，汉代墓葬里早就出现了四神图像，到南北朝时四神已成为墓室壁画、墓志和石棺上不可缺少的形象。高句丽晚期墓室壁画多以四神为主要题材。此外，还画有驾鹤仙人王子乔，也来自中国神仙故事。有的壁画中画有中国传说中的人类始祖神伏羲、女娲。所画的伏羲氏双手举一日轮，其中画一三足鸟。女娲双手举一月轮，其中画一蟾蜍。二者均作人首蛇身。人首蛇身的伏羲、女娲像在西汉初期早已成为常见的装饰图样。日中画三足鸟、月中画蟾蜍，既取材于中原的神画传说，也采用了中国的表现手法。另外，壁画的狩猎图、树木图等，也都与中国同样作品的构图一致。高句丽墓室壁画在吸收中国绘画技巧和表现方法上，创造了本民族的绘画特色。无论设色和用线，都达到了气韵生动的效果，具有很高的艺术地位，是东方绘画艺术的瑰宝。

中国绘画作品和绘画艺术广泛传播于高丽，对高丽时代的绘画艺术产生了直接的影响。宋朝建立后，高丽光宗正式派使臣朝贡，大量

影响世界的中华文明十五讲

北宋书画、佛经、彩色原料等通过正式渠道流入高丽。高僧义天在宋求法归国时，携归或高丽所存的宋画有：宋哲宗所赐佛祖图影、高丽文宗真容、天竺天吉祥真容、飞山戒珠真容、宋本名画和庐山19贤真容等。由此中国的绘画作品以及美术论著在宋代大量传入高丽，如郭若虚的《图画见闻志》、郭熙、郭思的《林泉高致》等画论，还有宋徽宗所赐的绘画、法帖、诏书等珍奇异物，高丽设置专门机构如天章阁、清燕阁、普文阁等加以收藏。

熙宁七年（1074），高丽遣使金良鉴入宋，访求、购买中国画，竟耗资300余缗。高丽又表请宋朝派遣医、药、画、塑之工，宋神宗命罗拯"募愿行者"赴高丽传授技艺。当时宋神宗很可能还将郭熙的作品赠予高丽。其后，高丽又遣画家随使入宋，学习、观摩宋画。

熙宁九年（1076），高丽使臣崔思训带领画工数人入华，奏请宋朝允其摹写相国寺壁画。相国寺是开封一佛教名刹，唐宋时，该寺院处于鼎盛时期，殿宇宏伟，像设庄严，壁间多名家画迹。唐代佛殿内有吴道子画文殊、维摩像，石抱玉画护国除灾患变相，政道画的天王像，环师画梵王帝释及东廊幛日内画、《法华经》二十八品功德变相，僧人智俨画《三乘因果入道位次图》等。北宋时期寺院内壁画比唐代更丰富多彩，大多是宋朝名家高手之作，宋时最有名的画家高益、燕文贵、孙梦卿、石恪、高文进、崔白、李济元等都到这里作过画。高丽画工在相国寺临摹数日，将寺内壁画尽模携归，将其重绘于高丽兴王寺正殿西壁。

由于中国绘画画品和画技通过多种渠道传之于高丽，从而对高丽绘画艺术的发展产生了深远的影响。高丽也仿照宋朝翰林图画院建立了图画院，培养专业画家，设立专门管绘事的官员，这对高丽绘画的发展有很重要的意义。有工匠从事绘画创作，此外，很多高丽王公士大夫和僧侣都喜欢画画、欣赏、收藏。而高丽崇礼佛事，僧侣具有很高的社会地位和文化修养，出现许多专门从事绘画的僧侣。

随着与宋朝的交流，高丽时期绘画题材比前代空前丰富，诸如人物、肖像、山水、翎毛、花鸟、宫中楼阁、墨竹、墨梅、墨兰，还有纪事性的"耆老会"图等画题均有所涉猎。这一时期人物画成就是描绘诸王、功臣以及士大夫为主要题材的肖像画，尤其供奉肖像画的真殿兴盛一时。高丽绘画艺术承北宋画风，名画有李宁的《礼成江图》《天寿寺南门图》、李佺的《海东耆老图》、朴子云的《二相归休图》、恭愍王的《普贤骑象图》《鲁国公主真》《天山大猎图》等。

元朝时与高丽的绘画交流，以高丽忠宣王时期最活跃。1314 年，高丽忠宣王王璋在元大都设置了万卷堂，让元朝与高丽的优秀文人才士在此交流，切磋学艺，在他的努力下，万卷堂成为学问和文化交流的中心，并成为高丽末与元朝政治和文化密切联系的重要场所。参与其时集会的，有元朝文人学者阎复、姚燧、虞集、元明善、赵孟頫等，高丽朝的名儒则先后有白颐正、崔诚之等，当时被誉为"诗书画三绝"的高丽大儒李齐贤也被召到大都，一同讲论诗书。李齐贤在元生活了 26 余年，与姚燧、阎复、元明善、赵孟頫等元著名文人广为

高句丽古墓壁画《飞天像》

影响世界的中华文明十五讲

结交，尤其与赵孟頫友谊深厚。李齐贤又在江浙，结交不少元朝文士。其间元朝画家陈鉴如给李齐贤画肖像画，这幅作品现存韩国国立中央博物馆。元廷画家朱德润也将《燕山晓雪图》赠给李齐贤。李齐贤和朱德润还曾一同评赏绘画。李齐贤返国时，将一批宋元珍贵绘画和赵孟頫的书法带回，由此朝鲜半岛引入不同的元画风格：一路是继承北宋李成、郭熙的画风，如朱德润等人作品；另一路是文人画发展的关键人物赵孟頫的作品，尤其是赵孟頫在高丽末期到整个李朝成为最普遍效仿的风格之一。

受到元代文人画的影响，高丽的文人画家和禅僧画家喜欢以墨竹、墨梅、墨兰等四君子画题创作，初步具备文人画特征。尤其高丽的墨竹画明显受到北宋的苏轼、文同、元代赵孟頫的影响。

李氏朝鲜时期，无论是在王宫中，或是在文人之间，都热衷于收藏中国书画。这些收藏对于李氏朝鲜绘画艺术的发展，无疑起到了相当大的作用。

李朝最重要的中国画收藏家为李朝王子安平大君。安平大君名李瑢，号匪懈堂、琅玕居士、梅竹轩。是朝鲜世宗的嫡三子。安平大君自幼喜爱学问，精通诗文、书法和书画，被称之为"三绝"，为朝鲜最出众的松雪体书法家和最大的中国画收藏家。安平大君收藏的中国书画，包括东晋顾恺之、唐吴道子、王维，宋郭忠恕、李公麟、苏轼、郭熙、崔懿，元赵孟頫、鲜于枢等中国历代名人书画作品。安平大君的收藏对李朝时代绘画艺术的发展有很大作用。

李朝的画家主要有两类，一类是上层社会的文人画家；一类是来自"中人层"的专业画家或称"画员"。李朝前期的绘画艺术基本上继承了中国北宗画的画法，宗承以郭熙、李成为代表的北宋画法，以及从夏珪、马远开始的南宋院体画法和明代的院体画及浙派画法。15世纪李朝最有影响的画家有安坚、崔泾、李上佐、姜希颜、崔寿峸、梁彭孙等人。他们都受到中国北宗画风的深刻影响。

17世纪以后，朝鲜画坛开始接受中国南宗画的影响。黄公望、吴镇、倪瓒、王蒙等元末四大家，明代的沈周、文徵明等吴派画家，以及清代的正统派"四王"（王时敏、王鉴、王翚、王原祁）、吴历、恽寿平等的画风，均在朝鲜广为流行。特别是黄公望、倪瓒、沈周、文徵明的画风更受欢迎，并一再被仿作。明代后期董其昌的画风和画论的影响也很大。中国南宗画的文人画风，通过朝鲜使臣及画员，把中国的真作或仿作传入朝鲜。此外，中国的《顾氏画谱》及《芥子园画传》等明清时期的画谱传入朝鲜，对于南宗画在朝鲜的流行也起了很大的作用。

二、中国绘画对日本绘画艺术的影响

日本的古墓壁画深受中国画风的影响。从 3 世纪后半叶到 7 世纪，在日本文化史上叫作"古坟文化时代"。在与中国交往密切的九州北部地区的同期墓室石壁上，绘有在中国墓葬中早已出现了的装饰绘画和浅浮雕。1972 年在奈良附近发现的高松冢古坟，古坟内的壁画，由东壁南侧的《男子像》、西壁北侧的《女子像》，以及分别于东西壁中央、北壁和天井的青龙、白虎、玄武、星宿组成，是一个大的古坟壁画群。它们以细腻的笔法，栩栩如生地描绘出男子像的庄重表情，女子像的丰满体态，以及艳丽的服饰，透出几分中国唐代绘画的样式。1998 年，在奈良明日香村古坟，考古工作者使用超微型摄像机，在石室（石椁）内探察出彩色壁画，四壁为四神图，分别是东青龙、西白虎、南朱雀、北玄武，顶部为星宿图，东西斜面为日月图。年代约在 7 世纪后期到 8 世纪初，是日本发现的第二例壁画墓，其规格与高松冢一样。

在日本遣唐使入唐的随行人员中，有专职的画师，他们在中国的活动也很活跃，学习唐画技艺，模仿唐代名画。如第十九次遣唐使藤原常嗣在赴长安途中经过扬州，在龙兴寺法华道场琉璃殿南廊墙壁上，看到悬挂的梁朝画家韩幹所画南岳、天台两大师画像，乃命其兼从丽田家继用卷本摹写下来。

空海归国时携回的"真言五祖像"，据传为当时著名画家李真等10余人合作，是传世的唐代绘画珍品，至今仍藏在京都教王护国寺内。

唐朝人物、山水画的传入，刺激了日本绘画艺术的发展。756年光明皇后给给正仓院的赐品中，有21件以各种不同的绘画装饰的屏风，如风景、宫室、宴会、仕女、马匹、禽鸟、花木以及其他许多景物，都属于中国风格。其中著名的6折屏风画《树下美人图》，每折屏风描绘一个立在树下的身穿中国唐代服装的美女。这幅屏风画明显受中国唐代绘画的影响，以柔和的细线，描绘美人丰润的脸庞，以及身披唐式服装的丰腴的体态。日本这类屏风画，不仅是屏风的形体，而且画题也都是中国式的，故日本绘画史将这一部分日本画称为"唐绘"。"唐绘"就是日本人对中国绘画的模仿之作。

这一时期从中国传去的大量佛像和佛教绘画，推动了日本宗教美术的发展，形成了流丽典雅的画风。日本的似绘（即肖像画）起源于佛教的画像，它与9世纪时传入的中国晚唐时

日本高松冢古坟西壁的女子群像壁画

期的佛像有很大关系。

　　佛教的传入带给中国美术全新的内容，极大地丰富了人物群像的塑造。从题材方面来说，就新添了变相画、经变画、供养人画等品种。这种经变、变相的创作，至唐而臻于极致。佛教中的人物造像，姿态各异的佛、菩萨、罗汉的塑像和画像，更是琳琅满目。盛唐起密教兴盛，传入密教瑰丽奇异的艺术。密教诸宗的威力在神咒，魅力在形象。各种奇丽夸张的曼荼罗图像创造出富于理性的中土人士所不能想象的艺术世界。在唐代，各种密教变形观音，如十一面观音、如意轮观音特别是千手千眼观音造像大为流行，其中奇诡华丽的千手千眼观音造像特别受到人们的欢迎。

　　日本的佛教画强烈地体现着唐代的画风。日本佛教真言宗及天台宗在 8 世纪及 9 世纪的发展，宗教画中特别是以曼荼罗为主题的画作成为主流。不同样式的曼荼罗中以金刚界曼荼罗及胎藏界曼荼罗为主题的最为普遍，并主要以挂轴或庙宇壁画的形式表达。奈良法隆寺金堂内的壁画，在四个最大的壁画上画着四个天界的景象。在每一天界的中央是主佛法座，周围则画有众菩萨及四天王，上面画有宝盖，宝盖左右各有一个飞天。这样的题材与敦煌壁画如出一辙。专家们认为，法隆寺壁画反映了初唐的艺术风格。这些壁画是日本、中国和朝鲜的艺术家们的精彩合作。

　　进入 9 世纪后半期，日本人吸收和融合了中国的画风，开始要求在绘画上表现日本民族自己的情感和审美特色。首先在题材上，更多地表现日本的自然风物、日本的历史故事、日本的社会风俗、日本的名胜古迹；在山水的造型描写上趋于平缓；在色彩上追求明丽；在绘画的用途上开始装饰贵族宅邸。人们把这些与中国画的主题、造型、色彩、用途不同，体现日本独特艺术风格的民族画法称为"大和绘"。

　　但是，从 13 世纪起，首先是宋朝，其后是元朝传来的新的影响，又渗入日本国内，及至 14 世纪，即使日本绘画有了一副完全不同的面貌。

宋代美术向日本的传播，最初大概是从入宋僧奝然开始的。奝然带回日本大量的佛画。佛画通称"变相"，中唐以后开始在中国流行。佛画主要有这样几类：佛像（最为有名的即"旃檀佛像"）、菩萨像、明王像、罗汉像、天龙八部像、高僧像、曼陀罗画（或"曼荼罗"）、佛传图、本生图、经变图、故事图、山寺图、杂类图、水陆画等 14 种。这些图像奝然可能都带回了日本。其中有部分佛像、菩萨像、罗汉像、经变图画至今仍有留存。奝然传入的大量佛画对日本绘画艺术产生了很大影响。日本自平安中期以后，大量制作类似的镜面像，明显受到宋代铜版画艺术的影响。

　　在奝然带回的佛画中，最有影响的是十六罗汉画。罗汉像在中国本来始于六朝时代，但作为罗汉画开始发挥独特妙趣的，却在禅宗大为兴盛以后，而且画法也逐渐脱离普通的佛画，专以潇洒的笔触画出飘逸的神态。到五代时出现了许多罗汉像画的名师，其中以贯休（禅月大师）最为著名，他所绘罗汉，"形多古野"，达到了罗汉画的完满境地。奝然带回的十六罗汉画，就是这一风格的。

　　奝然是罗汉画传入日本的先驱。后来陆续传入日本的杰出罗汉画有：京都高台寺藏十六罗汉、京都相国寺藏十六罗汉、摄津多田院藏十六罗汉、下总法华经寺藏十六罗汉、京都大德寺藏五百罗汉。这些罗汉画对于日本镰仓时代的佛画颇有影响。

　　北宋徽宗时代，翰林院画有很大发展，"院体画"名作甚多，名家辈出。同时，士大夫的"文人画"也很发达。至南宋，又发展新绘画（水墨画）。一些入宋日僧和日本艺术家来中国学习，有的请宋朝画家去日本传授技艺，或将宋画带回日本，出现了欣赏和模仿宋朝绘画的热潮。

　　禅画盛行于中国唐宋时期，特别是宋代禅宗发展的高峰期，禅宗的绘画也形成了一个高峰期。南宋禅林风习，弟子受其师认可时，需要其师一幅肖像画（即所谓"顶相"）以为凭证。所谓"顶相"，属于禅画的一种，指禅宗祖师的肖像。在禅宗内部，师父向弟子传法

第十二讲　书画艺术的东方神韵

时，往往授以自己的"顶相"（肖像）作为印可的证明。在"顶相"的上面，还有自题赞辞或请其他高僧题赞。"顶相"既是弟子继承其师之法的凭证，同时也是学僧通过"顶相"追忆恩师的教导和人格的一种方式，因此在南宋丛林非常盛行。日本入宋僧在回国时，也都把其宋朝师僧的肖像画带回日本。宋朝禅师"顶相"大量流入日本，引发了"顶相"在日本的繁荣，由此引来顶相在日本长达 400 年的辉煌，成了纵贯日本镰仓、室町乃至江户时期颇具实力的艺术样式。

与中国绘画艺术影响有关的另一种艺术形式是水墨画。日本人真正开始学习中国的水墨美术，相当于 14 世纪的镰仓时代后期，而其兴盛却要晚到 15 世纪左右的室町时代。日本早期水墨画的画风主要是模仿中国，没有明显的独创性，而且还没有脱离佛教的束缚，但是，他们却为后来的日本山水墨的形成和发展奠定了基础。

中国画谱在日本的流传，也是中国绘画艺术影响日本画坛的一个渠道。画谱是习画的粉本，明末流行《古今画谱》《名公扇谱》《唐诗五言画谱》《唐诗六言画谱》《唐诗七言画谱》《梅竹兰菊四谱》《木本花鸟谱》《草木花诗谱》8 种，合称《八种画谱》，图画皆有诗赞相配。《八种画谱》于宽永年间（1624—1644）传入日本。宽文十二年（1672）首次和刻，宝永七年（1710）再次和刻，流传甚广。其中的一些图谱被日本南画家刻意临摹，反复袭绘。《八种画谱》的流传不仅限于南画家的范围，当时日本的各类工匠如染织工、螺钿工、雕刻工、陶艺工等，皆将其视为图案宝库，从中获取创作启发。

另一中国画谱《芥子园画传》也于 18 世纪初传入日本。清代著名文学家李渔，曾在南京营造别墅"芥子园"，并支持其婿沈心友及王氏三兄弟（王概、王蓍、王臬）编绘画谱，故成书出版之时，即以此园名之，称《芥子园画传》。此画谱实际上集中了中国画谱的各个方面的特点，它既是一部有关绘画理论和技法的著作，又是一本按照画题分门别类的绘画入门画集，同时还是一部集中了著名绘画的范本集，所以堪称中国画的教科书。该画谱系统地介绍了中国画的基本技法，浅显明了，宜于初学者习用，故问世 300 余年来，风行于画坛，至今不衰。许多成名的艺术家，当初入门，皆得惠于此。《芥子园画传》在中国问世（第一集 1679 年，第二、三集 1701 年）后不久，就通过贸易的渠道传到了日本，因此在不太长的时间里（1688—1704）此书就已为日本画坛所知。据说被奉为日本南画始祖的祗园南海（1677—1751）在长崎逗留期间发现了一本《芥子园画传》。祗园南海深知此书为画道所在，又将其传给了池大雅。池大雅因此领悟到南宋文人画艺术的师徒相传的秘密。

日本艺术家们从 17 世纪末开始广泛推崇和应用《芥子园画传》。宽延元年（1748），平安书肆河南楼刊刻《芥子园画传》6 卷。安永九年（1780）菱屋版和刻本《芥子园画传》问世，此书卷汇同河南楼版于文化九年（1812）由菱屋孙兵卫一并付印。1780 年《芥子园画传》第一部全部出版，最终被确立为练习中国画不可或缺的经典，成为"画家真正的奇宝"。《芥子园画传》作为习画的入门书、图案集和临摹本，受到江户画坛的一致推崇，直到明治时代，还在日本不断再版。这些刻本里介绍的关于绘画理论、技术和插图的珍贵专集，对 18 世纪的日本绘画产生了决定性的影响。这些著作首先影响了画家，同样成为初学绘画者的入门教材，且也满足了一些仅仅想认识中国画作的艺术爱好者的需要。

三、书法艺术在朝鲜的流行

书法艺术是中国独有的艺术形式，把文字的书写性发展到一种审美阶段。书法艺术在中国艺术中占有重要地位。人们对书法艺术的热情，以及它丰富的传统，人们对它的尊崇，都丝毫不亚于绘画。

书法是东方艺术中时间最悠久、空间最辽阔、内涵最丰富、影响最深远的一种艺术。在朝鲜三国时期，中国的书法艺术已传播于朝鲜半岛，所流行的书体主要为地方色彩浓厚的"俗体书"。新罗统一时代最杰出的书法家是金生。金生终生致力于书法，年逾80岁仍临池不辍，时称其隶书、行书、草书皆入神，书写王体最为出色，被誉为"东海书圣"。后人将他的字收集成三种碑帖，这也就是现在能见到的朝鲜半岛上最早的汉字书法。

中国的书法艺术在高丽有了更广泛的传播和影响，高丽时代的书法艺术比之前代有了相当大的提高和发展。1124年，高丽向宋请书家，宋遂派"篆、籀、真、行、草"全才的徐兢作为使臣的助手前往高丽，其书法作品备受高丽文人学士的欢迎。

高丽前期的书法，宗承中国六朝至唐的书风，在初唐三大家中尤重于欧阳询，成为高丽最爱慕学习的一种书体，在高丽前期特别流行，高丽王宫之神风门"题榜之字"，就采用"欧率更之体"。

宋代书法"四大家"的作品传至高丽后，使高丽书法又有了进一步的发展，出现李元符、崔诜、吴彦候、坦然、崔瑀、文克谦、李仁老等书法名家。吴彦候承欧阳询的皇甫碑法，坦然宗承颜法，又习晋、唐的行书及李阳冰的铁篆，被誉为"海东神品四贤"之一。他的作品有《真乐公文殊院记》《僧伽窟重修碑》《北龙寺碑》等，都是书中珍品。他的书法作品《文殊院记》与王羲之的《圣教序》一脉相通，又融入了唐代以后传承的写经字体的笔法，形成了一种新的书风。由于高丽初期所崇尚的欧法字体的框架规范，深得禅味的僧侣当然也包括士大夫阶层对此有所厌倦，所以坦然颇具高士韵致的书风使人们耳目一新，争相效仿。

元皇庆二年（1313），高丽忠宣王在元大都设置了万卷堂，赵孟頫等一批元朝文人经常在此出入。忠宣王对赵孟頫特别宠遇，从赵孟頫那里学到了不少书画技巧。这在当时赵孟頫对忠宣王赠诗《留别沈王》中不难看出他们的友情。忠宣王还是王世子的时候从元带回了4000卷书画作品。到忠肃王时期又有1800余册书籍流入了高丽。恭愍王妃鲁国大长公主入京时也以万卷堂为中心，挖掘出许多图书和作品，并收集书画、器物、简册等，带回高丽。当时带到高丽的赵孟頫的手迹以及其他书画典籍，数量可能相当可观。高丽末期和李朝初期，很多文人都喜爱临摹赵孟頫的字体，并出现了一些赵体书法家。

高丽王室也十分喜爱"松雪体"。"松雪体"名字来源于赵孟頫雅号"松雪道人"，也有"赵体""蜀体"之称。"松雪体"在高丽末期朝鲜初期产生了深远的影响，成为高丽当时主流的书法流派。高丽末年的李嵓深得赵体精髓，他以行书书写并篆的《文殊寺藏经碑》，给人以赵孟頫墨迹再现之感。另外，李齐贤的草书《朴渊瀑布诗》有赵体的飘逸笔致，释宗古的行书《月精寺社施藏经碑》，亦取法赵体。

李氏朝鲜的书法艺术，继承高丽末年遗韵，赵孟頫书体流行一时。一直到朝鲜文宗时代，"赵式"书法风靡全国，并不断涌现出基于"松雪体"的书法大家。

安平大君为李朝前期书法大家，楷行草篆隶均冠绝一时，尤其是喜好松雪体。安平大君的代表作《梦游桃源图跋》，笔法流利轻快、清劲秀丽，取法赵体，达到逼真的程度，而其豪迈相上下凛凛有飞动意。由于安平大君学习松雪体所取得的突出成就，当时士人争相仿效，从而使得松雪体盛极一时。当时较为有名的书家如文宗、世祖、姜希颜、成三问、徐居正、成任等均学松雪体。文宗国王擅长楷书，笔力遒劲，深得中国晋人之奥妙，并取法赵体，达到出神入化之境。

世宗数次收集刊行赵孟頫真迹，并把赵孟頫的《归去来兮辞》刻帖赐宗亲和诸位臣下。文宗元年安平大君

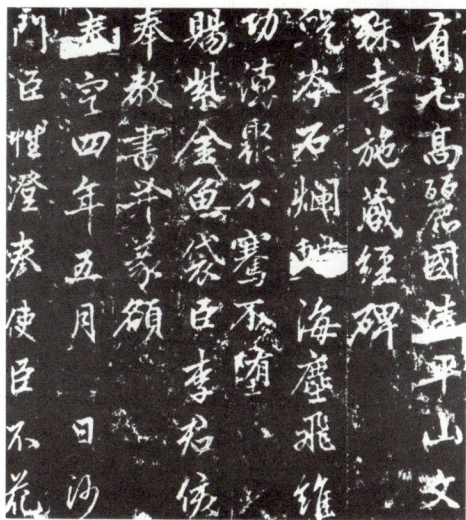

高丽《文殊寺藏经碑》拓片

上交了《历代帝王明贤集》的古帖和《赵子昂真草千字文》，文宗命校书馆将这些版本摹印。世祖也命令铸字所、校书馆、承政院、礼曹等，印制赵孟頫字体供成均馆学生和一般人士作为字本学习。校书馆所藏《集古帖》中赵孟頫的《证道歌》《真草千字》《东西铭》和王羲之的《东方朔传》《兰亭记》、李雪庵的《雪庵头陀帖》以及永膺大君李琰家中所藏赵孟頫的《赤壁赋》等，付印送成均馆，为诸生楷范。

后来，明代书法家文徵明、祝枝山、王宠、董其昌等人的书体也都在朝鲜流行。成守深和李退溪是这一时期最具代表性的两位书家。成守深的书法，用魏晋古法，呈现出苍古雄浑的气象。李退溪的书法吸取二王，笔力遒劲，以端正见长，具有遒健典重的气质。李退溪出现后，认为魏晋书法贵在自然，并主张向钟、王笔法复归。到16世纪后，钟、王书体重新兴起。

17世纪末18世纪初，在文化艺术领域，朝鲜特色日益明显，这个时代的思潮被称为"真景文化"，或称为"东国真风"。在书法领域，则出现了体现这一文化倾向的"东国真体"。其创始者和代表人物为李淑（玉洞）和尹斗绪（恭斋）等。李淑的父亲参加燕行使时，购买回来一些古书和王羲之法帖的善本，其中有《乐毅论》，在李淑的学书过程中起到了很重要的作用。他在《乐毅论》的基础上，上溯魏

金正喜隶书对联

晋古法，融进米芾的特点，创造出了"玉洞体"，自成一格，改革了当时的书坛，开启了"东国真体"。并且为了强化书法家的精神层面，他将易理引入书法，著述了《玉洞笔诀》。

李朝后期，洪大容、朴趾源、李德懋、朴齐家、李书九、申纬、金正喜等大批文士来华，与清朝书坛大家交往，在书法、金石学等方面，所获甚丰，朝鲜书坛出现众彩纷呈的盛况。宋代的苏轼、米芾，元代的赵孟頫，明代的文徵明、董其昌、王铎，清代的刘墉、翁方纲、成亲王永瑆等名家的书体均流行一时。而至19世纪后期，清朝翁同龢、吴大徵等书法家访问朝鲜，他们的书法也在朝鲜产生不少影响。

四、书法艺术在日本的流行

与中国绘画艺术在日本传播的同时，书法艺术在日本也得以广泛传播，被称为"书道"，与"茶道""花道"鼎足而立。

南北朝东魏时期有人传去佛像及经文，因而这一时期日本也一度盛行写经字体。书写经典是大乘佛法十法行之一，在印刷技术尚未发展之时，盛行抄写经文。日本朝廷为了促进日本文化，提高国民知识水平，设立国家机构，专门负责经管抄写经书人才。推古天皇曾选派34人随从百济僧观勤学习书法。在大学寮和国书寮，都设有书博士掌教书法。圣德太子曾学书法，现存日本最早的书迹，是圣德太子在615年写的《法华义疏》4卷。《法华义疏》的书法楷书、行书相交，间亦杂有草书，其书风笔调则仿六朝隶楷体裁，似与北魏之造像铭有所渊源。

奈良盛期由于圣武天皇推行兴盛佛教的政策，写经作为保佑国家的事业而大力推行。这一时期的写经事业达到鼎盛。进入天平时期后，频繁书写浩如烟海的各种佛经，如《法华经》《金光明经》《华严经》《大般若经》等。这些数量众多的写经有一部分流传至今。早些时候的书体还残留奈良前期的锐劲笔法，以后表现出典雅的盛唐样式，完成了所谓天平时期的写经体。奈良时代的写经文字由挺直的笔画构成，字体端正。通过写经，人们逐渐掌握了汉字的书写，奠定了日本书法的基础。

唐太宗推崇王羲之的作品，一时间使王羲之作品身价百倍，日本遣唐使回国时也带回了许多王羲之的手迹。现存的《东大寺献物帐》内曾记载有天平胜宝八年（唐玄宗天宝十五年，756）光明皇后所献的王羲之法书 20 卷，欧阳询真迹屏风及临摹王羲之诸帖书屏风两种、大小王真迹 1 卷。其中尚存的有王羲之的《丧乱帖》《孔侍中帖》等，都是著名的珍品。鉴真东渡时，曾带有王羲之真迹行书一帖，王献之真迹行书三帖，另有其他杂体书 50 帖。

与唐朝一样，王羲之被日本人奉为书道臬圭，尊王羲之为书圣，将书法称作"入木道"，称王羲之为大王，称王献之为小王。"二王"的书法在当时日本的书法艺术中起着主导作用。圣武天皇和光明皇后是日本书法史上的重要书法家，尤其是光明皇后，其书宗法王羲之，她的代表作《乐毅论》《杜家立成杂书要略》是日本书法史上最重要的作品。前书为其 44 岁时所作，据说是临王羲之《乐毅论》钩摹本而得，被后世史家评为"日本书法史上最高级的王羲之临书作品"。

日本留学生和学问僧也从唐朝带回不少碑帖和真迹。最澄带回的就有 17 种，其中包括王羲之父子、欧阳询、褚遂良等名家作品的拓本。除了"二王"外，唐书法家欧阳询、颜真卿、柳公权、虞世南等书法名家的墨迹，也受到高度重视。

平安时代空海、桔逸势和嵯峨天皇并称日本"三笔"，完全学习中国书风，并深得其昧，把日本的书法艺术推向了一个高峰。

空海幼习书法，留唐时曾以书法名家韩方明等为师。韩方明的脉系传自王羲之父子，曾著有《授笔要说》一篇，收录在宋陈思编纂的《书苑菁华》一书中。空海钻研各种笔体流派，能写篆、隶、楷、

影响世界的中华文明十五讲

行、草等五种笔体，被誉称"五笔和尚"。尤其汲取诸家草书之长，研磨切磋，笔力大长，遂被称为"草圣"。据传唐宪宗闻其书道精湛，曾命他补写过宫廷屏风上的王羲之书法胭字，竟和原书一模一样，可见他对王羲之书法有过深入研究，得其真韵。空海的字强韧雄劲，变化自如，所书写的《风信帖》，其笔法颇有王右军的韵致，兼受颜真卿的影

日本孝谦天皇御题"唐招提寺"匾额

响，真迹仍珍藏于京都，成为日本的国宝。

桔逸势是延历二十三年（804）同最澄、空海随从遣唐使入唐的留学生。唐人称逸势为"桔秀才"，由此可知逸势的才气卓越。据说，他在唐期间习书、学琴，曾从柳宗元学习书法，尤擅楷书。《文德实录》将桔逸势描写为一个不拘小节的有奔放性格的人，他乐于闲居而不愿出仕，所以在归国36年后的承和九年（842）只任了个五位下"担马权守"之职。弘仁九年（818）嵯峨天皇亲自题写了大内里东面三门的匾额，空海题写了南面三门的匾额，逸势题写了北面三门的匾额。桔逸势当时的官位并不很高，可已是同嵯峨天皇、空海齐名的优秀的能书家了。被公认为桔逸势书法中代表作品的《伊都内亲王愿文》，楷、行、草各体巧妙应用，用笔轴心不停摇动，自由奔放，点画有向右强烈的压力感与冲击力，节奏铿锵中寓格灵自在，显示了作者旺盛的生命力与良好的内在修养。

嵯峨天皇是一位极其思慕文学全盛的唐代风格的天皇，他的书法修养更在汉诗唐乐之上。《日本纪略》称赞他的书法"一点一画，有体有势，珠连星列，灿然满目"。他尤擅草隶，所写《李峤百咏》残卷系用唐代的白麻纸，结体严整，瘦劲典雅，一望而知其欧阳询书

风，且功夫非常深厚。他写的《金字法华经》《兴澄上人五言排律》等帖，都不失欧书矩镬。

这一时期的日本书法艺术，仅次于空海的，还有最澄及其弟子圆仁、圆珍等人，都是入唐高僧，对于书道笔法各有所长，然皆不脱离中国书法之风范。

平安中期，随着假名的出现，书法也开始"和化"，书法界出现了小野道风、藤原佐理和藤原行成，世人称之为"三迹"。小野道风接受王羲之书法字体中坚实的构筑美，以求格调高古；运用蜿蜒丰润的笔致，重笔和淡墨的参差变化，以增强节奏韵律的跳跃，形成了区别于他人的独特书风和"秀气"风格。道风的作品，雄浑丰富且艳丽，典雅出色，草书写得豪爽绝妙，其书风风靡一世，其墨迹称为"野迹"，走红醍醐、村上、朱雀三朝。小野道风的书风正是在强调

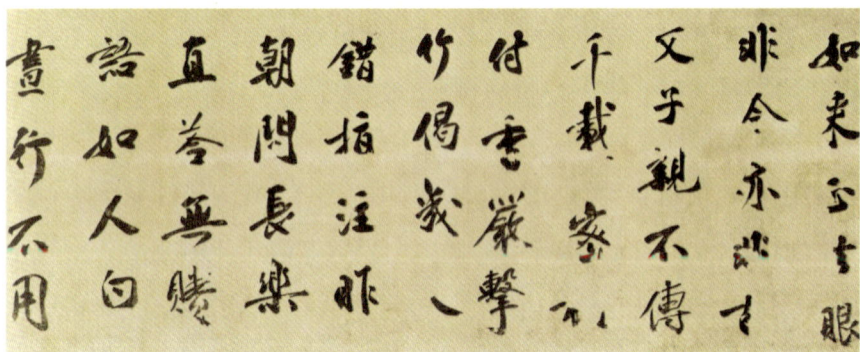

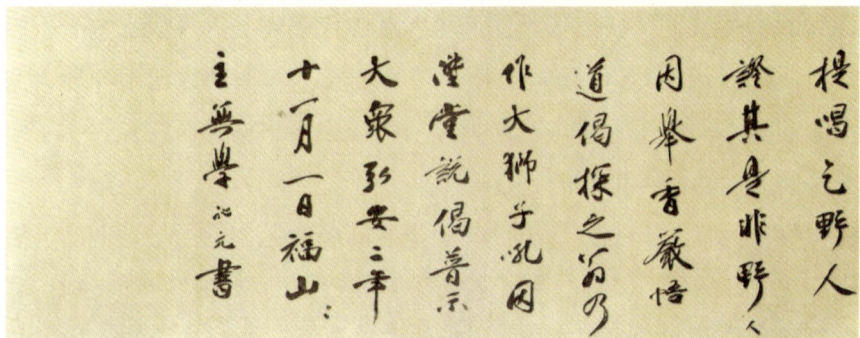

无学祖元墨迹

影响世界的中华文明十五讲

国风化的热浪中产生的，被认为是"和样"书法的创始人，在日本书法史上占有特别重要的地位。

小野道风开创的和样书风，被藤原佐理继承、发扬光大，使草书的线条更加洗练柔润且富有弹性，颇似假名那样连绵游丝的笔法穿梭其间，显得格外生动且变化莫测。藤原佐理的流丽而有跃动感的笔迹被称为"佐迹"。藤原行成继承了小野道风与王羲之的风格，创立日本风格的书法，是日本书法之集大成者。其书风富有洗练、均衡及中和之美，点画粗壮处显得富有充实感，内含筋骨，纤细处笔致精到入微，格调高古，后世称之为"权迹"。

和样书风由小野道风始见萌芽，经佐理进一步得到深化，至行成才宣告完成。行成所完成的和样书风，又由他的子孙所继承，这一家传的书风被称之为"世尊寺流"，一直延续到室町时代。"三迹"创立和样书风为以后的假名书法的展开奠定了基础，形成了与中国的"唐样"书法有别的"和样"书风。

日本书法先是受晋唐书法的影响，并逐渐创造了有日本化的"和样体"。至镰仓时代书风发生了变化。宋四大家书法由中日禅僧先后传入日本，入宋僧和入元僧中有不少人在中国学习书法，功夫卓著。宋代书法崇尚个性、峻烈、多禅味的书风，在日本被称为"禅宗体"，虽不及唐代繁荣，但在日本镰仓时代却享有至高无上的地位。

第十三讲
中国造园艺术的世界影响

一、日本的禅风造园艺术

中国传统园林是中国传统文化的重要组成部分，是中国文化精神最为直接、形象和生动的展示。中国的园林艺术在中国传统哲学思想和文化艺术的影响下，形成了特有的风貌，在世界园林史上独树一帜，是世界两大造园体系中东方造园体系的代表。我国的古典园林，它的独特的艺术风格，使它成为中国文化遗产中的一颗明珠。

日本的造园艺术深受中国文化的影响。到了室町时代兴盛的园林艺术，更受到禅宗美学的影响。

禅宗美学非常强调欣赏自然美，山水之美的欣赏与表现在禅宗美学中占有非常重要的地位，禅宗风格的山水诗画、禅宗庭园等都是禅宗美学再现山水之美的实例。禅宗美学强调领悟，拒绝采用具象的表达方式，而是通过写意手法来隐喻和比拟，通过观者的联想和思索来感悟，这与禅宗冥想的修行方式是非常契合的。禅宗美学也反对人工的雕饰和装饰，强调运用纯粹自然的、单纯的材料，通过极为简洁、洗练的手法来营造空间，表现自然的无垠与秀美，反映内心的空灵与冥思。这种追求自然与纯净的极少主义的写意手法，构成了禅宗美学最为独特的魅力。

禅宗美学对于日本古典园林的影响非常深刻，几乎各种园林类型都有所体现，无论是舟游、洄游的动观园林，还是枯山水、茶庭等坐观庭园，都或多或少地反映了禅宗美学枯与寂的意境。

入华的日本禅僧以禅宗崇尚自然，喜爱山水的灵性，对园林浓缩天地的艺术形式有着特殊的情感。回国后，在禅寺庭院模仿杭州、苏州名园，陶冶性情，体会"物我一如"的禅境。梦窗疏石著《梦中的问答》中说"把庭院和修道分开的人不能称为真正的修道者"。室町时代开始，朝廷贵族、禅宗僧侣热爱造庭，认为山水庭院有助于参

影响世界的中华文明十五讲

禅，在质朴、空灵、通透的庭院里吟咏禅诗，观赏园景。

禅僧们大都擅长园林设计，其中最具特色的要数"枯山水"造景艺术。"枯山水"又称"假山水"（镰仓时代又称"乾山水"或"乾泉水"），即用白砂石铺地代表水面的庭园，最早系仿造中国苏、杭等地山水的意境，其中每个石头的命名都有中国的典故。《造园记》中说："在没有池子、没有用水的地方安置石子、白沙造成枯山水，所谓枯山水就是用石头、石子造成偏僻的山庄，缓慢起伏的山峦，或造成山中村落等形象。"枯山水中使用的石头，气势浑厚；象征水面的白砂常被耙成一道道曲线，好似万重波澜，块石根部，耙成环形，好似惊涛拍岸。如果点缀花木，也是偏爱使用矮株，尽量保持它们的自然形态。寥寥数笔，抽象写意，尺方之地现天地浩然，"一花一世界，一叶一如来"。这种以凝思自然景观为主的审美方式，典型地表现了禅宗的美学观念，所造之境多供人们静观，为人们的冥想提供一个视觉场景，人们只能通过视线进入它的世界。它的美更多地需要靠禅宗冥想的精神构思，因而具有禅的简朴、枯高、自然、幽玄、脱俗等性格特征。枯山水抽象、纯净的形式给人们留出无限遐想的空间，它貌

日本天龙寺曹元池庭院

似简单而意境深远，耐人寻味，能于无形之处得山水之真趣，这正是禅宗思想在造园领域的凝聚。它不单是一种表现艺术，更是一种象征的艺术和联想的艺术。从这一点上来说，与中国古典园林可游、可居相比，它更像是一幅立体的水墨山水画，是在三维空间中追求的二维效果。

日本人好做"枯山水"，无论大园小园，古园今园，动观坐观，到处可见"枯山水"的实例。比如，京都龙安寺，在无一树一草的庭园内，经过巧妙的构思，通过块石的排列组合，白砂的铺陈，加上苔藓的点缀，抽象化为海、岛、林，幻化出另一种境界，所以龙安寺也称"空庭"，使人从小空间进入大空间，由有限进入无限，达到一种"空寂"的情趣。

禅宗影响下的日本造园艺术的另一突出表现是茶室。随着到中国来参禅求法的日僧回国，也把中国的茶文化带回日本，并且形成了日本独有的茶道。如荣西、圆尔辨圆等人，都为茶文化的传播做出了贡献。茶室是为茶道兴建的建筑。由于禅宗倡导寂灭无为的生活哲理，茶室自然也以素淡萧索为样风，追求自然天成。因此草庵风茶室成为日本流行最广、最具特色的建筑类型。这种茶室外部造型好像草庵，尺度不大，材料结构都很简朴、原始。茶室内部利用凹间、窗户和天花布置创造出千变万化的小空间。大量使用自然材料，不加修饰，追求空寂、枯寒的气氛。这种自然、优雅的中性色，配合阳光从外面射入，使得内外空间表现出简朴、实用、洁净、安详的气氛，从而启发茶人的清静情趣，排除私欲，探寻本源，达到觉悟的目的。草庵风茶室大多为四席半，最小的仅有两席，约五六平方米。据说日本茶室的面积是由 15 世纪的日本茶道大师绍鸥确定的。他受佛教经书《维摩经》里面的经文启发——维摩在一间五六平方米的屋子里会见文殊菩萨和 8.4 万个佛家子弟。这个寓言表达了一种佛教观点，即对于真正觉悟的人来说，空间是不存在的。它们虽小却多变，内外样式上都尽量避免对称，常用木柱、草顶、泥壁和纸隔扇建造。为了渲染自然情趣，常用天然未经雕饰的石头作踏步和架茶炉。秀竹作窗棂，苇席为障屏，柱、梁、椽等木构件一般采用带皮的树干，弃修直、求天然。中柱是茶室中最讲究的构件，优秀的中柱往往几经求购，十分珍贵。所有的木构件都不上漆色，称之为"素面造"。

茶室外的庭院叫作"茶庭"，地面略做起伏，青草覆面。茶庭格调洗练、简约，并突出其"闹中取静"的山林隐逸气势，以便于沉思冥想，故造园设计比较偏重于写意及平淡恬逸的境界。园中有水井一口，供烹茶洗漱之用。一般在茶庭在内、外露地之间，用碎石和白砂铺成一条干枯的小溪，溪上架桥，增加园林气氛。园内植物主要为草地和苔藓。除了梅花以外，不种植任何观赏花卉，为的是避免斑斓的色彩干扰人们的宁静情绪。这种由喧嚣入静寂的庭院设计，就像中国宋代兴起的"城市山林"。在茶庭中，一切都安排得朴素无华，富有自然情趣，更加突出禅者、茶人心造其境的禅宗主旨。以禅宗心身感悟的方法，把人们引入一种淡泊清幽的脱尘境界，使人感受更多的是一种纯粹地对精神空间的追求。步入这样一个不受外界干扰的寂静空间，内心的一切浮躁都会慢慢沉淀，即使不去刻意寻找，禅意也会从清幽的茶器中油然而生，别有一番美的意境。

铃木大拙说："日本人最擅长的，是用直觉把握最深的真理，并借表象将此极为现实地表现出来。"从日本枯山水园和茶庭中，可以看到，中国"壶中天地"的园林审美倾向传入日本后，被日本人改造成一种以高度典型化、再现自然美为特征的写意庭园。无论是枯山水园还是茶庭，虽然本身并不大，但常常让人感到其空间的无限延伸，或者是一种从小空间向大空间甚至是向无限空间扩展的精神诱导。它们那种抽象、纯净的形式，给予人们无限遐想的天地。

佛教禅宗在日本兴盛，使日本人认为大自然是超脱凡世的，日本庭园也在自然美中融入了浓厚的禅的意趣，从而从室町时代开始出现了日本新的造园运动。这种融合了禅宗审美趣味的日本园林一直持续到江户时代，并且又有新的发展。日本学者田中淡指出："根据近年来考古发掘调查的成果，中国园林对日本早期庭园起了决定性的影响作用，这一点已毫无疑义，其事实主要是形成了净土（寝殿造系）庭园的风格，并使之成为日本古代、中世纪庭园的规范，在立地、方位的选定以及禁忌的观念等方面，也赋予了基本的雏形。……到江户时代，又传来了明末计成所作极为详尽的造园理论实践著作《园冶》；日本庭园中与该书缩景、借景等特定的取景方法相通的诸般要素，就很可能渊源有自。"

田中淡说到的计成是明代画家和造园艺术家，他宗奉五代画家荆浩和关全的笔意，属写实画派。他喜好游历风景名胜，中年回到江南，定居镇江，专事造园。在一次参观堆假山作业中提出了应按真山形态堆垛假山的主张，并动手完成了这座假山石壁工程。这件作品形象佳妙，宛若真山，名闻遐迩。明天启三至四年（1623—1624），应常州吴玄的聘请，营造了一处面积约为 5 亩的园林，名为"东第园"。明崇祯五年（1632）在仪征县为汪士衡修建的"寤园"，在南京为阮大铖修建的"石巢园"，在扬州为郑元勋改建的"影园"等，都是他的代表性作品。他根据丰富的实践经验整理了修建吴氏园和汪氏园的部分图纸，于崇祯七年写成中国最早的和最系统的造园著作《园冶》3 卷，附图 235 幅。主要内容为园说和兴造论两部分。其中园说又分为相地、立基、屋宇、装折、门窗、墙垣、铺地、掇山、选石、借景10 篇，被誉为世界造园学最早的名著。《园冶》传到日本后，引起日本艺术界的重视，并对日本的造园艺术以新的影响，日语里"造园"一词就源自计成的《园冶》。日本首先援用"造园"为正式科学名称，并尊《园冶》为世界造园学最古名著。

二、欧洲人对中国造园艺术的介绍

中国的园林和建筑艺术对欧洲人有着特别大的吸引力。在中国文化的影响和刺激下，欧洲各国的建筑园林艺术在洛可可时代有了突出的发展，形成了欧洲造园艺术文化史上的一个有特殊意义的阶段。

中国的"自然式园林"与欧洲的"几何规则园林"形成了强烈的反差和对比。中国皇宫的富丽堂皇、南方民居的典雅清秀，庙宇塔寺的庄严肃穆，都明显具有东方文化的特点。来到中国的欧洲人，看到与他们习惯的园林式样完全不同的中国园林，看到与他们习惯的建筑样式完全不同的中国建筑，一定会留下十分深刻的印象和产生强烈的视觉冲击。所以，在近代早期来华的传教士、商人等，都有对中国园林和造园艺术以及中国建筑风格的程度不同的介绍。

最早来中国的传教士利玛窦曾多次提到中国的建筑和园林。其他传教士，如卫匡国的《中华新图》、安文思的《中华新史》等一系列关于中国的著作中有相当篇幅描述了中国园林，使西方人对中国园林有了进一步了解。1724年，意大利传教士马国贤把铜版画《避暑山庄三十六景图》带回英国伦敦，使中国园林图像资料第一次传入西方，

这幅画表现了 18 世纪欧洲人对东方园林的想象

标志着西方人对中国园林的了解进入图像时代。这"三十六景图"的原作是清代画家沈崳奉康熙皇帝之命所绘的《御制避暑山庄图》，康熙五十一年（1712），版刻名手朱圭、梅裕风以该画稿为底本，雕刻成木版《御制避暑山庄三十六景图》。次年，康熙五十二年（1713年），马国贤又以木版"御制图"为蓝本，主持印制了铜版《御制避暑山庄三十六景诗图》，与木版的格式相同，在36幅铜版画另侧，由名臣王曾期所书诸景点记述和康熙题诗。马国贤将这些铜版画带到英国，起先收藏在热心中国风园林的伯灵顿勋爵家中的图书馆，现存于大英图书馆。马国贤在伦敦时，曾经向英国人介绍过中国园林，并与古罗马的贺拉斯和西塞罗的牧歌式理想做了比较。马国贤的伦敦之行，对英国乃至欧洲的园林艺术产生了极大的影响，推动了英国以及欧洲园林设计的革命。

另一位来华传教士王致诚在1743年给在巴黎的朋友达索写了一封长信，其中详细描述了他称为"园中之园"——圆明园的美丽景色。由于王致诚具有很高的艺术修养，并且对于中西方艺术都很有体会，所以，他对于中国造园艺术的看法就不同于前述几位传教士仅仅是作为参观者的意见。在当时来华传教士中，王致诚关于介绍中国园林的书信是最全面也是影响最大的一份文献。在王致诚看来，中国的园林建筑给人一种画意的感觉。他指出了中国园林的无比丰富性，充满了胜境幽处、意想不到的变化，充满了浪漫情趣，山重水复，木老石古。他认为中国人在园林建筑方面的创作是以作为景物的一部分而提出的，是对自然美景的补充。对于这种美景，王致诚觉得无法描摹，只能说："只有用眼睛看，才能领略它的真实内容。"

王致诚的这封信在欧洲流传很广，他笔下的圆明园成为欧洲人心目中的时尚园林和梦幻仙境，同时也引起了欧洲园林建筑家的极大兴趣。后来，王致诚应友人之邀，将中国宫廷画家唐岱、沈源、冷枚等人完成的《圆明园四十景图》的副本寄到巴黎。

在向欧洲介绍中国园林艺术方面，除了上述传教士们的介绍和推

影响世界的中华文明十五讲

崇外，英国建筑家威廉·钱伯斯起到很大作用。

钱伯斯在一条瑞典东印度公司的商船上任货物经理。1742—1744年间，他到了广州，工作之余收集了一批有关中国建筑、园林、服饰和其他艺术资料。他对中国的园林很有兴趣，曾向一位叫李嘉的中国画家请教过中国的造园艺术。1748年他曾再次到中国考察，描画了许多中国建筑、家具、服饰等的式样，特别是对中国建筑做了大量的速写。后来，他脱离了航海生活，先到巴黎、后到意大利学习建筑。1755年。钱伯斯回到英国，担任威尔士亲王的绘画教师。1757—1763年，为王太后主持丘园的园林和建筑设计；1761年开始任英国宫廷的建筑师；1782年成为宫廷总建筑师。

主持丘园的建设，是钱伯斯最主要的成就。与此同时，他还对中国建筑和造园艺术进行了深入的研究，于1757年出版了《中国建筑、家具、服饰、器物的设计》一书，内容主要是介绍各种中国的建筑物和园林，有大量相当精美的插图。同年5月，他又在《绅士杂志》上发表了论文《中国园林的布局艺术》。钱伯斯的研究具有很高的价值，在当时就产生了相当大的影响，成为中国风尚的范本。

钱伯斯的著作提出了和当时普遍流行性的园林形式完全不同的理念。他认为真正动人的园林应该源于自然，但要高于自然，要通过人的创造力来改造自然，使其成为适于人们休闲娱乐之处。他认为古典主义的花园太雕琢，过于不自然，而所谓自然景致花园又不加选择和品鉴，枯燥粗俗。最好的是明智地调和艺术与自然，取双方的长处，这才是一种比较完美的花园。这种花园，就是中国式的花园。他说："任何真正中国的东西至少都有它独创的优点，中国人极少或从不照搬或模仿别国的发明。"他还指出，"中国人虽然处处师法自然，但并不摒除人为，相反地有时加入很多劳力。他们说，自然不过是供给我们工作对象，如花草木石，不同的安排会有不同的情趣。中国人的园林布局是杰出的，他们在那上面表现出来的趣味，是英国长期追求而没有达到的"。钱伯斯相当系统全面地论述了中国的造园艺术。关于中国造园艺术的基本特点，他指出："大自然是他们的仿效对象，他们的目的是模仿它的一切美的无规则性。"他指出："首先，他们详察所选定的地址的地貌，看看它是平川还是坡地，有土丘还是有山岗，是开阔的还是幽闭的，干的还是湿的，是不是有许多小河和泉水，或者根本没有水。他们对各种各样的环境很重视，选择最适合于自然地貌的布局方法，这种方法花钱最少，最能遮盖缺点，而又最能充分发扬一切优点。"

钱伯斯进一步阐述了中国造园艺术的基本原则，他指出："中国园林的世纪设计原则，在于创造各种各样的景，以适应理智或情感的享受的各种各样的目的。""整个地段被分化成许多不同的景；他们的园林的完美之处，在于这些景致之多、之美和千变万化。中国的造园家，就像欧洲的画家一样，从大自然中收集最赏心悦目的东西，把它们巧加安排，以致不仅仅这些东西本身都是最好的，更要使它们在一起组合成一个赏心悦目、最动人的整体。"他认为中国的园林中的这些景都是有性情的。

钱伯斯对中国造园的具体方法，包括与四季的变化、每天清晨和中午、黄昏不同时段的变化，以及不同功能的变化，都有各自不同的设计和安排，还有用不同的尺度和色调变化来造成空间的深远效果等等。钱伯斯还非常重视色彩在园林中的独特作用，并首先将这种理论运用到实践中去。总之，他对中国园林怀着极为赞赏和推崇的态度，他说，中国人设计园林的艺术确是无与伦比的。欧洲人在艺术方面无法和东方灿烂的成就相提并论，只能像对太阳一样尽量吸收它的光辉而已。他还指出，"在中国，不像在意大利和法国那样，每一个不学无术的建筑师都是一个造园家……在中国，造园是一种专门的职业，需要广博的才能，只有很少的人能达到化境。"

钱伯斯对于中国建筑和造园艺术的研究，在当时的欧洲各国产生了很大的影响，他所建造的丘园成为当时欧洲流行的"中国风"在园林建设上的一个样板，他的《中国建筑、家具、服饰、器物的设计》

一书，也成为造园家们必备的参考书。可以说，钱伯斯在英国乃至欧洲的造园史上划了一个时代。

三、流行一时的"英—中花园"

1750 年，钱伯斯受肯特公爵之托，在英国东南叫丘城的地方建造别墅。他在此设计了一座中国式庭园，名为"丘园"。园中垒石为假山，小涧曲折绕其下，茂林浓荫；园内有湖，湖中有亭，湖旁耸立一座高 160 英尺的九层四角形塔，每层有中国式的檐角端悬，屋顶四周以 80 条龙为饰，涂以各种颜色的彩釉。塔旁还有一座类似小亭的孔子庙，图绘孔子事迹，并杂以其他国家及其他宗教的装饰，惟雕栏与窗棂为中国式。丘园中某些局部的规划也具有相当程度的中国特色，在水面以及池岸处理上尤显突出，两者之间过渡自然。邱园中那如茵的绿草地，点缀其间的鲜艳的花卉，伫立一旁的深色调的参天古木组合在一起显得相当协调，充分体现了钱伯斯独特的艺术感觉和创造力。

丘园是钱伯斯最著名的代表作，是钱伯斯式风格最佳体现。有一位艺术评论家对钱伯斯的"丘园"评论说："钱伯斯建园，用曲线而不以直线，一湾流水，小丘耸然，灌木丛生，绿草满径，树林成行，盎然悦目一总而言之，肯特公爵入此园中，感到如在自然境界。"

1763 年，钱伯斯把"丘园"的建筑平面图和剖面图汇集成册，出版了《丘园设计图》一书。1771 年，瑞典国王见到这本书后，封钱伯斯为骑士，授北极星勋章，英国国王乔治三世批准他可以在英国使用这个头衔，钱伯斯的声望达到了顶峰。

钱伯斯建造的丘园引起了模仿的浪潮。大约在 1770 年前后，中国的园林及建筑实际上成为英国某些公园的主题，涌现出一批"中国风"园林。比较有代表性的，有建于 1772 年的德罗普摩尔花园，不但有假山、水池和灌木丛，还有竹子和绿釉的空花瓷墩，很有中国风味。此外还有阿莫斯博雷花园、夏波罗花园等。牛津的沃斯顿公园也是用中国式园林构图方式来设计的。1798—1799年，罗伯特在贝德福德的沃布建造了农场花园，其中的牛奶场采用了中国形式，它是用白色大理石和彩色玻璃装饰的，在中心有一个喷泉。墙的四周环绕着许多中国和日本的各色碟碗，里面装满了新鲜牛奶和奶酪，操作台上的物品柜完全是中国式的家具。窗户是落地玻璃，上面绘有中国画，在幽暗的灯光下显得非常神秘。

这一时期的英国园林，堆几座土丘，叠几处石假山，再点缀上错落的树丛，造成景色的掩映曲折，增加层次，引三两道淙淙作响的流水，穿过高高的拱桥，偶尔形成急湍飞瀑，汇集到一片蒹葭苍苍的小湖里去，湖里零散着小岛或者石矶。溪畔湖岸，芦蒲丛生，乱石突兀，夹杂几片青青草地伸到水中。道路在这些假山、土丘、溪流、树丛之间弯来绕去，寻胜探幽，有意识地造一些景，大多以建筑物为中心，配上假山和岩洞，或者在等到远眺的地方，或者傍密林深处的水涯。

伦敦丘园中的花园和鸟舍

影响世界的中华文明十五讲

法克劳德－路易·夏特莱《小特里亚农宫的花园》

在众多园林建筑中，英国人最喜爱用的是"中国亭"。在18世纪，英国所建造的中国亭大部分是建造在水边或水中的，它们常常用于垂钓或划船。随着中国式园林样迅速地传播开来，英国很多地区出现了中国亭。在一个秀气的园林里面放置一个中式亭子，对所有的贵族来说好像花园是必不可少的装饰。因为它的体积小，很轻盈，很快替代了流行很长时间的、很多柱子支撑起来的圆形古典小庙。

在18世纪后期，中国式庭园建筑在英国蔚成风气，日趋完善。此风传到法国，便有"英—中花园"之称。法国一些贵族刻意模仿中国园林，在私人花园里建造亭台楼阁宝塔，小桥流水，假山石岛，甚至把圆明园的花卉移植到法国。巴黎的一些花园被设计成"自然式"，里面有湖面、小溪，还有中国的桥、岩洞和假山，即在凡尔赛曾流行的所谓的"乡村之景"。1774年，凡尔赛的小特里阿侬花园建成，这座花园是由园艺师理查德设计建造的。这个花园位于小特里阿侬的东北、北和西北三面，里面有栽种异国植物的大温室、亭阁、大楼阁、塔、牛棚、羊舍、中国的鸟笼、大悬岩、上流河的源头、迫使河流积聚泥沙的岩石等。在当时，这座花园被认为是"最中国式"。这座花园是为玛丽－安托瓦尔特王后建造的，王后可能阅读过王致诚有关圆明园的描述，所以才有了建造这样的中国式花园的想法。

1773 年始建的蒙梭花园是一座很典型的"英－中花园"，水面多而且富于变化，有小溪、流水和湖泊，湖心有一座小岛，岛上建造了一座中国式建筑物。还有中国式的桥和岩洞、假山。1780—1787 年建于纽斯特附近的斯腾公园是法国最精美的英中式园林，其部分建筑是根据尼霍夫访华时从中国带回的资料设计的，园林中有中国的三角亭等。

18 世纪的法国建筑师让－弗朗索瓦·勒鲁瓦为在巴黎郊外的尚蒂伊宫建造了一座中式花园。这座宫殿和花园是属于孔蒂王子所有的。这座"中国花园"的标志性建筑是一座规模不大的假山，上面有石块砌筑的登山小路。假山前有一条蜿蜒曲折的小河，河边建有茅草小屋。小屋旁有一个水车，说明这是一座中国的农舍。

"中国风"设计的园林在德国、瑞典、西班牙等地也很有影响。在 18 世纪的欧洲，仿造中国式的园林，或者说建造一座"英－中花园"，已经成为一种贵族的时髦。此风从英国开始，继而各国纷纷仿效，一时间中国式园林遍布欧洲各国，成为独特的风景。

四、家喻户晓的"中国瓷塔"

在欧洲人了解的中国建筑中，最有名的是南京的"瓷塔"，以至于在很多人看来，"瓷塔"是中国建筑的代表。

所谓"瓷塔"，即是南京大报恩寺内的琉璃塔。大报恩寺位于南京中华门外雨花路东侧秦淮河畔，是明朝永乐皇帝为纪念其生母，在1412—1431 年期间重修的，郑和担任过监工官。这座寺庙规模庞大，是一组犹如宫殿般金碧辉煌的建筑群，其范围达"九里十三步"，曾与灵谷寺、天界寺并称为"金陵三大寺"。位于大殿后的大报恩寺琉璃塔九层八面，周长百米，高达 78.2 米，以五色琉璃精工砌筑，为当时全国最高建筑，甚至数十里外长江上也可望见。该塔是金陵四十八景之一。1856 年，太平天国"天京内讧"，大报恩寺塔被北王韦昌辉下令炸毁。

　　欧洲人得知"瓷塔"，首先得归功于荷兰人纽霍夫。他在《中国出使记》中以图文并茂的形式介绍了"中国瓷塔"，热情地推崇它造型的独特和无与伦比的美丽：

> 　　我们走出城区，去看一座著名的宝塔。那里被中国人称作报恩寺。……到了那里，你拾级而上……你所看到的所有营造设施都美轮美奂，巧夺天工，浸染着古老的中国风韵。我想整个中国也没有别的地方可与这里媲美了……在寺院的中央，伫立着一座高高的瓷塔，它是精品之中的精品，展现了中国能工巧匠独特的才华与智慧……当我由这件艺术杰作联想到其他所有

荷兰纽霍夫的《出使中国记》中的插图"中国瓷塔"，巴黎吉美博物馆藏

的艺术杰作，由这座非凡的建筑追忆起其他精妙的建筑时，一个念头袭上心头，我要以诗把它凝固：将宝塔与世界七大奇迹并置，这在西方旧世界也许显得荒谬：我为你崇拜的庙宇的灿烂深感惊恐，啊，南京，在此没有人信仰真正的神灵！

纽霍夫图文并茂的介绍，使得南京大报恩寺塔成为最为西方人熟知的中国建筑。但纽霍夫将9层的宝塔错画成10层，这一错误直接影响到后来欧洲以此为蓝本设计的许多塔的层数。这座塔通体琉璃，但纽霍夫误认为是外表贴着珍贵的瓷砖，就把它称为"瓷塔"，从此以后大报恩寺塔就在欧洲以"瓷塔"著称。1665年纽霍夫的书的法文版面世后，还激发路易十四1670年在凡尔赛建成了欧洲首个中式建筑——特列安农瓷宫。欧洲人惊叹南京"瓷塔"的雄伟壮丽，视作"东方建筑艺术最豪华、最完美无缺的杰作"，将其称为与罗马大角斗场、土耳其圣索菲亚清真寺、英国沙利斯布里石环、意大利比萨斜塔、埃及亚历山大陵和中国的万里长城相提并论的"中古世界七大奇观"之一。

经过纽霍夫以及传教士们的介绍，中国瓷塔在欧洲家喻户晓、童叟皆知。1839年，安徒生在童话《大国花园》中提到一位名叫"东风"的少年，穿了一套中国人的衣服，刚从中国飞回来。关于中国的印象，东风告诉他的风妈妈："我刚从中国来——我在瓷塔周围跳了一阵舞，把所有的钟都弄得叮当叮当地响起来！"在这个童话里，安徒生通过风妈妈四个儿子的叙述，描绘了世界各地的旖旎风光和独特的景物。故事中的瓷塔即表示着中国。

1878年，诗人朗费罗写的《可拉莫斯》还提到瓷塔：

远方的南京城的侧旁，可以看见
瓷塔，古老而且古怪，
拔地伸向惊异的天空，

它有九层彩绘的回廊，

配有缠绕树叶状的扶栏，

瓦片的塔顶，在飞檐下，

挂着瓷铃，每时每刻

发出柔和和悦耳的乐声……

　　中国的"瓷塔"成了欧洲园林建筑中纷纷仿制的对象。17 世纪晚期到 18 世纪各地出现的中国式宝塔，都是以"瓷塔"为样板，在其他装饰领域，也多见到它的形象。欧洲第一座中国式塔于 1762 年在伦敦西南部的丘园建成。这座八角形的砖塔共 10 层，高约 50 米，由威廉·钱伯斯设计。宝塔主体成八角形砖砌锥体，底部为廊。每层设有列窗，有 10 层突出的顶盖，覆以白绿相间的琉璃瓦。每层均有中式大红眺台围绕，檐角则有彩绘雕饰的玻璃巨龙，嘴中隐含铜铃，向外探望。木质旋梯直达塔顶。塔内色彩斑斓，饰以棕榈图案的壁纸和蓝天图案的穹隆。此塔是当时欧洲仿建得最准确的中国式建筑，曾在欧洲轰动一时，成为其后许多地方中国式塔的模仿对象。有法国人甚至说："丘园的塔是园林建筑物令人振奋的新发展的一个万人瞩目的象征。"2003 年，包括此塔在内的丘园被联合国教科文组织列为"世界文化遗产"。

　　在法国小城安布瓦

伦敦丘园中的宝塔

斯附近的尚黛鲁普府邸中，有一座全部用石材砌筑的中国式塔，建于1775—1778年间。塔为八角形，共7层，高约37米。其下粗上细的外形轮廓、优雅上翘的屋檐、窗棂格图案的栏杆都有大报恩寺琉璃宝塔的影子，特别是底层一圈16根柱子的外廊，与琉璃宝塔很相像，不过它的细部都属西方古典主义的多立克柱式。中国式塔在德国至少有3座遗存。波茨坦的无忧宫花园内有一座建于1769—1770年间的"龙塔"，平面呈八边形，共4层，底层封闭，上面3层开敞，每层的腰檐都是曲面的，因为塔身每个戗脊上共装饰有16条龙，故而得名。德国的另一座中国式塔，是矗立在奥哈尼恩包姆花园小山上的八角形钟塔，于1795—1797年间建成。塔身以红砖砌筑，共5层，每层有檐，檐角悬挂风铃，各面均设一小窗，外形大致准确。在德国慕尼黑的"英国园"中，也有一座著名的"中国塔"。此塔仿照丘园塔设计，建造年代与上述建塔时间相仿。塔高25米，共5层，12边形，木结构，每层均为全开敞的阁楼，外檐装饰镂花木格，空灵通透，出檐舒展。

第十四讲

中国诗歌的世界影响

一、中国诗歌在朝鲜的流传与汉文学

中华民族是一个饱含诗意的民族。自古以来，人们创造了各种诗歌形式，表达对自然、世界和人生的感受，热情地歌颂生命和生活，表达对美好生活的追求和向往。中国的诗词歌赋是极为丰富的文学宝库。

唐代时，就有中国文学传播到新罗。到了宋代，汉籍大量东传，其中有许多中国历代文学作品，如唐代李白、杜甫、白居易等人的诗，宋代司马光、王安石、苏轼等人的文章，都曾大量传入高丽，受到高丽文人的欢迎。其中苏东坡在高丽文人中影响尤其大。出使过宋朝的高丽使臣金瑾，敬佩苏轼、苏辙的文才，给自己的两个儿子起名为金富轼、金富辙。金富轼即为朝鲜第一部史书《三国史记》的作者。高丽文人对苏轼的推崇由此可见一斑。

为了使国人更广泛地了解和学习中国文学，高丽文人还编选、注解中国文人的诗文集。高丽仁宗时，崔维清作《李翰林集注》《柳文事实》，金仁存注《贞观政要》，尹诵选《集古词》《唐宋乐章》《太平广记》《摄要诗》等。这些高丽文人的选注，更广泛地传播了中国文学作品，扩大了中国文学的影响。司马光的散文被列为臣僚们阅读的教材，范镇的文章为"契丹、高丽皆传诵"的读本。《十抄诗》是高丽时期一部唐人七律选集，全书收录唐代 30 位诗人的作品 300 首，每人 10 首，故名《十抄诗》。《十抄诗》中有不少唐人佚诗，据统计有 100 首之多，涉及 19 位诗人。

宋人所编的诗文选本，早已传入高丽，并且得到广泛的传播。比如《宋贤集》《宋文鉴》《瀛奎律髓》《文章正宗》《文章轨范》《崇古文诀》《圣宋名贤五百家播芳大全文粹》《濂洛风雅》等诗文总集。其中《宋文鉴》《瀛奎律髓》《圣宋名贤五百家播芳大全文粹》还成为高丽选编宋人诗文选本的直接资料来源。

鉴于高丽文学的发达，宋朝每与高丽朝有外交文书往来，"必选词臣著撰，而择其善者。所遣使者，其书状官必召赴中书，试以文，乃遣者。"另一方面，许多中国文人移民高丽，如北宋文人张廷、卢寅、陈渭、慎修、章忱等，受到高丽朝廷的信任和重用，委以重要官职。他们与高丽朝野文人名士交谊甚厚，也把华夏文风传于高丽。

在朝鲜三国时期，就已经有了汉诗的创作。650年，在统一新罗建立前不久，新罗大败百济，真德女王织锦，作五言太平颂，遣法敏赴唐，献给唐朝皇帝。其辞曰：

> 大唐开洪业，巍巍皇猷昌。
> 止戈戎衣定，修文继百王。
> 统天崇雨施，理物体含章。
> 深仁谐日月，抚运迈陶唐。
> 幡旗既赫赫，钲鼓何锽锽。
> 外夷违命者，剪覆被天殃。
> 淳风凝幽显，遐迩竞呈祥。
> 四时和玉烛，七曜巡万方。
> 维岳降宰辅，维帝任忠良。
> 五三成一德，昭我唐家光。

唐高宗见此锦颂大为高兴，拜法敏为大府卿。这首五言排律被收入《全唐诗》，《唐诗品汇》评其"高古雄浑，可与初唐诸作相颉颃"。对于真德女王的这首五言诗，一般认为是出自新罗国儒学家强首之手笔，历来学者都给予了很高的评价。从真德女王的这首织锦诗可以看出，当时朝鲜半岛的汉文学已经很流行，有了一定的发展，具备了一定的体裁格式。

在新罗时代，随着遣唐留学生回国和汉文典籍的流传，以及类似中国古代科举的"读书出身科"的设立，使得新罗的汉文文学有了很大的发展，成为新罗文学的重要组成部分。留唐的新罗学子、僧侣，身置中国文化的沐浴之中，不断受到中国文学的耳濡目染，许多人还和中国文人学士交谊甚厚，常在一起交流切磋，因之，他们往往精通儒家典籍，熟悉各种汉文学体裁的写作，都会写汉诗，如骚体诗、乐府诗、七言诗、五言诗、律诗和绝句等，此外还有骈文之类。而较高的汉文学修养，与唐朝学人文士的交流切磋，是新罗汉文学发展的重要前提条件。

新罗时代出现了金大问、薛聪、慧超、崔致远等杰出的汉文作家和诗人，其诗作形式风格都酷似唐诗，形成了朝鲜历史上的第一次汉文学创作高峰。汉文学是朝鲜文学发展史上的一个重要组成部分。

在中国唐宋文学的广泛影响下，10世纪后期和11世纪初期，高丽汉文学得到充分的发展，达到很高的水平，古代诗歌和古文创作领域都出现了一批有代表性的名家名作。

高丽汉文学得到了朝廷的提倡和鼓励，一些国王也是汉文学的爱好者。高丽文宗积极倡导高丽与宋朝的文化交流，常诵《华严经》，表示愿生于中国。据说，有一次文宗梦见自己到宋京观灯，于是写了一首诗：

> 宿业因缘近契丹。一年朝贡几多般。
> 忽蒙舜日龙轮召。便侍尧天佛会观。
> 灯焰似莲开阙迥。月华如水泄云寒。
> 移身幸入华胥境。可惜终宵漏滴残。

11世纪时，高丽出现了朴寅亮、金富轼、郑知常、金黄元、高照基、郑袭明、郭舆等一批有才华的诗人。他们以清新的风格、浓厚的抒情色彩，开一代诗风。12世纪末以后，汉文学创作不仅作品的题材范围扩大，而且明显地表现出批判现实的倾向。另一方面，遁世的隐逸思想开始抬头，随之也出现了一些田园诗歌。李仁老、林椿等"海左七贤派"诗人，代表着这个时期的文学潮流。高丽的汉文学作者都有很高的汉文水平，创作出许多优美的汉文诗文，并且都受到了中国古典名家的影响。

明代中期《送朝天客归国诗章》(局部)，表现明朝官员们为朝鲜使节饯行的场面。韩国国立中央博物馆藏

　　到高丽后期，汉文学有了更充分的发展，取得了令人瞩目的成就。高丽后期汉文学的代表是著名诗人和学者李齐贤。李齐贤父亲李瑱是一位很有名望的诗人，曾发起和组织文学团体"后耆老会"。李齐贤在家庭的熏陶和影响下，少年时代就阅读了很多中国文学作品和史籍，包括《史记》《左传》《朱子纲目》等。《高丽史》称赞他"自幼嶷然如成人，为文已有作者气"。李齐贤15岁科举及第，后被选入艺文春秋馆供职。1315年，28岁的李齐贤应定居元大都的高丽忠宣王之召而赴元，结识了阎复等著名学者。李齐贤与这些中国学者交往甚密，诗文奉和，结下了深厚的友谊。李齐贤在中国期间，曾数次离大都到河北、河南、山西、陕西、甘肃、四川、江苏、浙江等地游历，几乎游历了大半个中国，行程之远，游历地区之多，为历代来华的朝鲜人士中所罕见。在游历期间，李齐贤每到一处几乎都有题咏，创作了许多歌咏中国名胜古迹和山川自然景色的诗词。游历四川时写的《蜀道》《登峨眉山》，写于旅途的《黄河》《汾河》，写于江浙的《多景楼雪后》《金山寺》等，都是其中的名篇佳作，"所至题咏，脍炙人口"。李齐贤十分推崇李白、杜甫、苏轼，他的诗词也颇受中国诗人词家的

影响。

高丽时代的汉文学发展繁荣，盛极一时，对同时代的文学艺术产生了相当大的影响，在朝鲜文学史上占有重要地位。

朝鲜半岛最早的汉诗选集是《三韩诗龟鉴》，由高丽时代崔瀣批点、赵云仡精选。诗集收录了新罗、高丽诗人64家，247首诗。崔瀣还选录了高丽自元以前诗，总题目为《东人之文》，凡25卷。

和高丽时代一样，李氏朝鲜时期的文人对于唐宋诗文极为推崇，热衷于汉诗文的创作，形成了朝鲜汉文学发展的又一个高潮。

朝鲜汉文学是以唐宋诗文为样板的。在朝鲜时期出现了许多唐宋诗文的选集。朝鲜初期，安平大君编有《八家诗选》《宛陵梅先生诗选》《半山精华》《山谷精粹》等多种唐宋诗选本。其中《八家诗选》10卷，选李、杜、韦、柳、欧、王、苏、黄五言七言律诗和七绝658首，当时或以为可"泝黄、苏之流，登李、杜之坛，以入于《雅》《颂》之堂"。评价极高。

在中国文学的持续影响下，朝鲜李朝的汉文学特别是汉诗得到了长足的发展，出现了许多有广泛影响的诗人。朝鲜最重要的汉诗文总集是成书于成宗九年（1478，成化十四年）的《东文选》，这是李氏朝鲜初期一部专选朝鲜半岛诗文的总集，所选作品上迄三国，下逮鲜初，不仅在某种程度上具备了东国文学史的意义，而且不少作品关涉中国的政治文化及文学艺术，所以又可视为古代中国与朝鲜半岛历史文化交流的见证。

朝鲜汉诗的发展，不仅显示了朝鲜诗人对汉语较高的驾驭能力，同时也丰富了汉语文学的宝库。李朝一代，朝鲜出现了大量汉诗诗人，创作活动空前活跃。和当时的日本、安南相比，朝鲜诗人的作品在数量和质量上都处于领先地位，甚至有不少朝鲜诗人的作品可以和中国诗人媲美。

二、中国诗歌在日本的流传与汉文学

在唐代的中日交往中，遣唐使和留学生、学问僧等从中国大陆带回大量文学艺术作品，把唐文学移植到日本，并获得了蓬勃的发展。日本留学生、学问僧们受到著名诗人李白、杜甫、白居易等人的熏陶，回国时，每每携回大量的唐诗文集。9世纪后，杜甫、白居易等唐代大诗人的作品大量传入日本，特别是白居易的诗作产生了巨大的影响。

9世纪初由长安回国的空海根据沈约的四声八病说和唐人的诗论，对唐诗的格律作了深入系统的研究，写出了诗论《文镜秘府论》6卷，把格律诗的写法介绍到日本。这部著作专论中国骈俪文学，汇集各家之言，针对"调声""八韵""八阶""六义""二十九对""文笔十病得失"等问题，结合自身的"声字相实""五智庄严本自丰"的文论主张，就诗的格式、韵律、修辞等进行了广泛而深入的探讨，而且立论多引用中国相关的诗及诗论原著。820年，空海把《文镜秘府论》的内容选择其精要，"抄其要口含者"，做成一个"精本"（简本），书名《文笔眼心抄》。《文镜秘府论》这部著作在指导日本诗人把握唐诗的形式和技巧上，起到了相当的促进作用，"具有诗歌创

空海的著作《文镜秘府论》

作向导"的意义，被后人视为日本汉诗创作的指南，对普及日本汉诗的韵律知识、提高其创作水平，推动日本汉文学的进一步发展，起到了不可估量的作用。

在唐代文学特别是在唐诗的影响下，奈良、平安时代日本的汉诗创作非常活跃，形成了日本汉文学的第一个高潮。

日本汉诗是日本人写成的中国古代诗歌形式的诗。日本汉诗不仅是日本传统文化的重要组成部分，而且是以唐诗为代表的中国古代诗歌影响并繁衍到海外的最大一脉分支。日本汉诗有着非常丰富的内容，和中国传统文化有着直接的关联。许多诗人对中国传统文化十分熟悉，在他们的诗歌中运用了很多中国古代诗歌里的历史典故，有将日本人对自然、社会和人生的理解写入诗中。日本汉诗在其 1300 余年的发展史上，产生过数以千计诗人和数十万首诗篇。据日本《汉诗文图书目录》统计，从奈良时期到明治时期，编印的日本汉诗总集、别集共有 769 种、2339 册，收入 20 余万首诗。这是一组很庞大的数字，而还不包括在历史上已经佚失的和未曾刊行的汉诗总集和别集。

日本汉诗源于中国古诗，与中国古诗有着不解之缘。日本汉诗在发展中追随中国古诗，不断受中国历代诗风的影响。在唐代大规模的中日文化交流中，以唐诗为主体的汉文学作品的大量输入，在日本文坛兴起学习唐诗的热潮。上至天皇，下至一般贵族，竞起效仿，作诗唱和，以欣赏和写作汉诗为时尚。日本的平安文坛写作主流是要会写中国的文字与诗文。朝廷重要的典章制度也是用中文来书写，正式的聚会，吟诗弄文都要使用中国的诗文才能表现本事与才华。大江维时编辑的《千载佳句》就是应当时学习唐诗的需求的一种参考书。该书以两句一联的形式，共选唐诗七言佳句 1813 联，涉及作者 153 人，分为季节、天象、地理、人事、官事、草木、禽兽、宴喜、别离等15 部、258 门分类编纂，句下注明作者及诗题，以便利日本文士们写作汉诗之际，依其所欲咏颂的内容而寻找其模仿参考的对象。总之，汉诗写作是当时日本贵族和文人的一种基本修养。

据流传至今日本人所作汉诗，以持统、文武天皇时的诗作为开端。最早的汉诗作者为大津皇子。现存最早的日本汉诗是大友皇子所作。其中有首《述怀》诗说：

道德承天训，盐梅寄真率。
羞无监抚术，安能领四海。

奈良时代汉诗写作蔚然成风。无论是贵族宴饮，还是迎接外国使节，都要赋诗。这时的汉诗文创作受中国齐梁体及唐初诗风影响较深，大多为五言诗，内容多属于侍宴、应召、从驾之类的应景之作。

孝谦天皇天平胜宝三年（751），编成了第一部日本汉诗集《怀风藻》，共收录64位作者的117首诗，"远自淡海，云暨平都"，大约80余年。诗集名为《怀风藻》，意即"缅怀先哲遗风"。"藻"字则可能典出陆机《文赋》："藻，水草之有文者，故以喻文焉。"也有人认为此书名是受到石上之乙麻吕《衔悲藻》的启发。诗集主要作者有文武天皇、大友皇子、川岛皇子、大津皇子、藤原不比等父子、丹墀广成、淡海三船、石上宅嗣等人，都是当时的皇族显贵及其他官吏、儒生、僧侣等（其中18人兼为《万叶集》收录的和歌作者）。集中著录的汉诗，题材以"应诏""侍宴"居多，诗型上以五言为主，也有几首七言诗。这些诗作在采用中国汉民族诗歌艺术形式的同时，在具体创作中，大量模拟中国以六朝文学为中心的诗句形态，充满中国文人的情趣。

日本汉诗的发展高峰在平安时期。平安时代的诸多汉诗作者中，最为出名的有名僧空海、嵯峨天皇、菅原道真、兼明亲王等人。而此时的诗开始以七言为主。

嵯峨天皇极力倡导"文章经国"，先后命小野岑守、藤原冬嗣等人编集了《凌云集》《文华秀丽集》两部汉诗集。《凌云集》收入了从恒武天皇延历元年（782）至嵯峨天皇弘仁五年（814）的24位作者的 91 首诗，主要编纂者为实小野岑守，成书于嵯峨天皇弘仁五年（814），距《怀风藻》已有半个世纪。《文华秀丽集》分为 3 卷，收入了 26 位作者的 143 首诗，主要编纂者为实藤原冬嗣，成书于嵯峨天皇弘仁九年（818）。醇和天皇（823—833 在位）即位后，于天长四年（827）又命良岑安世等编集了汉诗文总集《经国集》20 卷，收入了 178 位作者的汉诗文 968 篇，其中赋 17 首，诗 917 首，序 51 首，对策 38 首，最早的是文武天皇庆云四年（707），最晚的是醇和天皇天长四年（827），其间 121 年。

这几部汉诗集的诗文较之《怀风藻》的水平有很大提高。如《文华秀丽集》中诗文的题材，在侍宴从游之外，出现了"咏史""咏物""述怀"等多方面的作品，诗人眼中的世界就更为辽阔，形式上突破了单一的五言诗型，增加了许多七言体诗，并朝着律诗的方向发展。这一切表明平安时代的汉诗已经开始走出歌舞升平的宫廷，而日益关注社会生活，表露人类情感。《怀风藻》中的诗风，主要受《文选》的影响，而在这三部诗集中，则主要是受到唐初诗风的影响，所以其中的作品也以五言、七言近体诗为主。这三部诗集中都收有天皇的御制诗文，说明平安时期诗风大盛与帝王提倡是有关的。由于天皇积极参与编创，进一步提高了汉诗的地位，有力地推动了汉诗在日本的广泛传播。

《万叶集》是最早的一部和歌诗集、共 20 卷，著录自 5 世纪初古坟文化中期至 8 世纪末约 3 个半世纪中的各类和歌 4536 首。一般认为《万叶集》经多年、多人编选传承，约在 8 世纪后半叶由大伴家持完成。其后又经数人校正审定才成今传版本。《万叶集》和歌全部是借用汉字拼成日语音节文字写成的，称为"万叶假名"。由"万叶假名"发展为"变体假名"，对日本文字的形成具有重要意义。《万叶集》的诗作，从形式到意境深受中国诗歌的影响。其中五七调的确立，系仿中国五七言诗，长歌系仿乐府古诗，附于长歌的"反歌"，是模仿中国辞赋的"反辞"。题材上如游宴、赠答、和歌、题咏、送别等，大都模仿唐诗的意境。所以《万叶集》也是有浓厚的中国诗气味的。事实上，不少万叶歌人同时也活跃于奈良时代的汉诗诗坛，成为汉诗与和歌兼通的作家。据有研究者统计，《万叶集》歌人有 20 人与《怀风藻》互见。此外，《万叶集》中尚有一些和歌汉诗兼作的作家，其汉诗没有列入《怀风藻》中的，如著名歌人山上忆良，又是杰出的汉诗人。这样宏大的和汉兼通的作家群，进入"万叶和歌"的创作领域，对于《万叶集》从内容到形式所产生的影响，无疑是十分重大的。

唐诗意境和美学意识逐步被吸收到和歌创作中。唐诗中的佳句所提供的意境和美感，常常触发歌人们的创作灵感，并成为他们进行和歌创作的出发点。

893 年编纂的《新撰万叶集》更突出地体现了唐诗与和歌的相互交融。其中的每一首和歌都要配一首汉诗，也就是说，以两种不同的文学形式去表现同一意境和同一主题。这种文学现象之独特，大概在世界文学史上也不多见。

《千载佳句》的编者大江维时的伯父大江千里编了一本《句题和歌》。该书搜集汉代以降至唐代各家之古诗句，以供写作和歌的参考之用，分春、夏、秋、冬、风月、游览、杂、离别、述怀等 9 部分，每部分各收 10 首至 20 首和歌。先录其典据之诗句，后附和歌；所载的和歌，即是依原诗句翻译蹈袭或摄取转化而来。

平安中期，受神乐歌和催马乐的影响，在仪式、筵席上吟唱诗歌流行合乐的形式"朗咏"。为应朗咏之需，和汉合璧的诗歌选本《和汉朗咏集》诞生。如今《和汉朗咏集》被列为"平安时代的经典"。《和汉朗咏集》的编纂者是能书能乐的贵族诗人藤原公任，后世称大纳言公任。这部合集的编纂为和歌广泛采用汉字所构筑的意境，加以深化并进行创作，创造了条件，而日本歌人从中国诗人特别是唐代诗人作品中汲取营养进行创作的总体趋势也从合集中得到反映。《和汉朗咏集》是摘句型的诗歌选本，收中国诗文、日本汉诗 584 节，和歌 216 节。《和汉朗咏集》中的日本诗歌，作者为天皇、皇族、摄政、公卿、能书家、歌人、武将、高僧等。中国诗歌多为唐代诗人的，如白居易、元稹、刘禹锡、贾岛、许浑、杜荀鹤、温庭筠、李峤、章孝标等。因为当时《白氏文集》风靡日本，所以白居易的诗句包括《长恨歌》在内被收录了 160 句（节）。

《和汉朗咏集》是日本世代流传的通俗类诗歌选本，包括写本、印本的新旧版本众多，普及程度极高，素有"文艺教养书"之称，其文学地位和影响，与《唐诗三百首》在中国相似。日本书家至今仍然保留着从《和汉朗咏集》选句的遗风。

三、中国诗歌在西方的流传与影响

在 19 世纪中叶之前，少数中国诗歌西译的译作是耶稣会教士所译的拉丁文或法文，他们采用了汉学的角度来选材及翻译，故译本的内容比较枯燥，读者也不多。19 世纪 60 年代，法国先后有两部中国诗集问世。一部是汉学家德理文翻译的《唐代诗歌》，1862 年在巴黎出版。这是法国出版史上第一本介绍中国古典诗歌的选集。书中收录的唐代 35 位诗人的 97 首诗都是首次被翻译成法语，可谓是法译唐诗的开山之作。

另一部是《玉书》，由法国女诗人朱笛特从唐诗改写的，1867 年出版。这个诗选影响更大。《玉书》是用散文诗的形式译出的，有人称之为"自由诗"的滥觞。1868 年，朱笛特还出版了一部纯粹以中国人为角色的小说《龙的帝国》。这也许是第一部以中国为背景，又似乎是真实的中国情节和中国人物的法文小说。

《玉书》分为 8 个部分，选译了《诗经》以及李白、杜甫、苏东坡、李清照等诗人的诗作，分别以"月""秋""酒""战争""旅人""诗人""情人"等母题作为标题。在 1902 年再版时又增加了宫廷这一主题，并修饰了一些带有中国特色的图案。这些母题很多都是中国诗歌所独有的。

《玉书》中也包含了大量中国诗所独有的意象，譬如"几多秋日的寒风将我的热情打碎""船上的诗人凝望着倒映在水中的云""她骑马漫步在月光下洒满柳叶碎影的小径上"等等。这使《玉书》有别于同时代其他的作品，具有浓郁的中国气息。朱迪特对所选的中国诗歌都进行了极富特色的个性化改写。纯粹以她个人的品位和想象，用一种自然清新又富有诗意的散文式语言重新书写了中国古诗。

由于《玉书》既传递了某些中国诗歌独特的韵味，又在诗艺上十分投合法国人的欣赏口味，因而大受欢迎。此译本对欧美文化界的冲击非常大，因为19世纪末20世纪初的欧美知识分子大都能阅读法文。这本书不只多次再版，扩充内容，更被转译为英、德、意大利、西班牙、葡萄牙、俄等文。美国诗人王红公译的《中国诗百首》中有一辑书目，把《玉书》评为"卓越的，法文或世界级的经典"。《玉书》引发了许多法国作家对中国诗歌的兴趣。著名的象征派诗人马拉美在一首题为《苦眠之夜》的诗中，想象自己变成了中国诗人，可以不为生活所迫而自由地创作。

埃兹拉·庞德是20世纪英美文坛举足轻重的人物之一，他不仅是现代派著名诗人，而且也是著名批评家和翻译家。他所倡导的意象派诗歌运动开英美现代诗歌之先河。他深信中国诗歌能为美国新诗"提供具有伟大的价值和实用性的品格"，翻译出版了大量中国古典诗歌，把中国诗歌传统带进了西方现代派文化之中，推动了美国新诗运动的发展。而且，对中国诗歌的翻译也使他自己受益匪浅。他掌握了中国诗人构建意境的技巧，并将其应用于自己的诗歌创作中。

意象派诗歌运动是美国现代主义文学的重要流派之一。庞德是意象派运动的领导人之一，他强调在进行创作时，诗人应运用意象鲜明、准确、含蓄地展现事物，并将诗人的感情融入诗行之中。这种诗观可以说是部分呼应了中国的诗学。庞德与其他意象派诗人于1913

年发表了意象派的三点宣言：

> 直接处理无论是主观的还是客观的事物；绝对不用无助于表现的词；至于节奏，应使用音乐性短语，而不按节拍器的节奏来写。

这三点宣言实际上表达了两个意思：一是要求在诗中去掉维多利亚浪漫主义的说教和滥情主义。诗人的感触、思想就必须全部隐藏到具体意象的背后去，这是意象派的反浪漫主义基调。二是要求摒弃英语诗传统的抑扬格音步（即庞德所谓的"节拍器节奏"），而代之以自由诗的短语节奏。这一系列的意象派诗歌创作原则，很大程度上得益于中国古典诗歌美学。中国古典诗歌的"意象美""简洁美"及"韵律美"，成为支撑其意象派理论及创作的主要原动力。

1915 年，庞德出版了他翻译的中国古典诗集《中国诗章》，创意地翻译了李白、孟浩然等人的 19 首古诗，为意象派和新诗运动从中国古典诗中寻找营养。《中国诗章》这部诗集自 1915 年出版，一直到 20 世纪 90 年代，可以说是备受瞩目，汉学家和文学评论家对其文义之错误与艺术造诣争论不休；很多诗集的编辑、诗人和翻译家则奉之为英文诗的经典，不少美国诗人以之为创作灵感的源泉。受到《中国诗章》的影响，有些意象主义诗人企图在创作中再现《中国诗章》生动的色彩意象与佛教思想。英国诗人佛列采曾说，就是因为读了《中国诗章》，他才加入了意象主义运动。

庞德对中国文化的认识基本上是建立在儒家学说之上的。他在诗歌中，把儒家学说提升到了一个很高的地位。在《中国诗章》中，他认为正统的儒教是中国得以繁荣昌盛的原因，也是他急于寻找的智慧的核心。对于他来说，"衡量一个社会优劣的基本标准，是艺术能否在这个社会得到繁荣和发展。"能够促成中国艺术产生的社会制度必定是一个优越的社会制度。正是这样一种逻辑使庞德在他的中国观

影响世界的中华文明十五讲

中掺入了浓厚的理想主义色彩，并将这种优越性归功于儒家学说。当被问道：你相信什么？庞德说："我相信《大学》。"他还说："整个的西方理想主义是一片丛林，基督教神学也是一片丛林。要想把这片乱七八糟的丛林削出一点秩序来，没有比《大学》这把斧子更好的了。"庞德的女儿拉维尔兹总结说："孔子之于庞德，犹如水之于鱼。"庞德还翻译了《大学》《中庸》《孟子》和《论语》等儒家经典，并在自己的诗作中吸纳了儒家思想。

以中国古代诗歌为主要资源，庞德进行西方诗歌革新运动。中国古代诗歌给他输送了全新的观念和技巧，如他特别强调的诗歌的凝练、简洁和及物性等美学特征，都源于中国古典诗歌。他倡导的意象主义诗歌，借鉴了中国古代诗歌美学的核心，即以象立言，以象传意。在他的诗歌中，庞德描述了西方社会的堕落、信仰的危机和文化环境中的腐朽。他试图通过对中国文明的推崇，而抨击西方所谓的文明，最终的目的是要用中国的历史作西方的镜鉴，让混乱的西方学习东方圣哲的政治智慧，从而建立一个如中国古代文明社会没有战争、没有阶级、没有种族歧视的生态乐园。由于庞德在西方知识界无与伦比的影响力，经由他的桥梁作用乃至改头换面，中国的诗歌文化在西方得到了传播，并且对西方的现代诗歌创作产生了很大影响。

另一位美国诗人雷克斯罗斯也深受中国古代诗歌特别是唐诗的影响。雷克斯罗斯在发表他的第一部中国诗译诗集的时候，就为自己取了一个中国名字：王红公，并把这三个字印在了译诗集的封面。

雷克斯罗斯认为杜甫是世界上"最伟大的非史诗非戏剧性诗人，在某些方面，比莎士比亚或荷马更优秀。至少他更自然，更亲切"。他说，"杜甫对我影响之巨，无人可及"，"我30年来一直沉浸在他的诗中，他使我成为一个更为高尚的人，一个道德的代言人"。他认为杜甫的诗解决了"人在孤寂之时如何自处"的重大问题。他看到养育杜甫的文化是人类历史上特别优秀的文化，杜甫这样一位优秀的诗人，关注的是"人的坚信、爱、宽宏大量、沉着和同情"，而只有这些品德才能拯救整个世界。虽然，杜甫没有任何的宗教信仰，但他关心普通人民的命运和处境，而这才是"唯一可能持久的宗教"。

雷克斯罗斯翻译的中国诗集有四五种之多。在他的第一部译诗集中，杜甫的诗占有很大的比重。在杜甫创作的众多诗作中，雷克斯罗斯翻译了 36 首。他在《中国诗歌一百首》的注解中说："我只选那些比较单纯、直接的诗，选那些文学典故、政治讽喻最少的诗。"他认为，翻译诗歌应该有相当程度的自由，不能拘泥于原文。因为，译者是为一个特定的时代特定的读者而翻译的，必须考虑到读者的接受程度。基于这样的原则，雷克斯罗斯在翻译杜甫诗的时候，就增加了许多自己的"创造"。

在诗歌创作的思想观念和审美意识上，雷克斯罗斯明显接受了中国唐诗的影响。雷克斯罗斯于 1974 年出版的《新诗集》其实不都是他自己创作的诗。这部诗集包括 4 个部分：他自己创作的诗、他翻译的一位假托的日本女诗人的诗、中国诗的仿作以及中国诗的译作。可以看出，雷克斯罗斯已经把自己的创作同他对东方文化的介绍联系在了一起。我们甚至很难判断出哪些是他自己的创作，哪些又是翻译的中国诗作。他认为美国文学不应该从欧洲追根溯源，而应该从当地的印第安文化中汲取力量。他强调在诗歌作品中表现个人的生活经验，歌颂大自然和新生事物，抨击腐朽的传统和社会的罪恶。他对劳动人民怀有同情，他有着强烈的正义感，极端痛恨各种人为的灾难，对战争更是深恶痛绝。他曾声称他写诗的目的之一就是"为了揭露一切邪恶"。雷克斯罗斯诗作常表现出对人的关爱和对社会问题的关注，具有一种精神道德的感召力。在诗歌创作中，他"力求最大限度的简练"。句子简短，意象鲜明，在这样的诗作中，经常出现中国古诗中的常见意象，如明月、暮霭、落日和森林等，蕴涵着浓郁的自然美和诗人的情怀，明显带有中国古诗，尤其是李白、王维的绝句或短诗的韵味。在技巧上，则明显运用了由庞德从中国和日本古典诗歌中归纳出并且大力加以倡导的所谓"意象叠加"的创作手法，带有非常浓郁的诗意。

四、日本人对寒山诗的推崇

唐代的诗人激情勃发，创造了数不尽的辉煌诗篇，李白、杜甫、白居易等一大批诗人，名震千古，世代相传。而唐代还有一位叫寒山（号"寒山子"）的诗人，却备受冷落。直到 20 世纪初，胡适提倡白话文，寒山诗才受到重视。胡适在其《白话文学史》中认为，寒山、拾得是 7 世纪中期以后出现的"三五个白话大诗人"之一，是继王梵志之后"佛教中的白话诗人"。

寒山虽然在唐朝寂寂无闻，但寒山诗在传到日本时，却获得了几乎所有中国"主流诗人"们都无法与之比肩的巨大成就和影响。寒山诗的各种译本、注本和评论在日本纷纷问世，有关寒山的各种神话传说亦被改编成小说，寒山的形象也开始走入日本画史和神坛。

最早向日本介绍寒山诗的是入宋日僧成寻。成寻是京都岩仓大云寺高僧，并一直兼任关白藤原赖通的护持僧，长期活动在日本上层社会的核心。他"自少年之时有入唐之志"，常常感梦于怀。他在 62 岁这一年，带领几名弟子参拜了天台山和五台山，被敕准入京，受到宋神宗的接见。此后成寻一直留在中国修行，终身未归日本，圆寂后敕葬于天台山国清寺院。北宋神宗熙宁五年（1072），从国清寺僧禹珪处得到《寒山子诗一帖》，后于翌年命其弟子赖缘等 5 人带回日本，从此寒山诗在日本流传开来。

寒山诗的注释本在中国国内早无存本，但在日本，近百年来却有多种注释本流传。寒山子被公认为禅宗大诗人，甚至认为寒山子为中国头等的圣人和诗人。所以寒山诗的衍传十分普遍。中国禅宗佛教传入日本后，经过日本佛教学者的大力弘扬，深入到日本社会各个阶层。禅宗的风靡使得寒山诗中那部分富含禅机、诗偈不分的禅悟诗和寒山的禅者形象对这时候的贵族、武士、僧侣和大众具有了更大的吸引力，所以寒山诗可以继续在日本朝野上下流传。寒山诗中的道家风骨和隐士情怀在平安中后期和镰仓时代社会空前动荡的世风下显然有相当的吸引力。

20世纪以来，寒山诗不断地被再版，相关的注释和研究也不断涌现出新的成果。明治三十八年（1905），翻印了日本皇宫书陵部的南宋珍藏本，并由著名汉学家岛田翰作序。该刊本载有寒山诗304首，丰干诗2首，拾得诗48首，较"天禄宋本"少10余首，而且不分五七言。这个刊本的第一页还印有"是书所印行不过五百部，此即其第000本也"字样。据考定该版本是"国清寺本"的三刻，源于1229年的"东皋寺本"和1255年的"宝祐本"之间刊刻的"无我慧身本"。序中岛田翰对寒山诗给予了很高的评价："寒山诗机趣横溢，韵度自高，在皎然上道显下，是木铎者所潜心，其失传为尤可叹。"

除了注释、校译和评论外，寒山和寒山诗也成为日本美术作品和小说创作的热门题材。日本历代画士对寒山及其同伴拾得的形象都极为偏爱。"一头乱发，裂牙痴笑，手执扫帚的两个小疯和尚"成为日本画界的一个熟悉题材。日本室町时代名画家雪舟和日本绘画上影响最大的狩野画派的集大成者狩野元信

〔日〕可翁仁贺《寒山图》局部

影响世界的中华文明十五讲

256

（1476—1559）都曾以寒山拾得为题材作过画，前者有《寒山拾得图》，后者则绘过《丰干·寒山拾得图》。在日本镰仓时代，南宋著名山水人物画家梁楷和元代著名禅僧画家因陀罗等人作品随同禅宗传到日本，导致日本禅风墨绘的形成并发展。这二人在日本画界一直享有崇高的地位，并都曾画过寒山拾得像，因陀罗的《禅机图断简寒山拾得图》还获得了"日本国宝"的桂冠。

在文学创作领域，以一部《小说神髓》著称于世的日本近代小说理论的开拓者坪内逍遥，曾以"寒山拾得"为题创作了舞蹈脚本。2005 年日本早稻田大学为纪念坪内逍遥还上演了该剧。此外，日本近代文学奠基者之一、日本浪漫主义文学的先驱森鸥外也曾以闾丘胤序为基调，于 1916 年创作了短篇小说《寒山拾得》，该小说被认为是日本近代最好的短篇小说之一。作家井伏鳟二（1899—1993）的小说《寒山拾得》写了两个大学时的同窗在他乡偶遇，喝得酩酊大醉后来到河边，挂起寒山拾得的画，学着他们画中的样子练习"寒山拾得之笑"，直笑得他们酣畅淋漓，流连忘返。这篇小说使寒山、拾得的笑在日本文化史上进一步符号化。日本作家夏目漱石也深受寒山诗的影响，他的作品深得寒山的禅境。

寒山与拾得的笑，在日本已成为一种文化向往，表现了笑口常开，笑尽人间古今忧愁的超脱境界。日本民间对于寒山的各种传说和一切与"寒山"这个名称有点关联的事物都显示出了浓厚的兴趣。在日本，人们对于寒山寺和诗人张继那首"月落乌啼霜满天，江枫渔火对愁眠。姑苏城外寒山寺，夜半钟声到客船"的《枫桥夜泊》都十分熟悉。日本游客凡游中国者也大多会去寒山寺拜谒寒山和拾得。

第十四讲 中国诗歌的世界影响

第十五讲

西方文学的中国情调

一、17—18 世纪欧洲作家的中国认知

在西方文化中，从近代开始，始终存在着一种中国文化的情调，一种东方的情调。这也是东西方文化交流的一个侧影，更是东西方文化对话的一种方式。

在 17—18 世纪的"中国热"中，欧洲的作家们也都程度不同地涉猎了有关中国的知识，并且在各自的作品中时常援引中国的事例。

西班牙作家塞万提斯在其著作中多次提到"契丹"和"中国"。他与同时代的大多数欧洲人一样，还没有弄清楚"契丹"与"中国"实际上是一个国家。他把"契丹"和"中国"作为两个遥远而又神秘的东方帝国来看待。他在 1613 年发表的诗作《幸福的下流坯子》中，在历数这个恶棍所去过的地方中，包括"契丹"和"中国"。在《堂吉诃德》中，更是多次提到"契丹"和"中国"以及一些与它们有关的事件和传说。例如在上卷第十章中就提到阿尔布拉卡和美人安杰丽咖。安杰丽咖为传说中的"契丹"公主，阿尔布拉卡是"契丹"皇帝的城堡。《堂吉诃德》下卷有一《献辞》，还虚构了一个中国皇帝请他去办西班牙学院的故事。

英国作家伯尔顿的著作中曾大量提到中国的知识。伯尔顿在牛津大学做了 30 年学问，自况为"一条闲游的狗，看见鸟儿就要向它汪汪叫"。他的主要著作之一是《忧郁症的解剖》。这本书是一本医书，分析忧郁症的病原、征象、治法，还讨论了爱情忧郁症和宗教忧郁症。但并不止于此，作者几乎谈到了人生各方面的问题。在他看来，世上所有政治、宗教、社会以及个人内心的种种矛盾，都是或者可以概括为一种病，这就是"忧郁"。他为诊治这种无处不在的流行病开出了不少"药方"，其中就包括东方的中国文明。这本书中提到中国的地方有 30 多处，主要来源于《马可·波罗游记》和利玛窦的中国

札记。涉及的内容有宗教、迷信、偶像崇拜、巫术、鬼神；政治制度、经济、法律、科举制度、城市规划；地理；卫生、饮食、医药；心理、幻觉、精神病，嫉妒；等等。伯尔顿认为繁荣富庶、文人当政、政治开明的中国正是医治欧洲忧郁症的灵丹妙药。他以人文主义精神赞扬中国的科举制，因为科举制表明重才而不重身世。伯尔顿赞扬中国规划完善的城市，其中包括元代的大都；赞扬中国人民的勤劳和国家的繁荣。他在设计他的理想国时，以墨西哥和中国为借鉴，他说："耶稣会士利玛窦等人笔下的中国人十分勤劳，土地富庶，国中没有一个乞丐或游手好闲的人，因此他们兴旺发达。我们的条件也一样，但我们缺少勤奋。"

17世纪英国著名诗人弥尔顿在不同的诗篇中，多次提及中国，一个传奇般遥远的国度。在《深思的人》一诗中提到他前往遥远的国度朝圣，描述了"神奇的铜马，鞑靼国王就骑在这样的马上"。在其名著《失乐园》中也曾多次提到中国。在《失乐园》的第3卷中，说撒旦来到地球，从喜马拉雅山飞下，想飞向印度去猎取食物，但"途中，它降落在塞利卡那，那是一片荒原，那里的中国人推着轻便的竹车，靠帆和风力前进"。这里的"塞利卡那"，意为"丝绸之国"，也就是中国。弥尔顿所提到的那种"帆车"，李约瑟的《中国科学技术史》中曾详尽追溯了它在西方的报道，可见这是很引起西方注意的事。英国作家斯威夫特也引用过这句话，他写道："中国的车，造的这样轻巧，能行驶过道道山峦。"

当时的文坛领袖威廉·坦普尔是英国辉格党著名的政治家和外交家，也是一位散文大师，他的文章"被当作练习与写作的范文"。坦普尔没有到过中国，他的中国印象最早来自葡萄牙旅行家平托。他对中国文化抱有浓厚的兴趣，并且从当时能接触到的各种材料中获得了一定的关于中国的知识。坦普尔在许多文章著作中谈到中国。1683年，他发表了《论英雄的美德》一文，其中用了大量篇幅介绍中国文化的内容。他热情地赞颂中国的历史和政治制度，说中国是世界上已知的最伟大、最富有、人口最多的国家，是拥有比任何别的国家更优良的政治体制的国家。他认为，中国看来是以最大的力量和智慧，以理性和周密的设计建立并进行治理的，实际上它胜过其他国家人民和欧洲人以他们的思辨能力和智慧所想象的整体。他甚至说中国的好处是"说之不尽"的，是"超越世界上其他各国的"。他认为中国最大的英雄是伏羲和孔子，特别是孔子具有"突出的天才，浩博的学问，可敬的道德，优越的天性"，是"真正的爱国者和爱人类者"，是"最有学问、最有智慧、最有道德的中国人"。"孔子著述的唯一目标，就是教人能过一种好的生活。"他在1692年发布的《论古今学术》中说："中国好比是一个伟大的蓄水池或湖泊，是知识的总汇。"古代人做学问，也和近代人一样，需要有人引路，而担任引路的人，大概来自印度和中国。因为他们"民性中和，地域清净，气候均匀，而又有长治久安之国"。

他还赞扬中国的历史政治制度，称中国是世界上已知的最伟大、最富有、人口最多的国家，是拥有比任何别的国家更优良的政治体制的国家。1671年，坦普尔还专门写了篇文章《政府的起源及其性质》，在谈到政府起源时，他不同意当时一些社会学家提出的"社会契约论"，认为政府起源于"父权"，是家庭组织的扩大，这简直是孔子"君君、臣臣、父父、子子"家庭观、国家观的英国版。

英国讽刺作家斯维夫特也多次提到中国。他在《格列佛游记》的"大人国"一章中，说他们和中国人一样，很古的时候就有印刷术。他还知道中国人的书写方式是从上往下。他另一篇作品《澡盆的故事》里，他提到希望这本书能译成东方语言，特别是中文。在《木桶的故事》里，提到中国加帆车，说那些大车造得那么轻巧，好像能飞驰过大山那样。在一篇谈到如何改进英语的文章里，他称赞中文能在常受到鞑靼人的征服时保持不变，并且是有2000年以上历史的古书的语言。

18世纪前期，对中国文化推崇的作家是艾迪生和斯蒂尔。他俩都是 18 世纪前期英国文坛重要作家，特别是艾迪生，由于他在小品文方面的成就，18 世纪上半叶的英国文坛被称为"艾迪生时代"。他俩都醉心于阅读各种关于中国的记载和报道，特别是 17 世纪末来华的法国耶稣会士李明的《中国近况新志》。他们对中国文化的赞扬，主要见于斯蒂尔主办的《闲谈者》和两人合办的《旁观者》两份报纸上，涉及中国故事、中国政治制度、孝道、中国长城、瓷器、茶和中国园林等精神文明和物质文明。斯蒂尔所讲的中国故事，少数出于传教士的记载或中国神话故事，但大多是虚构的游戏之作，如《旁观者》第 584 期、第 585 期刊载他写的《一篇洪水以前的故事》，其素材并非取自《山海经》或《淮南子·天文训》之类中国历史神话，完全是自己编造的关于家族、财富和婚姻的荒诞而又诙谐的故事。刊于第 545 期的《中国故事》更是与中国神话、传说沾不上边。他说的是中国皇帝写给罗马教皇克莱蒙十一世一封信，建议中国与教会建立联盟。斯蒂尔的目的自然是用来攻击英国政体，但这封建议特意用中国皇帝诏书的文体，雅致而幽默，阅读之中，也会激起英国人对中国文化的向往。斯蒂尔的中国故事虽多是虚构的游戏之作，但在英国文学史上却有着重要的地位：18 世纪中期以后英国文学中流行一种虚构的书信文学，真真幻幻、诙谐之中夹以讽刺，被称为"伪信体"，始作俑者应该就是这位仰慕中国文化的斯蒂尔。

艾迪生对中国文化的赞扬主要集中在孝道、园林、瓷器和茶饮等方面。他在《旁观者》和《冒险杂志》上讲述几个故事，都是中国瓷器在英国让人入迷到发疯的地步：一位妇女重价购得两件中国瓷器，准备运送到一个中国式小庙内收藏，但在运送的过程中却被车夫打碎了，这位妇女为此而发疯，医生只得让她住在一个摆满中国瓷器的房子间之中。艾迪生也十分欣赏中国的孝道，他引用李明在《中国近况新志》中所举的一个例子：中国官员惩处"忤逆"案子，不但逆子本人要受到惩处，而且他的家庭、邻里乃至整个村庄都要受到惩处，因为"他们说，这一族或这一村一定风俗败坏，才会产生这种逆子"。

由此看来，艾迪生欣赏中国的孝道，是意在提倡一种更为广泛的道德风尚，为18世纪的英国中产阶级提供一种可资参照的道德准则。

18世纪中叶，被视为"文人英雄"的约翰逊也对中国文化做出肯定性评价。约翰逊不仅是18世纪中叶以后英国文坛领袖人物，而且在以后的200多年间在英语世界一直享有崇高地位。1738年，约翰逊以一个读者的名义给《君子杂志》编辑写信，称赞中国的古代文明，认为中国人的宽宏、权威、智慧以及特有的风俗习惯和美好的政治制度，都毫无疑问值得西方学习。约翰逊的中国印象来自杜赫德的《中华帝国全志》中那些传教士书简，《全志》上对中国的监察御史制度也有比较详细的介绍。约翰逊读后认为：中国政府虽然形式上是君主制，但君权却受谏官的制约，因而在精神上可以说体现的是民主共和。约翰逊认为这一点尤其值得英国人注意。但是约翰逊对中国文化的赞扬还是极有分寸的，他在1757年为钱伯斯的《中国房屋、家具、服饰、机械和家庭用具设计图册》写的"序"中说："我完全不希望被说成是中国人优越性的夸大者。我说中国人是伟大的或聪明的，那只是把他们同周围各国人民比较而言；我不想拿他们同我们这里的古人或今人相比。不过，我们必须承认，他们是一个突出和独特的民族。"他也曾批评中国的文字简陋，给学术研究带来困难，是落后的表现。

1710—1712年间，法国作家拉克鲁瓦仿照阿拉伯的名著《一千零一夜》，写作了《一天零一日》，其中的《王子卡拉夫和中国公主的故事》，讲述了这样一个故事：鞑靼王子卡拉夫爱上了中国皇帝的女儿图兰朵科特。公主要求每一个向她求婚的人回答3个问题，结果许多求婚者因为过不了这一关而被处死。鞑靼王子卡拉夫经受了严峻的考验，成功地回答了公主的3个问题，公主很不情愿地嫁给了他。这个故事具有浓厚的异国情调，获得了很大成功。10年后，法国著名作家勒萨日于1729年改编为小说《中国公主》。意大利作家戈齐的剧本"中国悲喜剧童话"《图兰朵》，意大利著名作曲家普契尼的歌剧《图兰朵》，都是以这个故事为蓝本写成的。

　　1723 年，法国作家托马斯－西蒙·格莱特出版了两卷本的《达官冯皇的奇遇——中国故事》。格莱特是巴黎的大法官，曾任皇家事务律师，文学创作只不过是他的业余爱好。除了这部《达官冯皇的奇遇》外，他还创作了《一千零一刻钟——鞑靼故事》《古扎拉克苏丹后妃或苏醒男人的梦——蒙古故事》和《一千零一小时——秘鲁故事》，号称"四大传奇"，是当时巴黎畅销的时尚读物。在《达官冯皇的奇遇》中，格莱特所描写的是嵌入到"中国框架"中的一个虚构传奇，他将"天方夜谭""东方传奇"套上"中国服装"，杜撰了一系列逸闻趣事。这个故事说，甘南国国王（即书中所说的中国）通格卢克对落难的格鲁吉亚国公主居尔尚拉兹一见倾心，公主要求中国皇帝先为其惩处叛逆，雪亡国之恨，然后再要求他信奉伊斯兰教，力除中国的偶像崇拜，方肯嫁给他。通格卢克国王在大臣冯皇的奇书帮助下，神奇地飞往格鲁吉亚，铲除篡位的暴君，恢复了老国王的王位，并发誓尊崇伊斯兰教，这样，格鲁吉亚公主就成了中国的新皇后。新皇后请冯皇每天晚上来宫廷畅谈，给她讲述种种奇异的故事。故事中主人公神游世界，从地中海东岸到太平洋西岸的亚洲广大地区，印度、波斯、中国、阿拉伯；从南亚到中亚、波斯湾；从非洲的埃及到欧洲的希腊，甚或远及西半球的加拿大。书中还描写了各式各样的人物，从王公贵族，到平民百姓；从将帅大臣，到郎中优伶；从清真寺长老，到庙堂和尚，所有这一切风情和人物，都在格莱特那出神入化的笔触下，被描绘得栩栩如生。

　　在这部"中国故事"中，谈到最多的是印度、波斯和中亚的故事，直接涉及中国的，大约只占十分之一的篇幅，而且大部分是作者自己的想象，与真实的中国相去甚远。但正是这样的虚构想象，符合当时人们的阅读心理和阅读期待，适应了当时流行的"异国情调"的文化潮流，所以在当时的读者中很受欢迎。

二、黑塞：以中国为心灵故乡

德国作家赫尔曼·黑塞被誉为德国浪漫派最后的骑士。黑塞的著作被翻译成 60 多种语言，读者遍布全球。1946 年，黑塞因为"他富于灵感的作品具有遒劲的气势和洞察力，也为崇高的人道主义理想和高尚风格提供了一个范例"，获诺贝尔文学奖。

黑塞出生于德国许瓦本地区一个虔诚的传教士家庭，其父亲及外祖父均在印度传教多年，母亲也出生于印度。这使黑塞从小不仅受到欧洲文化的熏陶，也有受东方，主要是中国和印度的古老文化的影响。从成年开始，黑塞就在欧洲游历。1911 年，34 岁的黑塞与一位画家结伴，启程赴亚洲，游历了印度、锡兰、新加坡和苏门答腊等地，由于当时中国正爆发辛亥革命，他未能进入中国，但令他感到强大而富有朝气的倒是中国人。

黑塞对东方文化特别是中国文化有着广泛的兴趣和深刻的了解。在整个德语文学界，黑塞对中国文化的迷恋与理解，远远超过其他德语作家，在整个欧美作家中也属罕见。他说："虽然我不懂中文并且从未到过中国，但在那古老的文化中我非常幸运地找到了自己追求的理想、心灵的故乡。"

早在 1907 年，黑塞的父亲约翰·黑塞便把老子介绍给了他。从 27 岁起，黑塞就追踪和评论几乎一切可以收集到的、欧洲人不熟悉的东方图书的译著。他一生研究中国文化达 60 年之久，读了近 160 本中国书籍，上至深奥晦涩的宗教、哲学经典，下到怡情悦性的诗歌小说、神话传说。他还写过 40 多篇关于中国书的文章。在黑塞的藏书室里，有一个专门存放中国书籍的角落，整整一架德译中国书，有《道德经》《论语》《礼记》《庄子》等等。黑塞在 1921 年发表的《我观中国》一文中说："我踱至书库的一角，这儿站立着许多中国

影响世界的中华文明十五讲

人——一个雅致、宁静和愉快的角落。这些古老的书本里，写着那么多优秀又非常奇特的具有现实意义的东西。在可怕的战争年代里，我曾多少次在这里寻得借以自慰、使我振作的思想啊！"

黑塞对中国古代诗歌非常着迷。1907年黑塞还得到德译中国诗集《中国牧笛》，他读后感叹不已："……读着这些优美的诗篇，我们仿佛徜徉在异域盛开的莲花丛中，感受到一种与古希腊、古罗马相媲美的古老文明的馨香。"阅读《中国牧笛》时，黑塞被李白的诗句吸引并大加赞赏。黑塞对李白为人的放达不羁和孤傲也有一种深深的认同感。他说："李太白用他的诗句形成了顶峰，一位忧郁的豪饮者和爱心大使，诗歌表面光彩夺目，内心里却充盈着无法安慰的悲哀。"黑塞在散文《克林索的夏天》文中借主人公克林索之口，多次吟咏李白《对酒行》《将进酒》中的诗句。

黑塞不仅对中国诗歌十分着迷，而且对中国哲学特别是老庄哲学颇有研究。道家思想对黑塞的人生观和世界观以及创作产生了重要的影响。第一次世界大战的残酷现实，在黑塞的思想上引起了幻灭的痛苦。他醉心于尼采哲学，求助于印度佛教和中国的老庄哲学，并对荣格的精神分析产生了浓厚的兴趣。他试图从宗教、哲学和心理学方面探索人类精神解放的途径。接触老庄哲学后，黑塞对世界有了新的认识，开始沉潜于内心之路——在内心流亡中，道家学说中"矛盾的两极相互依存、互为前提，既对立又相融"的思想，对黑塞影响极大。黑塞认为只有中国的圣贤能够拯救欧洲的灵魂，他把传播中国思想，特别是道家思想，视为自己的重要使命。黑塞指出："老子的智慧完全不同于我们以往反复研究过的印度的'出世'哲学，它像耶稣的教义一样质朴而浅显易懂。"黑塞又说："中国哲学家老子，在以往的2000年内并不为欧洲所知，但在过去的15年内却被翻译成了所有的欧洲语言，他的《道德经》也成了一本时髦书。"在给友人罗曼·罗兰的信中，黑塞写道："老子多年来带给我极大的智慧和安慰，'道'这个字对我意味着全部的生活真谛。"对于庄子，黑塞也推崇至极，他认为整个西方文化史上还没有一部能与《庄子》相媲美的著作。他认为，"它们的叙述都与西方的慷慨激昂相反，都惊人地简单质朴，都接近普通人和日常生活。"

黑塞创作的《锡达塔》是一篇人物传记型小说，描述了印度贵族少年锡达塔离家出走，追求生活的真谛，历经磨难最后在河边大彻大悟的故事。小说的整体构架借用了释迦牟尼生平传记的结构，使许多西方读者忽略了小说主人公脱离厌世修行视人生为苦难寄希望于来世的印度哲学，转而直面人生热爱生活的深刻主题。黑塞在创作这篇小说期间曾多次在给朋友们的信中表示，锡达塔的道路始于婆罗门教和释迦牟尼，终于老子的"道"。在1922年给茨威格的信中，黑塞进一步点明："我笔下的圣者虽然穿着印度袈裟，但他的智慧更接近老子而非释迦牟尼。"确实，寻找真谛的锡达塔参悟到的许多人生启迪都源自老子的《道德经》。锡达塔曾对他的朋友说："真理是不可言传的。如果一个哲人试图传授真理，那他的话听起来就像愚笨的蠢话。"这正是老庄所谓的"知者不言，言者不知。""而你不打他，不骂他，也不逼他，因为你知道柔软胜过刚强，流水能战胜顽岩，爱比暴力更强大。这非常好，可细想一下，你不正是用软弱和亲情在强迫他吗？"这段话则是老子"弱之胜强，柔之胜刚"的翻版。

接触老庄哲学后，黑塞对世界的认识有了很大的改变。黑塞在1922年给茨威格的信中写道："老子在德国目前十分流行，但所有的人都认为他的理论十分矛盾，然而老子的哲学思想实际上并不矛盾，而是辩证地看待世界，认为生活是两极的。"黑塞的大多数作品主题都紧紧围绕人对生活的两极性的认识，是对这一思想的诗化表达。他在1924年写的散文《疗养客》中直抒胸臆道："我要用诗句、用篇章赞美世界的二极性，因为在那火花闪耀的两极间我看到了生活的灿烂。……中国的老子为我们留下不少篇章，在那里生活的两极似乎在电闪之间触手可及。"

1932年，黑塞开始了他一生中最后一部长篇巨著《玻璃珠游戏》

的创作。小说主题仍然围绕着黑塞一生的追求，即理想与现实、艺术与生活的结合。在这部作品中我们又一次发现中华文化对黑塞的深刻影响。首先，象征着人类最高艺术和文化结晶的玻璃珠游戏融合了中国古代的象形文字、珠算、音乐和坐禅，并且由一位精通中国语言的法国学者发明。这一虚构并非偶然，而是反映了黑塞对中国古老传统文化的赞赏与推崇；其次，黑塞在文中还不惜篇幅摘选了《吕氏春秋》有关音乐的一大段论述："……凡乐，天地之和，阴阳之调也。亡国戮民，非无乐也，其乐不乐。……"以强调音乐与天地相通，保持音乐纯正的重要性。主人公克乃西特长大后为进一步求学深造，前往一位离群索居的长者——对中国文化颇有造诣的"大师兄"处求学。"大师兄"独居一座清净的竹园，屋前的小池塘里尾尾金鱼在悠闲地游荡，山涧的清泉从竹管中汩汩而出，桌上放着毛笔、砚台和占卜用的骨骰，"他们唱了个喏，敬茶，然后一起坐下倾听黎明中潺潺的水声。"寥寥几笔勾勒出一个活脱脱的中国古代先哲的形象。

在对"大师兄"这个人物的着力刻画中，黑塞寄托了自己对老庄哲学宣扬的遁世隐居清静无为的生活方式的向往。通过刻苦学习，克乃西特从"大师兄"那儿掌握了周易。从此每当他遇到困难处彷徨于人生的十字路口，克乃西特就会拿出骨骰掷上一把，以看上天的旨意。黑塞曾熟读《易经》，非常推崇《周易》对世界变换转化规律的演示。他不仅在报纸上热情赞扬推荐，把它与《圣经》和《道德经》相提并论；而且亲自动手画过多张八卦草图。《玻璃球游戏》则给了他向人们展示古老的中国玄妙之术的绝好机会。总之，黑塞在他的最后一部作品《玻璃珠游戏》中明确表达了对中国文化的推崇以及老庄哲学对他的人生观和世界观的巨大影响。

黑塞在晚年以写作散文和书评为主，同时转向禅宗思想的研究，他的最后一部著作是于82岁时所写的《禅宗》一书。这本书的产生与禅宗的最重要的古代文献《碧岩录》（《佛果圆悟禅师碧岩录》）德译本的出版有关。《碧岩录》素有"禅门第一书"之称，为宋代著名

第十五讲　西方文学的中国情调

269

禅僧圆悟克勤所著。黑塞的弟弟威廉·贡德尔特是著名的汉学家，他曾为《碧岩录》的德译本作注。1960 年秋，贡德尔特在黑塞家中度过了几个星期，他们一起交流了阅读《碧岩录》的体会。黑塞还在给贡德尔特的一封信中对《碧岩录》作了高度评价，他把这个古代文献与《易经》和《道德经》同等看待。他说："从 40 年前卫礼贤翻译《易经》那个卓越的事件的时候起，还没有过这样深刻地打动我的任何东方精神财富成果。"他还说，他的整个余生都将感激地从这部书中吸取"潜在的幽默和聪明的讥笑"。

三、"中国的"布莱希特

布莱希特是 20 世纪最有影响的戏剧理论家之一，是世界"三大戏剧体系"代表人物之一，他建立非亚里士多德式戏剧的努力给同代人和后世以深远的影响。布莱希特一生迷恋中国古典哲学，并把学习心得大量运用于文学创作，从而被人称为"中国的布莱希特"。

布莱希特与中国哲学的第一次接触是在 1920 年秋，年方 22 岁的他在朋友弗兰克·华绍尔家里借宿，朋友拿来一本德文版《道德经》请他过目，阅罢，两人对此书赞不绝口。从此，阅读中国古典哲学书，便成了他的特殊爱好。20 世纪初期，德国汉学家卫礼贤等人把中国古典哲学的代表作陆续翻译成德文。一时之间，"道""无为"、拉丁化的孔子、孟子等称谓，成了德国知识分子笔下的时髦词汇。布莱希特阅读过《老子》《墨子》，从他作品中透露出来的信息可以判断，他至少还接触过《庄子》《孟子》《易经》和孔子的《易大传》《春秋》等方面的材料。

布莱希特对中国文化的兴趣，与当时世界与中国的形势有关。20世纪 20 年代中期，中国的反帝反封建浪潮此起彼落，中国的这种革命势态，对在欧洲一些进步知识分子产生了不容忽视的影响。布莱希特的一些诗友，也正因此而写出了一系列以中国题材为背景的作品。弗里德利希·沃尔夫写了《太阳醒了》和《从纽约到上海》，安娜·西格斯写了《伴友》，布莱希特的挚友谢尔盖·特列季亚科夫写了《怒吼吧，中国》一剧和短篇小说《邓世华》。

布莱希特对中国文化，对老子、墨子等古代哲学家和诗人推崇备至，对《易经》和《道德经》表现出来的东方智慧和辩证法思想，极为钦佩。这都反映在他写的一些诗歌和剧本中。他对中国古典哲学家老子的景仰不仅表现在居室内挂着一幅中国画《老子骑牛出关图》，而且表现在他为老子《道德经》成书的传说所写的一首著名谣曲中。

布莱希特对老庄的处世之学有比较多的研究。他不止一次地提出了老子《道德经》中的"无用之用"的观点来作为他思索的对象。他引老子的话说："三十辐共一毂，当其无，有车之用。埏埴以为器，当其无，有器之用。凿户牖以为室，当其无，有室之用。故有之以为利，无之以为用。"他在《老子西出关著道德经的传说》诗歌中，向欧洲读者介绍了我国古代典籍中有关战国时函谷关尹喜常服日精月华、隐德修行、后逢老子西游而乞之留《道德经》的记述。布莱希特舍去这部典籍中的阴阳变化、内丹外丹、易象术数等教义，着重研读了老子修身治国的哲学理论。其中，老子强调"柔弱胜刚强"的事物发展的原则，引起了他特别的关注。同时，由于庄子对老子的这一自然观有所继承和发展，也同为布莱希特所重视。

1938 年，他创作的剧本《伽利略传》中，主人公伽利略被描写成在恶势力当道的逆境中，不随波逐流，而是行"韬光养晦"之策，"晦藏其明""不失贞正"，既保存了自己，又宣传了真理的科学家形象。这出戏是作者当年研究《易经》之余创作的，剧本洋溢着《易经》"遁卦""明夷卦"所寓意的智慧。

在中国古代哲人之中，他特别推崇墨子。早在 20 年代初期，布莱希特的朋友阿尔芙莱德·弗尔克便写过一本有关墨子的专著，书名叫《社会批评家墨子及其门生的哲学著述》。弗尔克在序言中对墨家思想形成的社会历史条件、墨家的主要思想以及对社会所产生的影响都做了详细的介绍。他称墨子是社会伦理学家，墨子的伦理学直接与社会实践相联系，是一种切实可行的行为学说。所以墨子不是从道德规范这个形而上学的形式去论证他的伦理思想，而是将它视作治国理论的一部分，从社会政治现实的角度来引证自己的伦理的。布莱希特在反复研读了这本书之后，写出了哲理性著作《成语录》。该书也采用中国古代哲学著述常见的对话体裁，书中假名金叶的对话人使人看到布莱希特本人的影子。从这部著作中可以看出，布莱希特认为自己和墨子的哲学思想有若干共通之处，书中处处流露出作者将墨子引以为忘年之交的自豪感。他认为，墨子虽非平民出身，其哲学却与自己一样，带有明显的平民倾向。他最欣赏的，是墨子哲学的根本目的，在于探索如何解决个人与社会取得和谐的问题，也就是寻求在不损害人的自然权利的条件下，如何为集体造福的问题。在研究墨子之后，他开始接受墨子旨在反对利己主义倾向的伦理观。在个人与集体利益的关系上，布莱希特以墨子"兼爱互利"之说来揭露欧洲教会提倡"博爱精神"的欺骗性，大力宣传既要为集体和社会谋福利，又不能置个人的正当利益于不顾，应该把二者兼顾起来，而且，也只有"交相利"，才能达到"兼相爱"。他强调墨子"利"与"功"的观点，认为应该从这两个方面来衡量社会中的人与事物的存在价值。布莱希特创作的剧本《高加索灰阑记》集中表达了他研究《墨子》的心得。剧中两个主人公格鲁雪、阿兹达克的遭遇、言行，几乎无处不闪烁着《墨子》"兼相爱、交相利""贵义""官无常贵民无终贱""有能则举之，无能则下之"，反对任人唯亲等人道主义、民主主义的思想光辉。

据他的音乐家朋友艾斯勒说，20年代末期以来，布莱希特手里经常拿着一本福克翻译的《墨子》，像基督教信徒对待《圣经》一样，走到哪里，读到哪里。流亡丹麦时，一次，他的情妇露特·贝尔劳想借回家去阅读，他却死活不肯，唯恐丢失。整个流亡期间，他用中国哲学的比喻笔法，写了许多学习札记，抒发他对现实哲学、政治和伦理问题的感触。

布莱希特在戏剧创作中借用中国元代李行道杂剧《包待制智赚灰阑记》素材，写了中篇小说《奥格斯堡灰阑记》和著名剧本《高加索灰阑记》。1935 年，布莱希特在莫斯科见到中国京剧大师梅兰芳，观看了他的演出并有机会共同切磋表演艺术。梅兰芳的表演和介绍使他深受启发，遂写出《中国戏剧表演艺术的陌生化效果》和著名的理论著作《戏剧小工具篇》，进一步完善了自己的叙事剧理论。他高度评价中国戏剧艺术的特殊表现手法所达到的艺术境界。他用中国的人物、地点和故事情节写出带有异国情调的剧本《四川好人》。

四、奥尼尔的东方想象

尤金·奥尼尔是美国著名剧作家，中国现代作家从奥尼尔的剧作中借鉴西方现代主义戏剧手法。洪深、曹禺等人曾经大胆地借鉴了奥尼尔的表现主义戏剧创作方法，试图揭示现代人的复杂矛盾的精神世界和内心冲突。

西方文学评论家一般认为尤金·奥尼尔称得上是"美国的莎士比亚"，他在哲学的领域里深受"老子、尼采、斯特林堡、荣格、叔本华的影响"。奥尼尔是一位对中国文化有着很大热情的作家。他在中国传统文化里面吸取创作的灵感，耽溺于建构自己想象中的中国形象。这个中国形象，更多的精神资源来源于中国的传统文化。最早他通过阅读爱默生的作品及一部通神论著作而接触到东方哲理。1922 年，他为创作《马可百万》而大量阅读东方特别是中国的历史、宗教、艺术等方面的书籍。1932 年 6 月，他在给朋友的信中说过，他为了使其创作获得某种哲学背景需要掌握东方思想。美国学者认为，"东方特色是奥尼尔艺术中最重要、最显著的一个方面"。

奥尼尔广泛涉猎过东方宗教和哲学，但对他影响最深的是中国的道家。奥尼尔曾认真研读老子《道德经》的英译本，在给友人的信中他曾写道："《老子》和《庄子》的神秘主义也许比其他的东方著作更使我感兴趣。"奥尼尔在《札记》中记载了老子对物质主义和贪婪的谴责，并为老子那种"隐士"身份强烈地吸引着。他向往老子提出的那种"无为""无事""无欲""不争""好静""安居乐业""万物自生自长""与世隔绝"的原始蒙昧的世界。

对于奥尼尔来说，中国道家是一种带有东方神秘主义色彩的寄托，这种寄托虽然未必尽合道家本义，但对奥尼尔的影响却是真实而深刻的。奥尼尔的世界观中有一种神秘主义的倾向，他常感到有一种无形的力量在影响世界，早在 1919 年他在给朋友的一封信中就曾说过，他感到"蕴藏在生活后面有一股强劲而无形的力量"。道家认为宇宙万物的生存变化皆是"道"的体现，天道周流，循环往复，"道"恒居其中，与万物并作，这正符合奥尼尔的世界观。道家的循环观念、齐物融通的思想以及超脱的生死观等对奥尼尔都有相当的影响，这也体现在他晚期的作品中。西方评论家卡品特认为奥尼尔的后期作品是超脱的剧本，这种超脱，应来自道家的影响。

奥尼尔于 1927 年完成了以中国文化为背景的著名戏剧作品《马可百万》。《马可百万》本质上是一部历史诗剧，描写了威尼斯商人马可·波罗为获取财富而到了中国，遇见了即将远嫁波斯的阔阔真公主。作家不止一次地表达了对这部戏的期待与喜爱，他说："《马可百万》很有诗意，也很美。"作品中大量出现人物的诗语合唱和独吟，奥尼尔把对于东方的眷恋和灵魂的思考融会于诗情画意当中，情景交融，东西方艺术相互映衬，使这部剧作呈现出多元文化交流碰撞的华美色彩，同时把人类对物质的贪婪，肉体的迷恋，远嫁的悲鸣，青春的感叹，永恒的思索如此种种表现得淋漓尽致。

奥尼尔对中国文化传统中"天人合一"的人生境界倾心不已，并把这种境界作为西方文化的对立物和参照物，在作品中批判西方文化的拜金主义、物质至上原则以及由此造成的人心的简陋和粗鄙。在他的"大道别墅"里，收藏有两种版本的《道德经》和《庄子》，包括林语堂赠送的向西方世界介绍中国文化的名著《吾国吾民》和《生活的艺术》。

1936年，尤金·奥尼尔作为第一位美国戏剧家荣获诺贝尔文学奖。就在第二年，他将获诺贝尔文学奖所得的4万美金用于构造一座别墅，地址选在美国加州海滨不远处的偏僻山沟里，建筑式样是中国式的，一幢二层小楼，室内布置着中国的红木家具。后花园内，顺墙修有一条中国庭院常见的九曲红砖小径。这幢别墅的名字以四个铁铸汉字钉在围墙大门上："大道别墅"。奥尼尔晚年与他夫人在这幢小楼里生活了6年。这与德国的黑塞晚年在一坐小山上闭门独居，潜心于东方宗教与哲学，可谓惊人的相似。